A mon grand-père
Guy de Miniac,
le chevalier tibétain
qui a rejoint enfin
Tarà dans son royaume
de lumière

« Du moment où tu vins dans le monde à l'existence, une échelle a été placée devant toi pour te permettre de t'évader. »

RUMI

Sommaire

Préface

Quand Alexandra entreprit ses voyages au Tibet oriental dans les régions de l'Amdo et du Kham au début des années vingt, très peu d'Occidentaux et aucune femme ne l'avaient jamais fait auparavant. Elle réalisa tout cela avec une hardiesse, une passion, une curiosité, une érudition profonde et variée qui inspirèrent tous les voyageurs qui la suivirent depuis jusqu'au Tibet. Les récits de son voyage sont des témoignages à la fois exacts et émouvants. Ils ont aussi bouleversé plusieurs vies et le sens du voyage.

L'expédition de Marie Jaoul de Poncheville suivant les traces d'Alexandra David-Néel dans les régions tibétaines de l'Amdo et du Kham trouva, soixante ans plus tard, une situation étrangement similaire à celle décrite par Alexandra David-Néel. Ses lettres à son mari nous parlent de la guerre entre musulmans et Chinois, Chinois et Tibétains, surtout au Nord-Est de l'Amdo. Elles paraissent aujourd'hui comme une prophétie morne des difficultés tragiques qu'affrontent les Tibétains, subjugués et humiliés par leurs maîtres chinois. L'Amdo et le Kham ont été morcelés et intégrés à cinq provinces séparées : le Qinghai, le Sichuan, le Gansu, le Yunnan et le Xizang, ou Région autonome du Tibet, qui ne laisse en fait qu'une partie très réduite du vieux Tibet aux Tibétains dans une prétendue autonomie. Cette situation angoissante imprègne l'atmosphère du livre de Marie.

La grande contribution d'Alexandra David-Néel à la connaissance du Tibet fut le rassemblement et la traduction de nombreux textes tibétains. Soixante ans plus tard, une équipe cinématographique composée de femmes réussit, contre vents et marées, à rapporter un témoignage visuel frappant qui révèle que la culture tibétaine vibre encore de la splendeur patiente de sa longue histoire, même dans des régions que les Chinois réclament comme leurs.

Le défi et l'accomplissement d'Alexandra résident dans une sensibilité à la fois raffinée, âpre et sérieuse. Elle n'a pas été intéressée par de vaniteux exploits et n'est pas devenue une mystique simple. Elle a réussi à garder cet équilibre difficile à atteindre entre le scepticisme occidental et son admiration passionnée et savante pour la civilisation orientale. C'est cet équilibre qui donne à son témoignage une authenticité merveilleuse. Ce livre montre que Marie a compris les enseignements d'Alexandra. Elle garde la tête froide dans les situations difficiles comme dans les exaltations intenses ; elle gagne ainsi notre respect intime. Assembler et diriger une expédition de femmes venant de France, d'Angleterre, d'Israël et d'Allemagne accompagnées d'officiers chinois et de Tibétains dénote une combinaison rare de dons culturels et spirituels. Alexandra serait fière aujourd'hui de Marie, sa fille spirituelle.

C'est une grande joie de lire un récit aussi consciencieusement ardent. Le tourisme vulgaire et les « exploits » n'ont aucun sens de nos jours. Le monde se trouve face à un tel danger que tout voyageur doit être aussi le protecteur des multiples cultures, telle la culture tibétaine, dont la survie même est menacée. Plus qu'un devoir, c'est une tâche essentielle au futur de l'homme et à l'espace dont il a besoin pour se repenser et réinventer le monde.

La survie de la grande culture tibétaine et du bouddhisme est d'une importance cruciale, non seulement pour le Tibet et la Chine, mais aussi pour un monde dans lequel les sources de la sagesse antique et rénovatrice se tarissent si affreusement vite.

Andrew Harvey
4 mars 1990

« Le voyageur est généralement occupé par un travail spécial : raison ou seulement prétexte, qu'il donne à ses pérégrinations. L'un est géographe, un autre naturaliste ; moi, je recueillais les manifestations de la pensée humaine, essayant de pénétrer le mystère du monde et de calmer son effroi devant la souffrance et la mort. »

Alexandra David-Néel
Au Pays des Brigands Gentilshommes

Introduction

Les voies que l'on emprunte plus tard se dessinent dès les premiers rêves, dès les premières expériences. On passe ensuite toute sa vie à ouvrir les boîtes magiques que l'enfance a cachées.

Toute petite :

Assise sur les genoux de Guy de Miniac, je lui offre un poème de Victor Hugo. Je l'ai recopié et décoré à l'école : c'est l'histoire d'une petite fille qui aime son grand-père et lui souhaite sa fête. Il est très content. Alors il me raconte l'histoire que j'aime, celle des cavaliers qui traversent les steppes, venant de Mongolie par la Russie, et qui s'arrêtent à la mer. Chaque fois, il change un peu l'histoire mais ça ne fait rien car c'est notre histoire.

Sur sa bague en or, il me montre un aigle couronné à deux têtes et autour les sept petits carrés secrets, billots sur lesquels il a coupé les têtes des sept Mongols qui le poursuivaient, mettant en furie leur chef : Genghis Khan. Je ne dois répéter le secret à personne.

Il me montre la direction de son ancien royaume, là-bas vers l'Est, ou vers le Sud, je ne me rappelle pas bien.

Il me raconte comment il se nourrissait pendant ses longues chevauchées de viande crue de daim et d'ours, de fruits sauvages, rouges ou violets, et de délicieuses racines.

Entouré de ses hommes aux cheveux longs et noirs et de leurs très belles femmes aux bijoux incrustés de turquoises et de corail, il poursuit inlassablement sa route à la recherche d'un sol hospitalier.

En passant par la Russie, il décide de cacher ses trésors dans la terre, soie et laine douce, coffres de bois précieux, coupes en or ciselé, et les écritures sacrées.

Toujours poursuivi par la haine de Genghis Khan, mon grand-père et sa troupe continuent à avancer vers l'Ouest espérant un jour décourager à jamais ses désirs de vengeance.

De longues années passent. Enfin, un jour ils sont arrêtés dans leur course par une étendue d'eau si grande qu'ils savent qu'ils sont arrivés au bout du monde. Ils dessellent leurs chevaux mongols qui, en route, se sont multipliés et plantent leurs tentes. Ils allument un grand feu et décident cette nuit-là que ce pays désertique sera le leur.

C'était la Bretagne.

Ils reconstruisent les mêmes châteaux que là-bas, en belles pierres carrées de granit.

Ils sont heureux. Ils ont beaucoup d'enfants et recréent un royaume magnifique où poussent bruyère et myosotis.

> « Les Minyak sont des gens qui construisent des murs de pierre autour de leur ville.
>
> Ce sont des gens dont les campements ne changent pas de place.
>
> Ils ne peuvent nous fuir en emportant leurs maisons de granit sur le dos. »
>
> Genghis Khan

A cinq ans :

Je m'enferme dans la salle de bains de mes parents et j'ouvre les robinets d'eau brûlante. Je veux mourir. Je m'accroche au lavabo et me regarde dans la glace en murmurant : « Je ne veux pas être sur la terre parce qu'il faut aller en classe et si on est sage, on va au cinéma, ce n'est pas drôle... Je veux courir dans les fleurs et ne pas retourner à l'école. Jamais. Je veux tout recommencer. C'est pas ça la vie. »

A dix ans :

Quand mon autre grand-père est mort à New York, mes ancêtres apparaissent dans la fenêtre de ma chambre jaune. Ils me font signe et je les reconnais tous. J'appelle mon petit frère. Il pleure. Puis j'appelle ma mère. — Je n'ai pas peur. Je me sens exaltée. — Le lendemain à l'école, je dis aux enfants de ma classe que j'ai eu des visions parce que je suis une sainte. Depuis, j'ai toujours senti que j'avais un pouvoir de connexion avec les autres mondes...

Un peu plus tard :

Mon père part pour l'Inde. Là-bas il construit des usines de métallurgie.

Il nous raconte les vaches qui arrachent les piquets délimitant les terrains choisis pour les futures aciéries. Il nous raconte comment tout est si différent.

Ses amis indiens viennent en France séjourner dans notre maison. Le matin, ils se baladent en jodhpur blanc et mangent du piment au petit déjeuner. Ils se lavent beaucoup.

Un jour il m'emmène voir *Pather Panchali* de Satyajit Ray. Je suis émerveillée par l'amour de la jeune femme, si pur. Son mari et elle dorment en se tenant par la main dans une petite chambre pauvre près d'une gare. Elle a des cernes sous les yeux.

Enfant, je sentais ma solitude. Cette scène me donna l'espoir d'une tendresse possible, une tendresse que j'identifiai à l'Asie.

Années 60 :

Mon grand frère reçoit un premier prix de mathématiques à Sainte-Croix de Neuilly : *Sept ans d'aventures au Tibet* de Heinrich Harrer.

J'ai le droit de le lire : Deux Allemands se sont échappés de leur prison en Inde pendant la dernière guerre mondiale, poursuivis par les Anglais, et ont atteint le Tibet, le pays fermé aux étrangers, le pays interdit, le plus haut pays du monde.

Il y a des photos de Lhasa. Tout cela me semble parfaitement mystérieux. Des gens comme des statues vivantes décorées se tenaient dans des rues de poussière bordées de maisons aux fenêtres triangulaires.

Cela provoque chez moi un terrible désir de rencontrer l'inconnu et d'aller là où c'est interdit.

Années 70 :

Voyage en Inde. On me prend pour une Indienne. On me parle hindi. Je porte le sari. J'ai un point rouge au milieu du front. Je porte mes cheveux noirs nattés jusqu'au creux des reins.

De Bombay, je pars vers le Sud en traversant les montagnes de Nilgiri jusqu'à Cochin. Je rejoins Madras après Madurai, Coimbatore, Tanjore, Salem et Vellore.

Je suis devenue indienne.

Dans les montagnes, l'autobus bascule dans un ravin. Bloqué par les arbres, il se balance dans le vide. Je sors par l'arrière en grimpant à plat ventre dans le couloir et je saute dans la forêt mouillée. Les Indiens crient. Ils se terrent sous les arbres. Il pleut. Je saigne. Un éléphant traverse la route brillante de pluie.

Brouillard et entremêlement de feuillages. Des Indiens en costume blanc-gris à galons dorés me recueillent dans une maison coloniale de bois et de bambou.

Il y a une seule chambre : des draps noirs comme la terre.

A travers la fenêtre, je vois les plantes à poivre s'enrouler autour des flamboyants. Je suis terre, sang, pluie, femme, ailleurs… La vraie limite de soi est sans limite.

L'aventure a commencé le jour où trop de désespoirs me poussèrent à redéfinir ma destinée. Chaque vie doit trouver son impossibilité et j'eus peut-être la chance d'être mise en face de la mienne, d'une façon inexorable.

Le voyage est un échange complexe qui révèle qu'on est infime et infini. J'avais besoin de me mettre en contact avec une civilisation inspirée et illuminée. Je découvris le bouddhisme : religion et philosophie qui, avec leur réalisme débordant de gaieté authentique, sont fondées sur le respect de l'autre.

On voyage pour retrouver le sens de la mort qu'on nous a volé ici. Chaque vraie vie commence par une méditation sur la mort. Le bouddhisme, en acceptant les réalités terrifiantes de la mort, nous ouvre une porte vers l'immortalité

Et comment vivre sans être immortel ?

Le bouddhisme a révélé que cette immortalité est une chose très simple, comme une pierre, une chute de neige, un champ de blé, un ruisseau dans les montagnes, répétant pour nous ces mantras de lumière.

Je décidai d'oublier la première partie de mon existence et d'inventer une nouvelle voie pour la seconde — à venir.

Le voyage permet d'abandonner les « moi » déjà morts et oblige à se mettre en état d'émerveillement, nouvelles sources d'inspiration et de tendresse. On voyage pour arriver à un lieu hors de l'espace et du temps dans lequel on se sent calme, immobile, diaphane, ouvert, illuminé.

Un vrai voyage, c'est comme la musique : il crée une architecture aérienne pour le silence et le recueillement.

Par le voyage, on se rend vulnérable aux différentes sagesses du monde, aux joies et aux tristesses infiniment variées des autres qu'on découvre.

Il y a six ans, je lisais pour la première fois Alexandra David-Néel.

Enfin, je trouvais une femme qui s'était libérée vraiment de tous les rôles et de toutes les prisons construites pour nous, les femmes de l'Occident. J'avais déjà compris que la libération de la femme ne pouvait s'accomplir qu'accompagnée de sa libération spirituelle.

Ce fut la vie passionnante et courageuse d'Alexandra David-Néel, sa liberté et sa grande discipline qui m'encouragèrent à une transformation totale.

Je me rendis compte que sa vie était une vie exemplaire et prophétique. La révolution de la femme prend place dans toutes les possibilités de l'être. Il y a une sagesse à l'intérieur de nous qui doit exploser doucement sur la terre. De cette explosion radieuse, une sagesse naît à la fois pratique et illuminée. C'est elle qui peut nous sauver tous — hommes et femmes. Elle est la clé du futur et trouve l'écho parfait et un appui infini dans la sagesse tibétaine, personnifiée par Tara, le principe féminin des Bouddhas, source inépuisable de révélation et de force.

J'ai senti tout cela dans l'œuvre d'Alexandra David-Néel.

Cette sagesse bouddhiste allie la force de l'intellect et la passion, le mental et le cœur, le ciel et la terre, le corps et l'esprit, la matière et le vide dans une intégrité éblouissante et révolutionnaire totale et très simple.

En lisant Alexandra David-Néel, je rencontrai pour la première fois en moi la femme que je savais que je deviendrais. Une femme libre enfin.

Libre de toucher les enfants et d'aimer les vieillards, libre de danser sans honte et sans barrières dans la gloire d'une nature offerte et accueillante, libre de devenir une partie de la déesse, une étincelle de son feu éternel et une larme de sa compassion sublimée — Tarà, mon amie, ma mère, mon enfant, ma sœur.

Le journal que je livre là n'est qu'une offrande très modeste à la déesse en nous.

J'ai essayé de montrer les difficultés aussi bien que les révélations, les faillites aussi bien que les élans du cœur.

J'ai appris d'Alexandra David-Néel et du Tibet que chaque détail de la vie, chaque geste, chaque action font partie d'un mandala qui se transforme et se révèle à tous les instants pour nous montrer où nous sommes et ce que nous avons à faire. La boue et la douleur, le désespoir et la jalousie ne sont pas des expériences à rejeter mais des opportunités, des énergies à utiliser dans une transformation énorme et gaie qui ne cessera jamais. Je dédie mon travail dans la plus grande humilité et avec toute ma reconnaissance au peuple tibétain si horriblement menacé par la cruauté et la folie ignorante de ses faux maîtres.

Traditionnellement, l'ensemble du Tibet oriental, qui recouvre un territoire de près de 1 000 000 km², s'appelait le Dokham. Il comporte les régions du Kham au Sud et de l'Amdo au Nord. Depuis 1951, le Tibet a été subdivisé en plusieurs zones par le gouvernement chinois. L'Ouest et une partie du Sud du pays sont devenus la Région Autonome du Tibet, dont la capitale est Lhasa. La population de cette région était estimée en 1985 à un million neuf cent mille Tibétains et deux millions de Chinois. L'Amdo fait maintenant partie de la province de Qinghai, à l'exception de ses extrémités Sud-Est et Nord-Est, attribuées respectivement au Sichuan et au Gansu. En 1985, la population de l'Amdo était de huit cent mille Tibétains et de deux millions de Chinois ; le Kham, qui comptait trois millions trois cent mille Tibétains et trois millions de Chinois, est maintenant partagé entre les provinces du Sichuan, Xizang et Yunnan. Notre équipe a visité, au cours de l'expédition, les parties du Kham et de l'Amdo contrôlées par l'administration des provinces du Sichuan, du Qinghai et du Gansu. L'histoire et l'évolution socio-culturelle du Tibet oriental ont été modelées par sa géographie : cette région forme une barrière montagneuse à l'ouest de la Chine dont l'altitude dépasse les cinq mille mètres. L'Amdo est une région faite principalement de plateaux, où de riches pâturages permettent l'élevage de yaks, de chèvres et de moutons et la vie nomade ; ces plateaux dominent aussi dans le Nord-Ouest du Kham. Plus au Sud ; les montagnes sont entrecoupées par des gorges boisées et des vallées fertiles. Les cinq principaux fleuves de l'Asie orientale naissent dans ces régions : le Yangtze, le Yalung, le Fleuve Jaune, le Mékong et la Salouen. Cet environnement se prête à la vie paysanne sédentaire.

Le Kham comptait cinq royaumes : Chakla, Dergé, Lingtsang, Nangchen et Lhato, ainsi que plusieurs petits Etats indépendants. Le peuple nomadique de l'Amdo se regroupait en confédérations tribales : Ranaks et Goloks, redoutables bandits et guerriers. Tous ces peuples étaient férocement indépendants les uns des autres. Ils repoussaient aussi toute ingérence de la Chine ou du gouvernement de Lhasa.

Le bouddhisme est devenu la religion principale de l'ensemble du Tibet à partir du VIIIe siècle après J.-C. Malgré ses rivalités intertribales, le Kham était renommé pour sa tolérance religieuse jusqu'au XVIIe siècle : les écoles Nyingma, Sakya et Geluk étaient toutes représentées, ainsi que la religion Bön pré-bouddhique. Les luttes sectaires au XVIIe siècle dans le Tibet Central entre les partisans des écoles Geluk et Kagyur eurent des répercussions dans le Kham. Le royaume Bön de Béri a été converti à l'école Geluk par des envahisseurs mongols. L'intervention mongole se poursuivit au XVIIIe siècle jusqu'à ce qu'elle soit vaincue par la puissance des musulmans et des Mandchous.

Par la suite, la Chine mandchoue proclama sa souveraineté sur une grande partie du Kham et de l'Amdo, mais en réalité les royaumes et tribus de ces régions restaient indépendants. Au début du XXe siècle, des Sichuanais reprirent les hostilités dans le Kham, réaction chinoise à l'expédition du Colonel britannique Younghusband à Lhasa. La campagne du général Chao Erh Feng entre 1909-1918 dévasta le Kham.

La guerre sino-tibétaine reprit après l'arrivée au pouvoir du Parti Communiste Chinois. L'invasion du Tibet par l'Armée de Libération du Peuple (PLA) en 1950 et le soulèvement du peuple khampa en 1956 ont provoqué la destruction de nombreux artéfacts bouddhistes et la mort de milliers de personnes. Dix ans plus tard, la Révolution Culturelle est venue achever le démembrement de la civilisation tibétaine. Au cours de la dernière décennie, le régime communiste s'est libéralisé dans certains domaines mais non de manière absolue. La crise qu'il traverse a eu des retentissements au Tibet. Nous sommes venus pour en témoigner.

Lorsque dans tout le Tibet, les Chinois rasèrent et pillèrent les monastères et les villages, tuant les moines et les paysans, quelques mois après ces horribles destructions et ces impardonnables massacres, l'herbe avait repoussé sur les ruines. Les myosotis, petites fleurs de la mémoire, avaient souligné en éclosant chaque trace de maison, chaque fondation de temple. C'était le dessin bleu de l'architecte divin qui rappelait aux hommes qu'on ne peut anéantir la vie, qu'on ne peut tuer le sacré.

Marie Jaoul de Poncheville

De Paris à Chengdu

12 juillet 1989

Roissy A2, six heures du soir. Le départ pour Hong Kong est à 22 h 40. Je n'arrive pas à y croire ! Nous avons pourtant réussi à la monter, cette expédition ! Malgré la loi martiale qui sévit au Tibet depuis le 10 mars, et en Chine depuis le 20 mai. Malgré les « sponsors » qui nous ont lâchés à la dernière minute — sauf Guerlain qui joua le jeu jusqu'au bout. Nous sommes aujourd'hui les femmes Samsara en partance pour le Tibet !...

Soudain, au milieu du hall de l'aéroport, le doute me noue la gorge : pourquoi tout ça ? C'est dangereux. Trop de risques. Et si Alice ne tenait pas le coup ? Et les tremblements de terre prévus par mon frère Olivier, le géophysicien ? Et les événements sanglants de Tienanmen, et les tueries de Lhasa, la haine réciproque entre Chinois et Tibétains... Tout cela tourne dans ma tête, mais heureusement l'équipe arrive petit à petit. On se retrouve au point de vente Air France. Avec une certaine timidité. Petits sourires, phrases légères. Sept femmes, trois hommes. Je connais certains depuis longtemps. Les autres, je les découvre. M'entendrai-je avec eux ?

J'ai rencontré Jeanne Mascolo de Filippis, mon assistante-réalisatrice, calme, organisatrice, avec juste ce qu'il faut dans l'œil d'inquiétude et d'amusement, il y a un an déjà, grâce à « Little Marie », une amie de Kathmandu. Jeanne et moi avons rêvé ensemble, inventé et construit ce voyage. Fidèle, elle a toujours cru que le projet se réaliserait malgré les tempêtes qui plus d'une fois ont failli le faire échouer. Nurith Aviv, la « camerawoman », a un caractère affirmé, des cheveux courts, de très beaux yeux bleu-vert, une allure garçonne ; elle aime la précision. Claire

Bailly du Bois, son assistante, est un mélange de douceur et de détermination ; Sybil Tiedeman, l'ingénieur du son, que je rencontre ici pour la première fois me semble paisible, lente, à la fois proche et distante ; Jane Mathieson, la doctoresse, restera-t-elle durant ces deux mois le petit ange blond dans la lune qu'elle est aujourd'hui ? et il y a Alice de Poncheville, bien entendu, mon bébé de vingt ans, étudiante en chinois, comédienne, scripte et deuxième assistante : pour l'instant, il y a entre elle et moi la volonté d'établir une relation professionnelle qui donnerait une nouvelle dimension à nos rapports. J'imagine qu' « après » nous nous aimerons différemment, comme deux personnes autonomes et respectueuses l'une de l'autre.

Quant aux trois hommes, ils sont très modestes pour l'instant, impressionnés sans doute par ces sept femmes avec lesquelles il va falloir composer pendant les dix semaines d'expédition et de tournage. Le producteur Christoph Guercke est absorbé par les derniers problèmes de production, il joue le profil bas. L'assistant de production, Snafu Wowkonowicz, est là avec les billets, le planning des envois de bobines de Chine en France, l'argent, les réservations d'hôtel à Hong Kong, Guangzhou (Canton), etc. Il... est adorable. Gyurme Dorje est écossais ; mais il est connu sous ce nom tibétain depuis plus de vingt ans, alors qu'il faisait des retraites et des études en Inde. Il se rattache aux traditions de l'école Nyingmapa et est marié à une Tibétaine dont il a deux enfants. Il vient de traduire 2 600 pages de la tradition Nyingmapa. Une partie constitue la thèse qu'il présenta à l'université de Londres. Il a enseigné le bouddhisme à l'université au Colorado, organisé des groupes au Tibet et parle plusieurs dialectes tibétains. Aujourd'hui, il est muet comme une carpe et lent comme une tortue, flottant à mille lieues des petites batailles humaines.

Vol Air France, assorti d'un personnel désagréable. Escale à Delhi après 7 heures 40 de vol. Nous sortons en transit pour dégourdir un peu nos jambes. 27° seulement à Delhi. Le ciel est gris. Alice a ses grands yeux de fatigue. Après deux heures d'attente, nous repartons vers Hong Kong. Encore cinq heures de vol ! Le nouvel équipage est charmant et chacun de nous dispose d'un rang pour s'allonger. Impossible de dormir : je n'arrête pas de penser aux problèmes qui nous attendent à l'arrivée. La tonne de matériel, toutes les affaires personnelles, les innombrables bagages à main... à se coltiner demain par le train jusqu'à Guangzhou.

13 juillet

Arrivée à Hong Kong. Comme à São Paulo, l'avion atterrit dans la ville. Les îles se détachent sur la mer. Le jour s'estompe. Les rues sont illuminées. 32°. Juste un peu moite. J'ai dormi de Delhi à Hong Kong. Je me sens prête à la vie, à l'aventure. Tout me semble possible. Un membre de l'Agence Gouvernementale du Tourisme Chinois, le CITS, est là pour nous accueillir. Nous montons dans un bus qui nous conduit à l'hôtel Metropole, luxe, air conditionné, cinq étoiles, deux personnes par chambre.

C'est la première fois que je passe par Hong Kong. Quelques belles architectures de verre, d'acier, dignes de New York. Les plus vieux buildings sentent l'Orient : leurs balcons regorgent de plantes tropicales, de pots de fleurs. A tous les étages, des balais, plantés en hérisson dans les gouttières, font office de sèche-linge. Des soutiens-gorge, des vestes à col Mao pendent dans le vide défiant l'équilibre. Les échafaudages en bambous ont l'air de toiles d'araignée gigantesques.

La population se presse et s'agite dans la rue, sur les marchés où se vendent, pêle-mêle, chaussures Nike à moitié prix, petites culottes, cachemires, bijoux fantaisie, légumes, hamburgers à l'américaine ou gadgets électroniques. Nous achetons le matériel qui nous manque pour les appareils photo, vidéo, batteries, etc. Il fait humide. Odeurs de viande grillée. Les femmes de l'équipe s'amusent. Sybil et Nurith forment un groupe avec Claire ; Jeanne, Alice, Dr Jane et moi, un autre. Ces premières formations seront-elles définitives ? Dr Jane s'est mis dans la tête d'acheter pour son boy-friend un couvre-siège de voiture en boules de bois, comme ceux qu'utilisent les taxis parisiens. A envoyer en Afrique du Sud !

Puis nous rentrons à l'hôtel où nous attendons nos trois chevaliers servants, Christoph, Gyurme et Snafu : ils sont retenus par la police des douanes qui ne veut pas lâcher notre matériel.

Dîner tous ensemble dans un restaurant coréen : deux drôles de poissons à pois blancs très jolis, soupes, bouquets délicieux. Gyurme aurait préféré dîner dans un restaurant australien pour manger de la viande rouge. Bizarre pour un bouddhiste ; peut-être la perspective de dix semaines de nourriture chinoise et tibétaine...

Nous devons partir demain par le train de 12 h 45 pour Guangzhou, capitale du sud de la Chine, réputée pour son ouverture sur le monde extérieur. Le matériel, finalement débloqué, partira avec nous. Deux heures de train et nous serons dans la vraie Chine du Sud.

14 juillet

Dix heures : nous nous retrouvons tous dans la salle à manger. Les visages sont souriants. Nurith s'inquiète un peu car elle a peur que nous soyons en retard. Dr Jane panique : comment envoyer ses boules de bois en Afrique du Sud ? Pas de poste, pas de papier ni de ficelle. L'hôtel refuse d'expédier son paquet. Jeanne, impatiente, prend les choses en main : elle finit par convaincre l'hôtel de se charger de l'opération. C'est la première fois qu'on se rend compte que peut-être les choses ne se passent pas comme en Occident. Il y a une manière de faire, de parler. Les Chinois ne comprennent pas l'accent de Dr Jane. Peut-être trop anglais.

Nous arrivons à la gare, accompagnés par le personnel du CITS, grande gare des années cinquante, sale et déglinguée. Les Chinois font la queue, tranquilles comme des rangées de bouteilles... On nous fait patienter plus de trois quarts d'heure dans un petit bureau minable. Nous mourons de chaleur. Des femmes de cinquante ans, à casquettes bleues, nous jettent des formulaires à remplir et nous interdisent de sortir de la pièce jusqu'à ce qu'un officier nous emmène au train. J'ai l'impression d'être dans un rêve, et n'éprouve pas la moindre angoisse.

Alors que la production n'est pas riche, loin de là, on nous installe dans un magnifique wagon de 1re classe. Il y a l'air conditionné (température extérieure : 30 ° à 35 °). Les sièges sont recouverts de toile beige, les têtes de toile grise, rideaux blancs aux fenêtres en dentelle mécanique représentant des feuilles de bambou. Une Chinoise renfrognée ne cesse de passer des chariots : de bière et jus de fruits d'abord, de soupe sucrée chaude aux algues blanches ensuite, dans laquelle baignent des petites boules non identifiables et des œufs de cailles, puis du poulet au sodium, haricots verts et riz, et, enfin, un chariot de cigarettes. La campagne est plate et verte, couverte de rizières, c'est le début des moissons. Nous pénétrons dans une des régions les plus prospères de Chine. Selon la légende, cinq saints survolant la Chine sur le dos de cinq oies décidèrent de s'arrêter ici, le long de la rivière des Perles, le fleuve qui arrose toute la Chine méridionale et traverse Guangzhou, pour planter des graines de riz. Il pousse beaucoup de marijuana sur les contreforts de la voie du chemin de fer et sur les collines, comme au Népal, où mon cameraman l'année dernière s'en emplissait les poches pour fumer le soir dans sa tente. (Mais l'herbe fraîche n'a pas les mêmes effets que l'herbe séchée.) La marijuana ici semble sauvage. Les plantes sont hautes, et je reconnais les plantes mâles des femelles à leurs fleurs blanches. Les Chinois se défonceraient-ils ? Ou fabriquent-ils du chanvre ?

Les vieux Chinois sont aimables et souriants, les jeunes sont sérieux. Tout est propre et organisé. Gyurme, qui semble toujours ailleurs, s'évente fébrilement. Je le soupçonne d'être en manque d'alcool. Il ne dit pas un mot, transpire beaucoup. En fait, il me plaît de plus en plus. C'est un original.

Regarder le paysage par la fenêtre de ce train frais gris et blanc m'enchante. Je me sens enfin partie en voyage. Nous avons passé la frontière avant de monter dans le train. C'est mon premier contact avec la Chine, la République Populaire de Chine ! Des petits Chinois partout, sur les routes, à vélo, dans les champs. J'aimerais les voir de près. Dans deux heures, nous arrivons dans la troisième grande ville de Chine. Le train est plein. Les hommes se lèvent très souvent pour aller faire pipi : ils boivent beaucoup de bière... Alice écrit son journal. Sybil disparaît et traverse le train pour regarder les gens. Les petites filles sont habillées en princesses jaunes, roses ou bleues, robes amidonnées et cheveux propres, la peau lisse et douce. Les petits garçons ressemblent à des bébés en caoutchouc, déguisés souvent en marionnettes militaires. Je ne peux m'empêcher de les toucher, sous l'œil attendri des pères et des grands-pères. Les mères sont plus froides, mais dans l'ensemble, on ressent une grande tendresse et l'émerveillement de toute la famille envers l'enfant unique. Dans ce train, ce ne sont presque que des familles à trois générations. Très peu de personnes seules.

L'arrivée à Guangzhou est chaude, près de 40°. On n'a perdu que la caisse de chocolat. Grosse déception pour Gyurme qui est un accro. Sur les quais de la gare, l'armée. Pas de sourires. La loi. De grands panneaux traduits en anglais et en chinois : « Si vous remarquez toute anomalie, appelez le téléphone X de la délation ! » Ça vous met vite dans le bain et pourtant nous sommes dans une ville qui, historiquement parlant, a toujours été plus libre et plus indépendante que le reste de la Chine. Elle sera très tôt (1843) envahie par la « civilisation occidentale », Portugais et Britanniques, et constituera toujours un foyer de contestation contre l'autorité impériale. C'est là que naîtra l'élite intellectuelle de Chine. C'est là aussi qu'est né le Dr Sun Yat Sen, fondateur de la Chine moderne, et la ville devint le centre de l'activité révolutionnaire.

Nous sommes encore accueillis par des membres du CITS. Des germanophones, cette fois, qui nous casent dans un mini-bus. Monsieur Li, le patron, nous fait un historique de la ville au micro, et en allemand ! Impression de voyage organisé troisième âge. Je le dis à la cantonade et tout le monde rit sauf Christoph, allemand, qui a peur que mon sens critique ne se développe trop tôt, et que je ne puisse plus l'enrayer par la suite. Nous débarquons dans un hôtel d'un luxe inouï, le White Swan (le cygne blanc) ; le CITS n'a pas lésiné sur les moyens ! L'immense baie vitrée d'une des nombreuses salles à manger offre un spectacle grandiose sur l'estuaire du fleuve et son activité portuaire. Sur la rive opposée, les gratte-ciel pullulent, à vous faire douter d'être en Chine. Un flux constant de badauds anime les immenses halls d'accueil décorés d'une multitude de cascades et de plantes luxuriantes. Aucun de ces Chinois n'est descendu dans cet hôtel, bien entendu, mais ils viennent en famille s'imprégner de ce qui leur est inabordable. Nous ne nous envolons que demain pour Chengdu, capitale du Sichuan, point de départ de notre expédition au Tibet.

Ce matin, je discute du film avec Nurith et Jeanne. Par où commencer ? Nous lisons à haute voix des morceaux de la correspondance d'Alexandra, écrite soixante ans plus tôt. Chacune de nous a son idée sur la question. Nurith ne veut pas commencer le tournage avant d'être réellement au Tibet. Jeanne et moi-même aimerions une « introduction » à Chengdu, à la Mission catholique où Alexandra séjourna. Même si l'on peut se méfier des reconstitutions « réalistes », celle-ci me semble nécessaire.

A défaut d'être parvenues à trancher, la meilleure chose à faire est de s'abandonner, comme Alexandra a dû le faire souvent, aux circonstances du moment.

Dans ses lettres à son mari, *Journal de voyage* (2) : « Il me faut aussi réfléchir à la route que je vais prendre. Le pays est très troublé, il y a des brigands partout... » ; « Qu'est-ce que je vais faire ?... Je n'en sais trop rien. A l'Ouest, les tribus à moitié tibétaines, indépendantes de fait, ont attaqué les Chinois sur une route que je comptais suivre et ont pris la ville de Batang... »

Nous avons l'intention de franchir en dix semaines les 7 000 kilomètres qu'Alexandra mit plusieurs années à parcourir... Mais il est vrai par ailleurs que les événements dramatiques du printemps de Pékin nous placent dans une situation analogue à celle qu'elle connut. Nous aurons peut-être à subir des pressions qui nous empêcheront de visiter les lieux prévus initialement. Nous avons pris le risque de venir tourner dans des conditions plus qu'incertaines, il nous faut absolument réussir !

A l'aide de ses lettres, nous montrerons ce que sont devenus les gens et les lieux qu'elle avait croisés. Alexandra a parcouru et sillonné ces trois provinces plusieurs fois. Lors de son premier voyage, elle se trouve dans la province de l'Amdo en 1918 et y séjourne trois ans, visitant les sources du Fleuve Jaune, Xining, Kumbum, le lac Kokonor...

En 1921, elle traverse la province du Gansu et passe par Labrang. De là, elle redescend vers le Kham et visite Dergé, Kanzé, demeurant plusieurs mois à Jyekundo. Puis elle rejoint Xining après avoir découvert le sud de l'Amdo.

Lors de son voyage de 1938, elle tente d'échapper à la guerre sino-japonaise en traversant la Chine du Sud. Elle s'arrête d'abord à Chengdu, puis se dirige vers Dartsedo où elle restera jusqu'en 1944.

Mais je n'axerai pas tout mon travail sur Alexandra David-Néel ; je veux également montrer à travers le regard de mon équipe de femmes, les provinces de l'Amdo et du Kham, en mettant l'accent sur la culture, la religion, les gens, les paysages, afin de dresser un portrait poétique de ces terres ignorées.

Le minibus du CITS nous emmène jusqu'à un restaurant typique cantonais. Chaque groupe de clients a sa propre salle à manger. Je suis inquiète de ce que Zhou, l'officier de liaison, ne parle qu'allemand. Je devrai tout me faire traduire par un interprète, Christoph en l'occurrence ! J'ai une discussion un peu orageuse avec lui : il essaie de s'arroger davantage de pouvoirs. Les conversations roulent entre Zhou et Christoph dont la traduction laisse à désirer. Je demanderai à Chengdu qu'un traducteur de français nous accompagne, ou plutôt une traductrice. Alice parle chinois et s'amuse avec la serveuse et Zhou. C'est la première fois qu'elle doit utiliser ses connaissances. Cinq ans de chinois ont l'air de lui avoir donné une bonne base. Zhou semble plutôt ouvert et intelligent, il nous récite des poésies. Sa femme enseigne le français aux futurs professeurs.

Nous buvons beaucoup de cette délicieuse bière chinoise. Joli geste :

la serveuse du restaurant aide Nurith à traverser la rue en lui tenant la main. En rentrant, j'ouvre les fenêtres du petit car, l'air chaud entre. J'ai la tête dehors et la Chine m'enveloppe.

Guangzhou est une ville gigantesque, au charme indéniable. Elle évoque à la fois le Sud, l'Italie ou la Grèce et une métropole d'Amérique. Des kilomètres d'avenues modernes, bordées d'arcades et de magasins, auxquels succèdent des enchevêtrements de ruelles insalubres et défoncées aux maisons délabrées, où la foule s'active dans un incroyable désordre. Normalement la foule dans les autres grandes villes de Chine est très disciplinée.

Les maisons de style colonial, portugaises et anglaises, sont magnifiques. Les plantes jaillissent de toutes parts. Près de l'eau, sur chaque banc, un couple d'amoureux. Ils semblent endormis et ne bougent pas. Il paraît que c'est une des villes les plus libres de Chine : car elle est près de Hong Kong ! La liberté est à deux heures ! Un jeune homme fait des pompes sur un immense canon. Des gens dînent dans les rues, installés autour de tables de camping. Des hommes se font couper les cheveux, d'autres dorment par terre. Déambuler dans cette atmosphère douce et brûlante est comme marcher dans un rêve.

A peine sommes-nous arrivés à l'hôtel que nous ressortons immédiatement avec Zhou pour une marche le long de l'estuaire. Il est déjà tard. Nous nous arrêtons sur un embarcadère où sont dressées des tables aux nappes blanches, celles du « Restaurant de la Rivière ». Les cuisiniers, pataugeant, pieds nus, dans un mélange d'eau de vaisselle et de graisse, s'agitent sous une lumière néon. Au-dessous, agenouillées sur le ponton, les femmes lavent les assiettes dans une eau noire et les réutilisent aussitôt, remplies de bigorneaux, sans le moindre état d'âme.

Cette soirée permet de mieux nous connaître les uns les autres. A tour de rôle, nous nous racontons. D'où venons-nous ? Qu'avons-nous fait dans la vie ? Les moustiques sont très intéressés également par la conversation et ne dévorent pas que nos paroles mais tout ce qui est autour. Zhou s'amuse à nous donner le sens chinois de nos noms : Claire — patiente (qui peut tout supporter), Snafu — le tigre, Jeanne — le chemin qui conduit à la liberté ou la porte ouverte, Dr Jane — le palais de jade ou l'or, Alice — amour-jolie pensée, Christoph — le poussin (!), Nurith — chant d'amour vert, Sybil — l'hôte voilé, Zhou — le petit clou. Et moi, je ne m'en souviens plus. Puis il nous récite une poésie dans laquelle il boit à la lune. Il l'écrit en chinois pour Nurith. Je la lui ferai traduire.

Gyurme a disparu pendant le dîner sans que personne s'en aperçoive. Femmes, alcool, fuite des Chinois ou sommeil ?

15 juillet

Ce matin, je suis restée travailler dans ma chambre ; mettre en parallèle les textes d'Alexandra David-Néel et notre route me prend du temps. Nous allons vraiment passer dans la plupart des endroits qu'elle a visités et où elle a séjourné. A la lecture des lettres qu'elle écrivait à son mari (publiées en deux tomes, sous le titre *Journal de Voyage*), il me semble plus d'une fois ressentir la même chose. La situation politique entre Chinois et Tibétains était déjà extrêmement tendue, beaucoup de régions étaient entièrement fermées et il lui fallut maintes fois se démener auprès des autorités locales pour obtenir les laissez-passer.

Elle était dans la même incertitude que nous quant aux étapes de son périple. Elle dut plus d'une fois changer d'itinéraire, retourner sur ses pas ou rester des semaines là où elle ne le souhaitait pas. Nous connaîtrons peut-être le même type de mésaventures. Mais cela fait partie du jeu.

De la correspondance d'Alexandra : « Au Sud, dans le pays de Kham, les Tibétains, actuellement, en font voir de dures aux Chinois qui les ont par trop pressurés, exploités et maltraités. » « Suivant les circonstances, je passerai là la plus grande partie de l'été ou me fixerai dans le voisinage. Je reviendrai au début de l'automne par la rive sud. Tel est, du moins, le programme prévu, mais qui sait comment il peut être modifié ?... Je t'ai, dans ma dernière lettre, mis longuement au courant de la situation politique du pays. Elle est très confuse et pleine de menaces. »

Alice et Dr Jane sont allées au Free Market, et en sont revenues enthousiastes. Elles ont vu des tortues et des ménates que leur propriétaire nourrissait en leur fourrant dans le bec un petit bâton enduit d'une pâte foncée. Il y avait aussi des cages de chats à poil court destinés à la cuisine, ceux à poil long étant « pour la maison ». Alice s'adapte très bien à toute nouveauté. Elle écrit, prend des photos, raconte, parle chinois et sympathise avec chacun.

Il n'empêche que nous avons eu une petite altercation : elle et Dr Jane nous ont fait prendre trois quarts d'heure de retard sur l'heure de départ prévue par le CITS. Je fais une réflexion à Alice dans le minibus, elle me répond... On finit par en rire...

Après le déjeuner, pris dans une sorte de gigantesque usine à nourriture agrémentée de cascades et de perroquets, nous partons visiter le temple de la famille Chen, édifié au XIXe siècle. Le temple est devenu un musée. Les salles renferment quantité d'objets de différentes époques. Certains sont superbes et sobres, d'autres franchement horribles et tarabiscotés. Etrange impression que laisse l'art chinois, mélange de raffinement et de mauvais goût.

Puis nous repartons voir le temple à étages appelé le temple des « six banyans », du Ve siècle. Habité de statues de bouddhas chinois, qui sont plastiquement moins beaux que les bouddhas tibétains. En revanche, ce temple est en activité. Je suis frappée par le nombre de gens en train de pratiquer leurs dévotions. Beaucoup de femmes se prosternent et font brûler des bâtons d'encens. Moi qui pensais que la Chine entière était athée ! La visite est une bonne introduction au bouddhisme, car il ne faut pas oublier que le bouddhisme, né en Inde, se propagea en Chine bien avant de s'implanter sur le plateau tibétain. Si les écoles divergent, les figures principales sont restées les mêmes. Nous nous familiarisons avec Maitreya, le Bouddha du futur, et les gardiens des quatre directions.

Avant de reprendre l'avion pour Chengdu, nous faisons une promenade dans le jardin des orchidées, dont la plupart ne sont plus en fleur. Et l'atmosphère des serres, les petits ponts sur les rivières à nénuphars bordées de pagodes un peu abandonnées, dans lesquelles des Chinois se délassent en buvant le thé, me redonnent tout mon entrain.

A l'aéroport de Guangzhou, la douane, représentée par de jeunes brutes sans sourire, garçons et filles, me confirme dans ma haine de tous ceux qui abusent de leur bout de pouvoir. Ils s'en prennent au sac de Dr Jane. Les médicaments les intriguent : ils veulent en comprendre l'utilité. Finalement, ils mettent la main sur la body-emulsion « Jardins de Bagatelle » de Guerlain, notre sponsor. Un douanier s'empare de l'objet, le presse fermement dans tous les sens. Dr Jane, pour faire cesser le suspense, tourne le bouton et lui badigeonne les mains de lait hydratant, ce qui provoque un immense éclat de rire des troupes. Ils lui laissent boucler ses affaires et je profite de la confusion pour traverser la douane, ni vu ni connu, avec tous mes sacs.

19 h 40. Dans le Boeing chinois, les sièges sont si rapprochés que je comprends qu'ils sont faits pour les Chinois, généralement plus petits que nous. Nous sommes fatiguées, inquiètes et les relations psychologiques se mettent en place à l'intérieur de l'équipe. Dans l'avion, les hôtesses nous collent des sacs de nourritures infâmes.

Alexandra David-Néel entourée des chefs du pays de Hor, Kanze, 1924. *(Fondation Alexandra David-Néel.)*

Les membres de l'expédition au grand complet. *(Franz Christoph Giercke.)*

Les sept filles chez le photographe chinois. *(Franz Christoph Giercke.)*

L'entrée de la Mission catholique de Dartsedo. *(Jeanne Mascolo de Filippis.)*

Le pont suspendu de Luting. *(Snafu Wowkonowicz.)*

Maison fortifiée sur le plateau de Minyak. *(Snafu Wowkonowicz.)*

Portage des briques de thé, Derge. *(Jeanne Mascolo de Filippis.)*

Au col de Lhagong, le mont Jara. *(Marie Jaoul de Poncheville.)*

La vallée de la Yalung au nord de Kanze. *(Franz Christoph Giercke.)*

Le festival de Jyekundo. *(Snafu Wowkonowicz.)*

Devant la tente de nos hôtes au festival de Jyekundo. *(Franz Christoph Giercke.)*

Danses traditionnelles. *(Franz Christoph Giercke.)* ►

Tournage de la procession au cours du festival. *(Franz Christoph Giercke.)*

Moines soufflant dans les trompes radong. *(Snafu Wowkonowicz.)*

Une vue de l'assistance. *(Franz Christoph Giercke.)*

Groupe de danseurs au festival. *(Franz Christoph Giercke.)*

Arrivée à Chengdu, capitale du Sichuan. Nous n'atterrissons pas : nous nous aplatissons sur la piste dans une purée de pois humide. La gigantesque ville de Chengdu qui comprend cinq districts et une population globale de quatre millions d'habitants s'étend dans la grande cuvette du Sichuan. Le « smog » en est une caractéristique. En été, l'air est chargé de 80 % d'humidité, la température se tient autour de 35°. On étouffe sous une chape de plomb. L'hiver, si la température tombe, le brouillard est toujours là et la cité prend des allures de ville anglaise. Le Sichuan est grand comme la France ; plus d'un quart de la province (le Nord-Ouest) appartenait autrefois au Kham.

Les officiels nous attendent, en rang d'oignons et chemises blanches. Je serre les vingt mains la première, puis toute l'équipe m'imite. Nous sortons de l'aéroport sans être soumis à aucune formalité. Fous rires devant tout ce protocole. Ils se prennent vraiment au sérieux et attendent de nous que nous leur donnions aussi sérieusement la réplique.

Le minibus nous dépose devant un hôtel somptueux, le Jin Jiang hôtel. Il se situe dans la partie sud de la ville, partie moderne qui s'étend de la grande place où se trouve l'une des dernières statues de Mao, colossale, le bras tendu, bénisseur. De grandes artères à quatre voies sont flanquées de gigantesques buildings ainsi que d'arbres majestueux. Au milieu, circulation intense, des véhicules allant des bicyclettes aux derniers modèles de voitures japonaises. Je ne vois pas un seul signe de la vieille ville dont parle Marco Polo, à l'époque où Chengdu était la capitale la plus puissante de Chine.

La télévision chinoise est là. Un comité d'accueil aussi : des jeunes filles rouges et blanches, avec dans leurs bras des bouquets de glaïeuls rouges. Les officiers, blancs, devant. Je serre de nouveau des mains. On nous emplit les bras de fleurs, et c'est ainsi que nous montons les larges marches d'un perron. C'est un petit Cannes à la chinoise ! A l'intérieur, une foule dense nous attend, toute en applaudissements. Une jeune fille nous place dans des fauteuils de velours. Discours, présentations, applaudissements toutes les minutes. La femme de Zhou traduit de l'allemand en français, après que Zhou a traduit du chinois en allemand. Alice pouffe. Elle adore tout ce cirque. Je m'évente tant que je peux. Je fais des compliments au Président du CITS. On nous souhaite de faire un beau film. Le Président insiste lourdement sur le fait que nous sommes le premier groupe à entrer en Chine après le mouvement étudiant du Printemps 89.

Tout cela me choque. C'est dur de ne pas leur en vouloir pour ce qui s'est passé il y a juste dix jours. Nous savons qu'il y a eu de graves émeutes à Chengdu. Plus de 300 morts, dit-on. Parmi ces Chinois militaires et autres qui nous reçoivent, quels sont ceux qui ont soutenu les étudiants et ceux qui ont approuvé la répression ? Une grande banderole traverse le hall de l'hôtel : « Bienvenue à l'équipe Fémine de la France ! » Je fais remarquer à la femme de Zhou qu'il y a une petite faute.

Plus tard, nous nous retrouvons sur la terrasse de l'hôtel, avec les officiels qui iront bientôt se coucher, ainsi qu'avec les représentants du département du Tourisme. Gyurme et Jeanne nous présentent le Directeur d'une petite agence de tourisme, la Golden Bridge Travel, rivale de notre officielle CITS. Dans la situation actuelle, nous représentons la seule occasion pour ces agences d'obtenir, durant l'été, des devises ; et le Directeur, M. Chen, aimerait bien rafler une partie des prestations de CITS. Le redémarrage de l'économie privée en Chine ne doit pas être facile...

Nous rencontrons deux Européens, les seuls en ce mois de juillet, encore bouleversés par les derniers événements. Lui est italien et travaillait depuis neuf mois à Chengdu pour un Centre médical d'aide à l'enfance ; elle, est britannique. Ils ont quitté Chengdu en catastrophe, lorsque l'armée est intervenue dans les rues, pour se réfugier à Hong Kong. Ils sont de retour aujourd'hui. Ils ne sont pas à l'aise et ne savent pas trop ce qui va se passer pour eux, dans quelles conditions ils vont retrouver leurs logements et leurs fonctions. Nous échangeons quelques informations mais ils se méfient de nous et nous sommes aussi sur la défensive. Quelle ambiance !

Il est déjà 11 heures du soir. Nous travaillons avec Nurith sur les premiers jours de tournage, en prenant le frais sur la terrasse du neuvième étage donnant sur la ville.

Nous pourrions commencer à filmer à Chakzamka (Luding) qui se trouve à deux jours de route de Chengdu. Cette ville est importante du point de vue historique, car son long pont suspendu qui permet de traverser la rivière Gyarong Ngulchu (la rivière d'argent) délimite la frontière naturelle entre le Tibet et la Chine. C'est à partir de là que les caravanes parties de Chine avec le thé, les soieries, les épices, pénétraient dans l'ancien royaume de Chakla, aujourd'hui centre administratif de la Préfecture autonome de Kanzé, la plus importante des préfectures du Kham. Je trouve beaucoup d'informations à la fin du *Journal de voyage* d'Alexandra. Ville frontière. Pont. Mélange d'ethnies. Porte sur le Tibet. Nurith semble contente et impatiente de s'y mettre. Et moi aussi.

16 juillet

Puisqu'il nous faut attendre le dédouanement de notre matériel et que le CITS veut nous faire l'honneur de sa province, nous acceptons une excursion tout à fait « touristique » jusqu'à Guanxian, site qui fait la fierté du Sichuan pour son ingénieux système d'irrigation établi sur la rivière Min Jiang et conçu dès le IIIe siècle avant J.-C. par un ingénieur au service de la dynastie Shu han. On sent déjà qu'ils veulent à tout prix nous montrer autre chose que ce que nous sommes venus chercher : le Tibet. Mais il nous faut les ménager. Aussi, la moitié d'entre nous s'en va en excursion tandis que Jeanne et moi restons à préparer le voyage.

Petit déjeuner. Lecture. Puis déjeuner avec Christoph et Gyurme. Peut-être n'irons-nous pas à Jyekundo mais prendrons une autre route plus sauvage, inconnue des Chinois, vers un temple perché que nous atteindrons après cinq jours de cheval. Nous saurons tout à l'heure si nous pouvons obtenir les permissions des autorités. En effet, chaque détail d'un itinéraire doit être accepté par une commission composée du ministre de la Culture, du ministre de la Communication et des autorités militaires de la province — avant d'être soumis aux mêmes autorités à Pékin, les autorités militaires ayant le pouvoir final de décision. Dans notre parcours, nous toucherons trois frontières. Du Sichuan à la Région Autonome du Tibet, puis au Qinghai et enfin au Ganzhou. Ces provinces étant considérées comme régions « interdites », les Chinois n'ont jamais autorisé officiellement une équipe étrangère à les filmer.

17 heures. Permissions refusées. Je m'y attendais un peu. Cela a déjà été si long d'obtenir les autorisations de notre premier parcours, qui ne comprenait que trois provinces, celles du Sichuan, du Qinghai et du Gansu. Leurs vallées secrètes furent pendant des siècles des royaumes tibétains indépendants, ne reconnaissant pas plus l'autorité de Lhasa que celle de Pékin. Actuellement, le Gouvernement chinois ne les contrôle que difficilement et préfère en interdire l'accès aux étrangers. Nous devons nous estimer heureux d'être autorisés à y pénétrer, tant l'administration chinoise est lourde et suspicieuse. Nous gardons l'ancienne route : destination Jyekundo (Yushu). Je lis à Nurith les passages concernant Dartsedo (Tatsienlou, ou encore Kangding). La

première véritable bourgade tibétaine. Elle est d'accord pour filmer les sources chaudes dont parle Alexandra et qui existent encore.

Les cinq jeeps, dont on nous présente alors les chauffeurs, viennent d'arriver dans la cour de l'hôtel. Deux d'entre elles nous sont prêtées par l'Institut de géophysique auquel mon frère Olivier a écrit en nous recommandant vivement. Toutes les jeeps en ont vu de rudes, mais elles ont l'air solide. Je choisis la bleue car le chauffeur un peu âgé me semble doux et sérieux. J'y serai avec Jeanne et Gyurme pendant l'expédition, sauf dans les moments de tournage où je serai avec l'équipe caméra, Nurith, Sybil et Claire, qui choisit la jeep rouge, la plus neuve et donc la plus fiable pour le matériel caméra. Elle a une galerie, depuis laquelle nous pourrons également tourner. Dr Jane et Alice seront avec Snafu. Christoph sera avec Zhou, le chef d'expédition. Je suis désolée, juste avant de partir j'ai cassé mon appareil dans le hall de l'hôtel : une jeune serveuse collante me poursuivait pour que je paye les notes de blanchisserie, j'en ai tout lâché d'énervement. Plus tard, j'en profiterai pour rappeler à Christoph que je ne suis pas la productrice exécutive de ce film et que les problèmes de notes d'hôtel et de restaurant ne me regardent pas.

Le bruit court qu'après les événements de Pékin, des mouvements de révolte naissent au Kham. Des rumeurs font état de véhicules arrêtés et pillés et les Chinois qui vont nous accompagner pendant l'expédition meurent de peur. Je ne suis pas rassurée non plus. Et si les Tibétains nous associaient aux Chinois ? S'il arrivait quelque chose à Alice, ou à l'une des femmes de mon équipe ?

Nous partons en jeep nous installer dans une de ces « maisons de thé » qui font la réputation de Chengdu, pour étudier avec notre équipe et l'équipe chinoise l'organisation quotidienne de l'expédition. Nous pénétrons enfin dans la vieille ville. Le contraste est total. Les maisons sont basses à colombage, les toits en forme de pagode, recouverts de tuiles en bois, les rues ressemblent à celles de bazars orientaux, tout est à un autre rythme. Nous empruntons ensuite un chemin le long de la rivière. Je réalise qu'il reste tout de même quelques vieux quartiers avec de belles maisons qui ont conservé leurs balcons et leurs auvents en bois sculpté. On découvre toute une vie pittoresque : restaurants, marchés et une activité commerciale telle que je comprends pourquoi c'est ici qu'ont été inventés, au XIe siècle, la lettre de change et le papier-monnaie.

Voilà le Café aux Oiseaux. Une rangée irrégulière de tables en bois vermoulu borde la rive, les gens sont assis dans de magnifiques chaises de bambou. Certains jouent aux dominos, en fumant une longue pipe en bambou et cuivre, d'autres conversent. Tous ont apporté leurs oiseaux. Le concert est permanent. Des cages reposent à même la table, d'autres sont accrochées à un filin au-dessus de la berge. Sur une autre corde, légèrement en dessous, sont perchés des ménates et des perruches.

Les oiseaux, au plumage beige jaune, au bec rouge foncé, se font la conversation. Le patron sert le thé dans un bol de porcelaine bleue et blanche pourvu d'un couvercle et reverse de l'eau bouillante dans la tasse après chaque gorgée aspirée à grand bruit. Le chant des oiseaux est merveilleusement modulé, comme s'ils suivaient une savante partition. Les grillons se frottent les élytres de plaisir. Les chaises en bambou, usées par de longues contemplations, le contentement de ces hommes âgés — les plus jeunes sont septuagénaires — fiers de leurs merveilles chantantes est une scène d'un autre monde : la vie s'écoulerait douce, les vieux aimant les jeunes, les riches aidant les pauvres ; la seule loi imposée serait celle de la compassion et des bonheurs de l'esprit, et il n'y aurait plus que des attitudes simples et justes, comme celle de ces hommes immobiles, emportés au septième ciel par le chant de leurs compagnons musicaux.

Derrière nous, un coiffeur-barbier rase les têtes. Miroir accroché à une palissade. Les cheveux tombent par terre. Un vieil homme les ramasse pour bourrer des taies d'oreiller qu'il vendra aux commerçants en literie.

Assis à côté de nos vieux à oiseaux, nous travaillons avec Zhou et Shao Lin Wang, un jeune Chinois raide comme un passe-lacet, myope et silencieux, assistant de Zhou. Nous étudions le trajet, le nombre de jours de voyage entre les villages, le nombre de jours de tournage. Nurith exige beaucoup de précisions sur la longueur des trajets, ce qui nous aide à construire précisément notre travail.

Officiellement nous avons l'autorisation de visiter toutes ces régions « interdites », mais Zhou et Shao Lin savent déjà qu'ils auront plus d'une fois à concilier nos exigences et celles de l'équipe de chauffeurs. Aujourd'hui, on se teste. Le fait que Gyurme et Jeanne connaissent le pays mieux qu'eux n'arrange pas la position de nos accompagnateurs. Nous ne sommes pas des touristes ordinaires, et il ne leur sera pas facile de nous détourner de l'itinéraire que nous avons soigneusement préparé. Il est préférable qu'ils prennent conscience de cela dès le début...

Après nous être fait dévorer par les moustiques, nous repartons vers notre hôtel. Les propriétaires des oiseaux s'apprêtent eux aussi à rentrer : ils recouvrent leur « trésor » d'un tissu bleu marine opaque ; c'est la fin de la journée. Leurs femmes ont dû leur préparer leur bol de nouilles ou de riz. Les Chinois dînent assez tôt.

Nous échouons finalement dans un petit bistrot de rue où l'on nous sert vingt plats d'affilée. Je rentre me coucher et je prends un anti-allergique : ces sales bêtes m'ont fait gonfler le visage, les mains et les pieds. Aujourd'hui, l'atmosphère a été lourde ; personne ne sera facile dans ce groupe, qu'il s'agisse des Chinois ou de mon équipe. Les Chinois ne sourient pas facilement, et certaines de mes femmes non plus.

Lundi 17 juillet

Pendant la nuit, Zhou appelle Christoph de chez lui : je comprends que le matériel, une tonne d'équipement caméra, pellicule, nourriture, etc., n'arrivera pas de Guangzhou avant quelques jours, ce qui va retarder notre départ pour le Tibet. Les avions sont trop pleins pour Chengdu, paraît-il.

Réveil pénible à cause d'une jeune Chinoise qui à nouveau m'apporte les notes de blanchissage du linge de ces dames. Trois fois en vingt-quatre heures ! Je lui explique que je veux payer à la fin du séjour, et que de toute façon elle doit s'adresser à Christoph, le producteur. Ces complications lui semblent insurmontables. Elle crie... Je la sors physiquement de la chambre... Ici, les employés sont incapables de s'adapter à toute situation qui n'aurait pas été prise en compte durant leur apprentissage. Par exemple, ils ânonnent des phrases en anglais retenues par cœur. Répondez-leur par autre chose que oui ou non, ils ne comprennent rien et répètent obstinément leur phrase. Il y a de quoi s'énerver !

15 heures : Déballage du matériel, s'il est arrivé de Guangzhou. Il paraît que le gouverneur du Sichuan est lui-même intervenu pour le faire passer en priorité dans l'avion.

17 heures : Une réception organisée par le vice-gouverneur du Sichuan aura lieu ce soir. La télévision va nous filmer. Belle corvée en perspective. Jeanne et moi partons à la recherche de la Mission catholique où aurait séjourné Alexandra David-Néel. Un vieux gardien, timide et charmant, ne comprend pas grand-chose mais nous ouvre la porte de la chapelle. Les bâtiments semblent dater du début du siècle. Cela me paraît très protestant. Odeur de cierge et de cire mélangés qui

étonne, en ce pays, comme un anachronisme. Nous y retournerons pour rencontrer un prêtre capable de nous dire s'il existe des archives; peut-être y retrouverons-nous une trace d'Alexandra.

De retour à l'hôtel, j'apprends que notre équipement est arrivé. Je fais connaissance avec l'un de nos officiers de liaison, Liu, qui parle français. Il m'emmène faire réparer mon appareil-photo... Pour le grand dîner officiel donné en notre honneur par le secrétaire général du Parti communiste, Monsieur Liu Zhi Peng, et Monsieur Xia Zheng Xun, député représentant du tourisme de la province du Sichuan, nous décidons de nous mettre en frais (rouge à lèvres, mascara) et d'incarner ainsi quelques clichés de la Française.

Une vingtaine d'hommes en chemises blanches nous attend dans un salon de l'hôtel Jin Jiang. Nous sommes assis en carré, les fauteuils installés le long des murs. Le secrétaire du Parti me fait signe de m'asseoir à côté de lui, Christoph à ma gauche. C'est parti pour les discours. Le secrétaire s'arrête après chaque phrase, le temps que ses paroles soient traduites en allemand puis en français. La télévision filme. Il nous rappelle que la situation politique a été difficile, que nous sommes le premier groupe de touristes accepté dans le Sichuan, et la seule équipe de cinéma dans toute la Chine à avoir les autorisations de tournage (obtenues avant Tienanmen). Nous ne sommes pas journalistes, mais nous faisons un film touristique sur sa province, qui permettra au Sichuan de montrer à l'Occident toutes ses richesses et ses possibilités aux futurs voyageurs étrangers. Nous avons donc de lourdes responsabilités. Il nous dit que la route sera très dure, qu'il se peut que nous ayons des problèmes sur le chemin (Il ne précise pas sa pensée. Il doit songer à la tension sino-tibétaine; il a peut-être peur que nous nous fassions attaquer par des sauvages tibétains...), qu'il y a certaines zones que nous ne pouvons pas filmer (tunnels, installations militaires, ports, etc.), mais qu'il est prêt à nous aider de son mieux pour que tout se passe bien. Il est très heureux que nous fassions un film historique et culturel sur une héroïne française, il pense que les femmes sont beaucoup plus fortes que les hommes, qu'en Chine elles ont été libérées sous Mao, et qu'elles règnent à la maison...

Il n'y a pas une femme chinoise dans cette réunion!

Je remercie le secrétaire général et lui raconte en quelques mots le propos de notre film. Alice me chuchote « Pas trop long. » J'en perds un instant les pédales et ne sais plus ce que je suis en train de dire. Je me rattrape mais transpire à grosses gouttes. Alice se met à glousser, et moi j'ai du mal à ne pas exploser de rire. Puis Christoph nous présente l'une après l'autre, en racontant d'où nous venons, notre carrière à chacune. Il nous encense, nous appelant les grandes professionnelles de France !

Nous passons dans une salle à manger de trois tables. Nurith, Sybil, Christoph et moi sommes placés à la table du secrétaire du Parti et du député ; Jeanne, Alice et Claire à celle du Chef de l'armée et du Chef de la sécurité, et Dr Jane à la table des administratifs et des représentants de la télévision chinoise. Une trentaine de plats sont servis entrecoupés de toasts à notre succès. Chacun se devant de porter le sien, tout le monde devient très rouge. Les hommes boivent cul sec leur petit verre d'alcool de riz et une sorte d'apéritif de couleur jaune ressemblant à du vin cuit. Après les pousses de bambou, poulet au piment, méduse, pâtés aigres-doux, pattes de poulet, petits bouts de serpent élastiques, choses gluantes mais aussi boulettes de viande délicieuses et légumes pimentés qui vous arrachent le palais, je rêve de me tremper dans un bain glacé.

Christoph profite de la convivialité ascendante pour faire confirmer par les officiels que le test sera développé en France en raison de la sophistication de nos machines, ce qui est accepté sans la moindre difficulté et à l'unanimité. Les conversations tournent autour de la France, du cinéma, très simplistes car les traducteurs ne sont pas du plus haut niveau et les questions non plus. Les Chinois n'arrêtent pas de nous féliciter du courage que nous avons d'être venus en Chine... Après deux heures et demie de repas entrecoupés d'applaudissements et de toasts de bienvenue, nous nous disons au revoir et bonne chance.

Je monte me reposer dans ma chambre, espérant m'y rafraîchir et travailler. Je m'endors pour être aussitôt réveillée par Christoph qui nous convoque sur la terrasse du neuvième étage. Il est 11 heures du soir ! Il nous annonce que nous ne partirons que mercredi à 12 heures, le surlendemain, pour des raisons de sécurité et de formalités. Ils sont bien compliqués, ces Chinois !

Mardi 18 juillet

Petit déjeuner avec Zhou, son assistant, Snafu et Christoph pour faire le point sur ce qui nous manque. Nous sommes obligés de louer les sacs de couchage et d'acheter les tentes. Nous devions tout apporter de France. Nous nous y sommes pris trop tard, et tout ce qui est acheté par les étrangers est facturé double prix, car ils n'ont pas le droit d'utiliser la monnaie chinoise. 1 FEC (Foreign Exchange Currency — Monnaie pour les étrangers) = 2 Renminbis (monnaie chinoise). Nous partons, Jeanne, Nurith, Liu le traducteur et moi nous informer du passage d'Alexandra auprès du prêtre de la Mission que nous avons visitée la veille. Un jeune théologien chinois nous reçoit. Il ne sait rien. Il appelle un vieux monsieur qui vit dans cette Mission depuis l'âge de dix ans, mais qui ne se souvient pas non plus d'Alexandra. J'arrive à leur faire dire que leur Mission est luthérienne et ils finissent par nous donner l'adresse de la Mission catholique. Pourquoi sont-ils réticents devant nos questions ? Je ne sais s'ils sont xénophobes, lents, méfiants ou si simplement notre traducteur est mauvais, mais c'est comme s'ils ne connaissaient pas ou ne s'intéressaient pas à leur histoire, comme s'il y avait eu rupture.

Ils nous montrent un livre qui contient la liste de toutes les personnalités étrangères venues en Chine depuis un siècle. Pas d'Alexandra. Nous retrouvons les explorateurs Jacques Bacot et J.-F. Rock, les noms de diplomates, tel Sir Charles Bell, d'écrivain et c'est Pierre Loti, de journaliste comme Peter Fleming. Pourquoi Alexandra n'y figure-t-elle pas ? Voyageait-elle sous un autre nom, était-elle si peu connue ? Toutes les suppositions sont possibles.

Nous remontons dans la voiture du CITS et Liu nous montre les quartiers brûlés et détruits lors des derniers événements. Nous réagissons à peine. De quel côté est-il ? Ne rien leur montrer de nos sentiments. Ça a dû barder. Nous franchissons un carrefour noirci, des planches sont clouées sur les façades. Plusieurs pâtés de maisons sont totalement calcinés, les boutiques comme les habitations. Personne ne tient à nous dire ce qui s'est réellement passé.

Nous nous rendons à la Mission catholique. Pas d'Alexandra dans les souvenirs, mais un vieux monsieur nous raconte que les bâtiments ont été construits en 1850-60 ou 70. Je consulte immédiatement le tome deux du *Journal de voyage* et trouve le passage où elle rapporte sa conversation avec l'évêque et narre son séjour à la Mission.

L'endroit est magnifique. Un premier bâtiment, qui faisait autrefois partie de la Mission a été transformé en fabrique d'outils. Il en sort un bruit assourdissant. L'architecture est d'époque, la façade est de pierre et de bois. J'ai dans les mains la photo d'Alexandra se tenant debout devant cette maison. La première cour est entourée d'une galerie bordée de longues colonnes de pierre. Deux jardins intérieurs sont séparés par un préau et forment une croix ; au bout, se trouve la chapelle avec des châssis de fenêtres et des poutres magnifiquement sculptées. Les deux personnes qui nous accueillent ne reconnaissent pas Alexandra sur la photo que nous leur montrons mais semblent très intéressées par son histoire. En revanche, elles nous racontent celle de ce lieu et citent le nom de son fondateur Mgr Rouchousse dont Alexandra parle à plusieurs reprises. Ici non plus il n'y a pas d'archives, et l'on nous conseille de nous adresser à la Bibliothèque nationale de Chengdu, section Archives.

Une autre époque. Rien n'a bougé. Des rayons denses de lumière arrivent en biais dans les cours et les jardins. Cela a quelque chose de surnaturel. La fin du film ?

Alors que nous sommes prêtes à repartir, assez exaltées, nous voyons approcher lentement un groupe d'évêques très âgés, vêtus de violet, pourpre, rose indien, coiffés de la mitre, croix de pierres rouge et parme sur la poitrine, bague au doigt. Je m'approche de l'un d'eux. Avant tout, il me présente sa bague. C'est l'évêque d'une province voisine. Un autre s'adresse à nous en français. Il est responsable d'un petit diocèse dans l'Est de la province du Sichuan et se trouve à Chengdu pour participer à un séminaire d'une semaine. Il nous semble être replongés directement à l'époque où Alexandra séjournait ici même.

C'est merveilleusement anachronique dans cette Chine moderne et « unie », où toute religion va contre l'idéologie du Parti. Vision inoubliable, sentiment de paix. Le passé existe encore, là où la Grande Révolution Culturelle aurait dû détruire ces vestiges de colonialisme ou de féodalisme comme elle l'a fait dans tout le pays — temples, palais, etc. Au moment de partir, les gardiens de la Mission nous font signer le livre d'or, et Liu nous fait remarquer que dans deux cents ans, on viendra peut-être consulter ce registre pour retrouver notre trace !

Réunion entre Gyurme, Nurith, Jeanne et moi pour préparer la deuxième partie du voyage après Jyekundo, puisqu'hier, au Café des Oiseaux, nous n'avons pu organiser toute la route.

Nous partons à la recherche de l'ancien Consulat de France, où Alexandra séjourna également. Le chauffeur nous dépose au bout de la ville dans le quartier nord, devant un bâtiment d'une quinzaine d'étages entouré d'un espace vert. Il a été construit en 1982 sur le site de l'ancien consulat. La province du Sichuan a obtenu l'autorisation de le démolir au ministère des Affaires étrangères. Une société de constructions immobilières siège dans ce bâtiment et l'un de ses directeurs nous reçoit.

Lui ayant raconté le but de notre visite, il nous présente à une femme employée dans la maison qui a toujours habité le quartier. Cinquante-cinq ans environ, elle est belle, le regard vif et intelligent. Elle nous raconte ses souvenirs d'enfance avec les orphelins du quartier pris en charge par la Mission catholique qui se trouvait en face du consulat. Nous la suivons, sortons de l'enceinte, traversons des ruelles très animées et entre deux étalages, nous pénétrons dans une cour pavée entourée d'un haut mur. Tout cela ressemble fort à un cloître. Il y a même dans l'air comme des effluves d'encens. Là se trouvait l'église, construite en 1934, et les habitations. De nos jours, des familles entières occupent ces lieux qui seront évacués prochainement, car les risques d'effondrement sont réels. Les vestiges d'une époque disparaissent les uns après les autres. Nous remercions notre amie, cette histoire la passionne autant que nous. Premier contact chaleureux !

Avant le dîner, leçon de géographie de Gyurme concernant les régions que nous allons parcourir. Nous sommes de bonnes élèves, attentives et appliquées ! Le départ est prévu pour demain matin. Nous ferons notre première étape à Ya'an, qui se trouve à environ 150 kilomètres au sud-ouest de Chengdu. C'était à l'époque d'Alexandra la dernière ville que l'on pouvait atteindre en voiture. Il fallait ensuite partir à pieds vers Dartsedo, dans les Marches tibétaines. C'était donc là que s'organisaient les caravanes. De toute façon, la route pour Dartsedo n'ouvre qu'entre 6 heures et 9 heures du matin : il y a eu des éboulements de terrain et seuls les jeeps et les camions à traction avant et arrière peuvent passer. Entre ces heures d'ouverture, les ouvriers refont la route.

Dîner dans le petit retaurant proche de l'hôtel. Nous changeons de l'argent au noir. Alors que les Renminbis sont défendus aux étrangers, il y a une armée de Chinois juste à l'entrée de l'hôtel qui, au vu et au su de tout le monde, vous suivent en disant, « Change money, change money ».

Mercredi 19 juillet

Lever 7 h 30. Nous allons enfin partir. Petit déjeuner tous ensemble dans cette grandiose salle à manger, où l'on ne sert que des plats chinois. Le tapis sent l'antimite et les serveuses « gouvernementales » vous lancent la nourriture sur la table. Puis c'est le chargement des cinq jeeps et du camion. A peine aidés par les Chinois, nous devons répartir le matériel dans les six véhicules. Cela nous prendra jusqu'à midi. Les caisses caméras dans deux voitures avec le matériel son. Dans les autres, bagages à mains et sacs de tous les jours. Dans mon sac personnel : lunettes, crèmes de protection, feutres, mes cahiers de notes, mon mini-couteau suisse, *Au Pays des Brigands Gentilshommes* et *Journal de Voyage 2* d'Alexandra. Dans mon sac d'habits dans la voiture : un pull-over, quatre tee-shirts, deux pantalons en coton noir genre jersey, des collants, chapeaux, gants, sandales et chaussures de toile de rechange. Dans le sac du camion : habits de montagne, grosses chaussures, ma documentation, mes livres, etc.

A midi tout est prêt. Il se met à tomber des trombes d'eau. Déjeuner, au cours duquel le personnel du CITS porte des toasts pour encourager le personnel qui part avec nous. La télé chinoise nous attend pour filmer le départ. J'offre un flacon de « Samsara » de Guerlain devant les caméras au patron du CITS. Il a l'air flatté.

Il y a un type avec une drôle d'allure qui nous suit partout depuis ce matin et nous prend en photo : en train de charger les voitures, dans les couloirs de l'hôtel, pendant le petit déjeuner, puis pendant le déjeuner... Christoph me dit que c'est le patron de Zhou. Il est torse nu sous un anorak beige sans manches. Il a les cheveux gras et nous sourit beaucoup. Je lui trouve une assez sale gueule et me renseigne. Il s'appelle Lao Wang et nous accompagnera durant toute l'expédition. Zhou me dit qu'il fait un reportage pour un journal, et Lin qu'il est de la police et doit nous protéger. Peut-être faut-il les croire tous les deux...

Départ. Les femmes de nos officiers de liaison sont sur les marches de l'hôtel pour nous dire adieu. Elles pleurent. Elles ont de la peine. Elles ont peur... Elles sont si jeunes, elles ont l'air d'étudiantes. Il faut dire que les Chinois qui nous accompagnent ont entre 24 et 30 ans.

Les voitures sont numérotées et étiquetées : « F.Productions », munies de talkie-walkies. La première transporte les deux cuisiniers, deux officiers de liaison et le photographe-officier de sécurité. Dans le camion ils sont trois ou quatre Chinois, sans doute un cuisinier et quelques officiers de liaison que nous connaîtrons petit à petit. Pour le moment, à part Zhou, le photographe et notre chauffeur, j'ai du mal à repérer qui est qui. Nous sommes entourés de treize Chinois au total : le premier officier de liaison, le responsable, Zhou. Puis son assistant Shao Lin, qui, tout comme Zhou, parle parfaitement l'allemand. Ensuite, plusieurs personnes à la fonction plus qu'indéterminée. Nous avons Lao Shen, compositeur de musique, qui sera aussi bien l'assistant de Zhou que celui de notre ingénieur du son, Sybil ; il ne parle ni anglais ni allemand. Le photographe de l'expédition, côté chinois, Lao Wang. Et encore deux hommes dont je ne connaîtrai jamais les prénoms et qui resteront toujours très en retrait, assis dans le camion. Un géologue qui travaille à l'Institut de géophysique, un cuisinier et Liu, notre interprète en français. Enfin, les chauffeurs. Celui du camion qui transporte toute la nourriture et le matériel, à l'exception du matériel caméra fragile qui reste dans les jeeps, s'appelle Li.

Nous démarrons lentement, à la queue leu leu. Alice est dans une jeep blanche avec Snafu et Docteur Jane, leur chauffeur se nomme Tang. Je suis avec Jeanne et Gyurme dans la jeep bleue conduite par un vieux chauffeur, Wang, aux gants blancs avec son air doux et poli. L'équipe caméra, Claire, Sybil et Nurith, s'est installée dans la Land Rover rouge pilotée par un beau garçon avec une tête de BD cachée derrière de grandes lunettes noires, coincé de la mâchoire. Il s'appelle aussi Wang. Christoph est en tête avec Zhou dans une jeep beige menée par le chauffeur du Gouverneur, Lou, que très vite nous surnommerons « Prince », qui sort ses drapeaux aux couleurs de la province du Sichuan par la fenêtre chaque fois qu'il veut que le trafic s'arrête sur la route à notre passage. Il insulte même un paysan dont la charrette s'est renversée. Il conduit trop vite et cela donne à notre convoi un côté officiel tout à fait ridicule. Il va avoir bientôt de mes nouvelles.

La route fume sous la chaleur, le macadam forme une boue épaisse. Ça grésille comme des gouttes d'eau qui tomberaient dans de la graisse bouillante. Nous avons quitté Chengdu sous une pluie d'orage éclairée par un magnifique arc-en-ciel. Pour les Tibétains, c'est un signe de bon augure car c'est ainsi que se manifeste Padmasambhava, le propagateur du bouddhisme au Tibet. La campagne sichuanaise, grâce à des conditions climatiques très favorables, est un véritable grenier. Les collines sont découpées en milliers de petites terrasses, rizières au vert tendre, taches jaunes des champs de colza et de maïs, routes bordées de lignes d'arbres clairsemés. Le tout est parfaitement harmonieux.

En approchant de Ya'an, la nature change d'aspect. Les collines deviennent des montagnes presque dénudées, les champs deviennent des prés, les rivières se resserrent. Des contreforts montagneux se profilent à l'horizon, nous approchons des « Alpes du Sichuan ».

J'aspire de tout mon être à me trouver dans ces montagnes, sur ces hauts plateaux, loin du monde grouillant, loin de ces visages sans expression, avec les Tibétains, leurs rires, leurs vraies et sympathiques personnes — et au travail. Ici, le climat est mou et chaud, je rêve d'air frais. Je pense au sentiment d'excitation que l'on éprouve lorsqu'on est en altitude, à la bonne humeur naturelle !

Arrivée à Ya'an. La ville est très animée. Une rivière tumultueuse la traverse. Les rues sont bordées de boutiques anciennes et d'entrepôts de thé. Ya'an a toujours été un grand centre commercial, en raison du thé cultivé dans la région et exporté en énormes quantités à travers tout le Tibet. Si les Chinois considèrent sa qualité comme inférieure, les Tibétains au contraire apprécient son goût prononcé qui donne une saveur spéciale au thé beurré et salé. Ce thé est comprimé en briques très dures, ensuite emballées dans de longues nattes de paille grossièrement tressées. Le Dr Migot, explorateur français qui lui aussi passa par ici en 1947, décrit dans son livre *Caravane vers Bouddha* les longues colonnes de porteurs de thé entre Ya'an et Dartsedo. Si aujourd'hui l'acheminement se fait par camions, l'emballage est resté le même.

Cette région est riche : beaucoup de bétail, buffles et vaches qui donnent des chaussures pour toute la Chine, et dont le reste est exporté principalement en Allemagne. C'est vrai que les Allemands sont volontiers bardés de cuir noir !

A l'hôtel, dans la salle de bains, les cancrelats nous courent entre les doigts de pieds. C'est un cauchemar de crasse. Une baignoire noire, l'eau qui fuit, la moquette pleine de taches dégage des odeurs de moisi. Nous posons nos affaires et sommes convoqués immédiatement par Zhou pour le dîner. Il est 20 heures. Or en Chine, on dîne à 18 heures. Dîner dans la salle à manger de la Guest House. Repas plutôt gras, avec des odeurs de pourri : les fameux œufs noirs de cent jours, différentes viandes trempées dans du soja piquant, tantan mien (grosses nouilles de riz), nouilles froides faites à partir de pâte de petits pois, anguilles infectes coupées en cubes, algues, bambous, champignons des hauts plateaux, salades cuites. Alice part en courant dans sa chambre pour vomir. Elle revient cinq minutes après, la mine fraîche. J'ai peur qu'elle ne maigrisse trop.

Promenade avec Dr Jane le soir le long de la rivière, après la leçon de géographie que nous a prodiguée Gyurme dans un petit café qui jouxte l'hôtel. En marchant, nous nous laissons bercer par l'atmosphère chinoise : odeurs fermentées d'un entrepôt de choux et de salades, calme d'une ville sans voitures. Ici, les jeunes ont-ils entendu parler des événements de Tienanmen ? Ils ressemblent beaucoup plus à des étudiants gauchistes qu'aux jeunes Chinois classiques, qui sont en général d'un aspect très conventionnel.

Je ne dors pas de la nuit, sous ma moustiquaire. Il fait trop chaud et les insectes s'infiltrent par les déchirures, s'en donnant à cœur joie. Mais je suis heureuse d'être partie.

20 juillet

Lever 7 heures. Petit déjeuner d'une tonalité générale assez rance ! Les Chinois se mettent à une table, nous à une autre. Par chance, il y a des œufs durs, car le reste est décidément immangeable : sortes de pickles qui vous arrachent la bouche, morceaux de viande noire terriblement tentants le matin... Snafu nous donne du müesli qu'il est allé chercher dans le camion : notre nourriture de survie apportée de France.

Nous partons pour l'actuelle Kangding, la tibétaine Dartsedo, qu'Alexandra appelait Tatsienlou car c'était le nom sinisé inscrit sur les cartes. La route est très encombrée de camions qui descendent du plateau tibétain, transportant des troncs d'arbres. C'est un des grands scandales de la Chine qui rase les forêts des régions « ethniques ».

En quittant Ya'an, nous avons laissé derrière nous les rizières et les terrasses. Une belle vallée encaissée s'offre à nos yeux. La route la remonte progressivement, et puis soudain nous sommes au pied des contreforts d'une gigantesque chaîne montagneuse. Cette véritable barrière naturelle, appelée Erlang Shan, est si impressionnante, et la route qui la franchit fut si difficile à construire, qu'un nouveau dicton chinois compare toute chose ardue à réaliser à la traversée de cette montagne. Nous passons le seuil d'un monde nouveau ; la route, abîmée par les avalanches de l'hiver, effondrée l'été en raison des pluies diluviennes, est reconstruite en permanence. Cet axe reliant Ya'an à Dartsedo fut construit par l'Armée de Libération du Peuple, et beaucoup d'hommes y périrent. Elle se réduit le plus souvent à une piste surplombant un précipice de plus en plus vertigineux.

La chaleur est forte. Montagnes vertes avec une végétation très tropicale. En roulant, je scrute le paysage pour repérer les singes. La rivière est large et charrie du bois, les peupliers plantés pendant la Révolution Culturelle bordent la route lorsqu'elle existe. Les Chinois à chapeaux pointus transportent sur leurs épaules, pendus à chaque extrémité d'un bambou, des paniers pleins d'eau, de graines ou de cailloux. Devant nous, une voiture qui n'appartient pas à notre convoi s'est embourbée. Nos Chinois sont un peu lents à réagir et n'imaginent pas qu'on peut aider la voiture à se dégager. Finalement, poussée par nous et sur les exhortations de Christoph, elle avance et traverse le lit du torrent. Nous la suivons sans encombre.

Vers midi, nous arrivons dans un camp militaire et les soldats nous servent à déjeuner. Nous ne sommes pas ravies d'être reçues par l'armée. Nos Chinois nous expliquent que c'est trop compliqué de faire la cuisine dans la nature et de monter chercher les instruments et la nourriture dans le camion. Les militaires sont réputés pour être des cordons bleus ! et les camps servent souvent d'hôtel-restaurant aux voyageurs.

En allant dans les lieux d'aisance, nous découvrons des montagnes de vers blancs entourant les fosses, ce qui me rend définitivement malade, et je vais m'allonger sur une banquette d'un salon du camp décoré de drapeaux à la gloire des batailles passées. Nurith souffre aussi. Sybil, elle, commence une sinusite.

Après un moment, je rejoins notre équipe dans la salle à manger. Les militaires s'activent autour de nos deux tables. Ils ont l'air jeune et plutôt ahuri. La cuisine est un spectacle étonnant, digne du Moyen Age. Enormes bacs en cuivre posés sur des feux de bois, carrelage blanc sale sur les murs, sol en terre battue. Nuages de vapeur. Les hommes sont torse nu et n'aiment pas qu'on les regarde. Je prends quelques nouilles dans une soupe au soja et nous repartons, après nous être lavés sous une fontaine d'eau fraîche devant les petits soldats ébahis.

Direction le col de Khakha Bouddha (sic). La route est en si mauvais état que la circulation ne se fait plus que dans un seul sens. Au col, nous avons une vue plongeante sur la vallée où nous allons descendre et ainsi pénétrer dans le Gyarong. Tout en bas, le long de la Gyarong Ngulchu se trouve la ville de Chakzamka, qui symbolise la frontière naturelle entre le Tibet et la Chine. C'est du moins ce qu'indique l'inscription gravée sur un pilier érigé sous le règne du roi tibétain Ralpachen en 836 pour marquer la signature d'un traité avec l'empereur Tang. Ce pilier se trouve toujours en face du Jokhang à Lhassa.

Bien vite, nous nous retrouvons encore bloqués sur la route. Je suggère à Christoph d'aller se renseigner plutôt que de rester derrière deux kilomètres de camions arrêtés. Mission réussie : on nous autorise à passer sur le goudron fraîchement versé, sur lequel des jeunes femmes sèment des gravillons. Nous arrivons à temps pour filmer le pont. Il reste dix minutes de soleil. Spectacle ravissant. C'est un pont suspendu allant d'une porte surmontée d'un toit en forme de pagode à l'autre. Au-dessous, la rivière bouillonnante. Nos Chinois sont ravis de nous aider à préparer le matériel de tournage. Tout se passe à merveille. Nous faisons quatre prises.

La rue principale de Chakzamka est bordée de maisons à colombage, dont j'admire les bois finement sculptés. J'aimerais en faire un plan, mais la lumière n'est plus là. Nous voyons déjà quelques Tibétains. De vieux Chinois en habits traditionnels de velours nous regardent, ils caressent leurs barbiches en se demandant d'où nous venons, et si Alice est une fille ou un garçon...

Enfin au Tibet !

Nous repartons vers Dartsedo après avoir traversé le pont — pour la symbolique du geste... De l'autre côté du pont commence le Tibet. Nous quittons bientôt le cours de la Gyarong Ngulchu pour remonter, de manière brutale (plus de mille six cents mètres de dénivelé), celui de la Dartsedo — la rivière porte le même nom que la ville — située à deux mille six cents mètres d'altitude. Là, tout de suite, le paysage change. Moins de végétation. Maisons en pierre. Petites forteresses avec des toits magnifiques en tuiles rondes et noires : les « dzong », comme les appellent les Tibétains, ce qui veut dire château.

En arrivant à Dartsedo, nous suivons une rivière d'une violence impressionnante, contenue entre deux murs de pierre, qui court se jeter dans une seconde rivière, à la sortie de la ville. D'où son nom, « Confluent des rivières Dar et Tse ». Nos chauffeurs nous déposent à l'hôtel. Du quatrième étage où se trouvent nos chambres, nous avons une vue splendide sur les toits de tuiles du monastère principal de la ville, le Ngachu. Cette ville était autrefois la capitale du royaume de Chakla ; elle est, aujourd'hui, la capitale de la préfecture autonome de Kanzé du Sichuan. Le commerce du thé l'a rendue prospère, et la rue principale était autrefois flanquée d'immenses entrepôts. Le royaume fut indépendant jusqu'au XVIIe siècle, date à laquelle l'armée mongole qui soutenait le cinquième Dalaï-Lama réussit à le soumettre à l'autorité de Lhasa. Le monastère de Ngachu fut construit par le cinquième Dalaï-Lama et appartient donc à la secte réformée des Gelukpa. Le Dalaï-Lama actuel y séjourna en 1954 lors de son voyage à Pékin.

La ville s'étale le long de la rivière qui gronde dans un fracas assourdissant. Les nouvelles constructions, dans le plus pur style chinois (HLM horribles), étouffent petit à petit les vieux quartiers aux maisons de bois traditionnelles et aux façades sculptées. La ville entière ressemble à un immense chantier en construction. Une grande animation règne dans les ruelles du marché où les gens les plus disparates se côtoient.

C'est ici, comme le rappelle André Guibaut, dans cette ville mixte où se mêlent civilisations chinoise et tibétaine, qu'ont séjourné tant de voyageurs. Jacques Bacot, notamment, lors de son exploration des Marches tibétaines qu'il narre dans *Le Tibet révolté*. C'est ici qu'arrivèrent les Pères Huc et Gabet après leurs traversées du Tibet, et qu'aboutirent Gabriel Bonvalot et le prince Henri d'Orléans.

De petits temples chinois sont accrochés au flanc de la montagne. Ce sont en fait les vestiges de chapelles taoïstes. Les montagnes à pic, énormes et vertes, enserrent la ville. Les gens sont rudes. Les Tibétains s'arrêtent devant nous et nous fixent sans ciller. Notre hôtel est assez joli. Les oreillers sont noirs, les draps aussi, mais l'ensemble fait assez coquet et coloré, couettes fleuries sur les lits, fleurs de plastique sur la table...

Pourtant, rien ne marche. Les toilettes menacent de déborder, les baignoires ont dû servir pour laver des yaks. Odeur d'ammoniaque intenable. Pas d'ampoule. En ouvrant la porte de la salle de bains, je reçois un globe de verre sur la tête. En tout cas, je sais que c'est le dernier vrai hôtel. Les hauts plateaux ne sont pas encore équipés ! Le dîner est meilleur qu'à Ya'an. Momos, mon plat favori. Ce sont ces fameux raviolis faits de pâte de riz fourrés à la viande ou aux légumes. C'est la grande spécialité tibétaine (et chinoise aussi, d'ailleurs, mais la pâte en est plus fine). Je vais aux douches communes dans la cour. Là, ça va. C'est propre, car c'est payant... Alice est folle de joie. Elle s'est très bien débrouillée comme assistante et scripte. Elle est fatiguée mais ses yeux brillent de bonheur. Elle dort dans la même chambre que Dr Jane. En allant les chercher pour dîner, je les entends chanter et rire comme des folles devant la nouveauté de tout. Elles se sont attaquées à la crasse de leur salle d'eau et ont déjà lavé la moitié de leurs affaires, qui sèchent sur le balcon.

Nous mettons au point un système de travail avec Jeanne. Elle note les informations et les correspondances de notre voyage avec celui d'Alexandra. Elle prend au dictaphone les données que nous recueillons de Gyurme, et Dr Jane nous aidera à les retranscrire tous les soirs.

Nous avons décidé d'aller filmer une séquence aux sources chaudes transformées en station thermale. Alexandra en parle à plusieurs reprises, il faut dire qu'elle séjourna très longtemps à Dartsedo, pendant presque toute la durée de la Seconde Guerre mondiale.

Tatsienlou, 7 juillet 1938 :

« J'ai été reçue chez des missionnaires anglais, en attendant que je trouve un gîte. Cela est très difficile pour le moment. La ville regorge de monde et de troupes. Les soldats logent dans tous les monastères. Un grand personnage religieux chinois, celui qui a donné des conférences au Musée Guimet, m'a donné des lettres qui me permettront probablement d'obtenir la location d'une maison appartenant à un monastère chinois. Celui-ci est perché sur une crête dominant Tatsienlou. Albert est allé hier reconnaître les lieux, la vue est très belle, dit-il, et il y a la possibilité de se promener dans les pâturages environnants. Toutefois, le chef du monastère, qui doit consentir la location, est allé faire une cure à des sources chaudes et ne reviendra que demain ou après-demain. Ce n'est qu'après son retour que je saurai si je puis occuper une des maisons vacantes, près du monastère. »

21 juillet

Lever 7 heures. L'ambiance se décontracte vite. Snafu nous prépare café et müesli. L'aventure commence, le film démarre et chacun a maintenant son rôle à remplir. Nous partons à 8 h 30 aux sources chaudes, à quelques kilomètres. Maisons en pierres grises. Toujours cette rivière généreuse et forte, mais moins bruyante en dehors de la ville. L'on voit des potagers magnifiques, pleins de choux, de salades et de radis géants.

Les bâtiments des thermes chinois font très carte postale. On les dirait construits par un architecte européen du XIXe siècle en proie à des influences sinisantes. C'est ici, raconte Alexandra, que le lama chez qui elle voulait séjourner en 1938 était allé prendre les eaux.

Pour mettre un peu de vie dans le plan que nous nous apprêtons à tourner, nous plongeons deux de nos Chinois, le chauffeur Wang et Lao Shen, l'assistant de Sybil, notre très « ingénieuse » du son, dans une piscine bouillonnante. L'un manque de s'évanouir, tant les vapeurs sulfureuses sont fortes. Les thermes abritent une vingtaine de piscines carrelées. Chaque bassin se trouve dans une pièce avec fenêtre donnant sur la rivière et un banc de repos en bois. A cause de ces vapeurs trop fortes, nous changeons de piscine. Le soleil apparaît : nous ne nous servons plus de la lumière que nous avions installée avec difficulté, car en Chine il n'y a pratiquement pas de prise électrique. Nous avions fini par en dénicher une dans une pièce condamnée par des planches de bois clouées. Les fils sont en général reliés aux poteaux télégraphiques. La ville et les maisons s'éteignent et s'allument à heures fixes, directement du poste central. Ce premier plan, je crois, sera très réussi, lumière bleue embuée, ambiance orientale désuète et charmante. Nos Chinois ont été très bons acteurs et n'ont cessé de se parler entre eux comme si la caméra n'était pas là.

Deuxième plan, l'entrée de l'établissement de bains, vu de l'extérieur. Dans le jardin à côté, un billard et plusieurs enfants qui s'y entraînent. Les curistes arrivent petit à petit. Surtout des femmes et leurs enfants, et puis quelques Chinois. Il y a des sources chaudes un peu partout au Tibet et dans toutes les vallées de l'Himalaya. Les Tibétains les considèrent comme la manifestation de puissances souterraines. Il arrive d'ailleurs souvent que le lieu où se situent ces sources soit sacré. Elles sont également fréquentées pour leurs vertus thérapeutiques, et le « Tulku Rimpoche » de Trango que nous rencontrons vient y soigner ses rhumatismes. Le Tulku, dans le bouddhisme tibétain, est une personne que différents tests permettent de considérer comme la réincarnation d'un maître mort. Certains de ces maîtres ayant manifesté une dimension spirituelle exceptionnelle se voient attribuer le titre honorifique de Rimpoche, « extraordinairement précieux ».

Malgré ses douleurs et son âge avancé, le Tulku de Trango soulève les pans de sa robe de brocart rouge et enfourche sa bicyclette. Un plan surprenant, que nous avons malheureusement raté. Nous filmons, de retour en ville, les vieilles maisons de bois et un petit mélange de foule. Puis nous partons repérer avec Nurith dans la rue des marchés. Beaucoup d'idées nous viennent, les têtes des Tibétains nous fascinent. Il doit y avoir un marché ou une fête, car il y a des familles entières qui n'ont pas l'air de connaître la ville et regardent les boutiques avec étonnement.

Déjeuner pressé avec toute l'équipe car nous voulons repartir au plus vite pour filmer. Nous faisons une prise d'un pont surplombant la rivière folle. Une belle Tibétaine pose et Nurith me met dans le cadre. Nous filmons le monastère de Ngachu, en complète reconstruction. Sept monastères se trouvent à Dartsedo mais celui-ci est le plus important. Il appartient à la secte du Dalaï-Lama, les Gelukpa, et son organisation est sérieusement reprise en main par les moines. Le grand hall d'assemblée est déjà entièrement restauré, et il contient de très belles statues du Bouddha historique, Sakyamuni, d'Avalokitesvara, bodhisattva de la compassion, de Tara, qui incarne l'aspect féminin de la compassion, et pour finir de Tsongkhapa, le grand réformateur qui au XVe siècle fonda la secte Gelukpa c'est-à-dire la « Tradition de la Vertu » qui insiste sur la pureté des vœux monastiques. Avec l'institution du Dalaï-Lama, ce sont les Gelukpa qui ont gouverné le Tibet du XVIIe siècle jusqu'en 1959.

Des officiels chinois viennent nous serrer la main et nous demandent qui nous sommes et ce que nous faisons ici. Zhou leur parle et cela semble les satisfaire. Je sais que normalement chaque prise de vue doit se monnayer en plus des permissions officielles que nous détenons. Nous repartons filmer le marché jusqu'à 7 heures du soir. Personnages tibétains. Femmes couvertes de turquoises, aux magnifiques cheveux. Les hommes ont l'air sauvage : couteau à la ceinture, bottés, la main à la hanche, ils nous dévisagent. Les femmes ont peur de nous ; les hommes sont distants. Quand nous décidons de les faire participer, ils se détendent, s'amusent comme des petits fous et parlent dans le micro de Sybil en se mettant les écouteurs sur les oreilles.

Alice fait son travail d'assistante d'une manière remarquable. Elle éloigne les enfants qui ont tendance à se coller devant la caméra, porte les sacs du matériel, bobines, etc., prépare le matériel avec Claire. Elle est exsangue. Encore huit semaines à tenir. Et moi aussi. Je ne peux plus marcher. Nous sommes brûlées par le soleil et la poussière. Beaucoup de vent.

A 8 h 30 je repars de l'hôtel, prendre un bain sulfureux. Lou, le chauffeur du gouverneur, m'accompagne. Il met ses cassettes de chansons chinoises doucereuses à tue-tête et roule comme une flèche, actionnant son klaxon toutes les minutes. Dîner avec l'équipe à 10 heures, pendant lequel Gyurme nous donne sa leçon de géographie sur la région et la ville de Dartsedo. En sortant de table, attirés par le bruit de fête, nous nous approchons d'une immense salle à manger, réquisitionnée pour un congrès féministe tibétain. Dans la journée sont arrivées plus de cent femmes venues de différentes vallées. Elles sont toutes logées à l'hôtel et semblent toutes plus énergiques les unes que les autres. Leur présence est une bouffée d'air frais dans cet hôtel où ne déambulent, comme dans tout hôtel chinois, que des hommes traînant les pieds et se raclant la gorge. Quand discussions et dîner s'achèvent les tables sont vite alignées contre le mur, un orchestre se prépare — et place à la danse ! Nous passons la tête à la porte, des visages souriants nous font signe d'entrer. Le bal bat son plein. Entre chaque danse, les hommes partent à la recherche de nouvelles cavalières ; plusieurs d'entre eux nous choisissent. Il n'est pas question de décliner l'invitation pour ce « pas de deux », comme ils l'appellent, et tout le monde applaudit notre entrée sur la piste. La bonne humeur, les regards rieurs de ce peuple accueillant nous font chaud au cœur.

Demain, nous entrons dans la vallée de Minyak, peut-être le pays de mes ancêtres maternels, où s'élève le Minyak Kangkar (7 556 mètres) la plus haute montagne du Tibet oriental. Les jeeps nous monteront à 4 500 mètres d'altitude. Je pense à mon charmant grand-père, Guy de Miniac, le Breton aux yeux bridés et verts. Je suis émue et rêve de lui.

L'actuel plateau de Minyak n'a pas de relation géographique avec l'ancien royaume de ce nom qui se trouvait au nord-est du plateau tibétain. Je me souviens avoir lu dans un rapport de l'UNESCO l'histoire des Minyak. Les Mongols appelaient les Minyak les Tanghut. Leur capitale était Ning Hsia, ou le Royaume de l'Ouest. Peuple tibétain, parlant le tibétain, les Minyak possédaient une écriture dont les caractères s'apparentaient aux idéogrammes chinois. Tout atteste qu'il s'agissait d'une civilisation extrêmement raffinée. Leurs maisons étaient construites en granit, leurs villes ceintes de murs de pierres. Ils possédaient d'immenses troupeaux de chameaux qu'ils faisaient transhumer dans les hautes montagnes durant l'été. C'est dans leurs campements de toile qu'ils furent décimés en 1227 par les troupes mongoles de Gengis Khan, furieux que le chef des Minyak, bouddhiste, du nom de Burkhan, ait refusé de lui prêter main-forte dans sa guerre contre les musulmans.

Les survivants — ceux qui étaient demeurés dans les villes — s'enfuirent vers l'ouest, peut-être vers le plateau de Minyak. En 1908, un colonel russe découvrit à Karakhoto un stupa gigantesque qui renfermait une énorme collection de livres, peintures sur soie, statues, etc. Tous ces trésors sont aujourd'hui conservés dans un musée de Léningrad, sauf les statues géantes qu'il enfouit dans le sable et qu'on n'a toujours pas retrouvées.

22 juillet

Lever 8 heures. Nous perdons du temps et ne partons qu'à 11 h 15 de Dartsedo. Problèmes d'oreillers à oxygène, d'aiguilles pour Dr Jane, qu'elle a oublié d'apporter de Paris. Comme maintenant nous allons pénétrer dans les terres sauvages, elle veut être équipée. Je m'énerve, mais surtout je devine un mouvement de panique chez les chauffeurs. Ils se rebellent déjà contre l'autorité de Zhou. Ils ont entendu dire que des convois avaient été arrêtés et pillés sur la route que nous allons emprunter. Le parallèle avec Alexandra continue. En son temps, la région était véritablement infestée de brigands et, d'ailleurs, deux explorateurs français y laissèrent leur vie : Dutreuil de Rhins, lors de la mission scientifique de 1891 qu'il dirigeait en Haute Asie, puis plus tard Liotard lors de sa seconde mission dans les marches tibétaines en 1939.

Mais la rumeur persiste et les chauffeurs, à l'exception de Wang de la jeep bleue qui travailla pendant plusieurs années dans un service de transports de la région, n'ont jamais franchi cette dernière barrière naturelle qui nous sépare du plateau tibétain. Pour eux, le Tibet est resté celui décrit par Alexandra, pays de sauvages et de brigands, et le gouvernement chinois n'a rien fait ces dernières années pour leur enlever ça de la tête. Ils parlent donc de nous faire encadrer par l'armée ! Nous réussissons enfin à les calmer. Je crois que notre sang-froid féminin les impressionne quelque peu. Cet incident me permet de mieux comprendre leur mode de fonctionnement... et de prendre toute la mesure de leur peur.

A 14 heures, nous sommes au col de Jeto à 4420 mètres d'altitude, dans un paysage de conte de fées : montagnes larges et douces, tapis de fleurs, edelweiss, primevères, campanules, pavots, myosotis posés là pour recevoir les petits pieds des déesses délicates peuplant les légendes tibétaines. Architecture de montagne : maisons, moitié pierres, moitié bois peint de couleurs vives, avec des motifs bleu, orange, rouge, abstraits et symétriques.

Le temps devient menaçant, les nuages recouvrent le sommet de la chaîne du Minyak. La route franchit le plateau, plus loin elle se partage à l'ouest vers Litang, au nord-ouest vers Dergé. Nous traversons de charmants villages aux maisons de pierres, sur les toits desquelles flottent les drapeaux de prières, en particulier le village de Rigyel et plus loin celui de Rilung, d'où émergent des chörtens. Le chörten (en sanscrit, stupa) est un édifice religieux, caractéristique de l'architecture bouddhique, qui symbolise l'esprit du Bouddha et peut servir de reliquaire.

J'ai le sentiment d'être arrivée au paradis, et chez moi en même temps. Champs verts, collines douces, peupliers, villages fortifiés en pierres brunes de granit, demeures de seigneurs. On dirait des châteaux bretons : maisons carrées entourées de tours de guet sur lesquelles flottent les drapeaux de prières. Et les femmes sont aussi nobles que leurs maisons. Les murs sont peints de signes blancs mystérieux. J'ai des visions. Guesar de Ling est présent. C'est comme si je reconnaissais le village où il est né.

Mon grand-père Guy de Miniac est là. Il m'attend. J'ai les larmes aux yeux. C'est tellement fort que lorsque nous nous arrêtons, je remarque que les visages de l'équipe ont changé, comme apaisés, une sérénité due au silence, au rythme d'hommes et d'animaux qui ont le temps. L'altitude y est sûrement pour quelque chose...

Un jeune moine-ermite nous reçoit dans le jardin entourant l'un des chörtens. Celui-ci est très abîmé mais les villageois le restaurent. On l'appelle Minyak Chakra Chörten et il est attribué à Thangtong Gyelpo, grand saint tibétain qui vécut au XVe siècle, célèbre pour avoir construit dans tout le Tibet des ponts maintenus par des chaînes de fer. Il est spécialement vénéré dans cette région du Kham. Le moine appartient à la secte des Nyingmapa, l'une des quatre grandes branches du bouddhisme tibétain. Elle réunit les plus anciennes traditions et fut fondée par Padmasambhava, l'unique propagateur du bouddhisme au Tibet qui fut aussi appelé le « Second Bouddha ».

Gyurme fait son travail d'interprète remarquablement. Heureux de parler avec nous, le jeune moine nous raconte la souffrance des Tibétains. Nous lui proposons de l'emmener avec nous à la fête de Jyekundo. Mais il refuse, car il ne veut pas rencontrer de Chinois : à présent, la fête cavalière est surveillée par l'armée chinoise. Un vrai contact s'est établi. Il me demande de prendre une photo de lui. Je m'exécute, en rêvant de lui en apporter le tirage en compagnie de ma mère, que je tiendrai par la main pour la ramener chez elle à Minyak. Je voudrais rester là. Je suis arrivée... Notre ermite pleure lorsque les voitures démarrent. Moi aussi.

Nous nous arrêtons pour déjeuner dans un camp militaire. Zhou, le chef d'expédition chinois, pique une crise de larmes. Je ne sais pas pourquoi et ne tiens pas à le lui demander. C'est trop compliqué. Je sais que son équipe souffre (déjà !) car nous travaillons trop et c'est la première fois qu'elle va dans ces contrées perdues. Les hommes sont fatigués, ont peur et se plaignent sans arrêt à lui de leurs conditions de travail. Je vais l'embrasser et lui dis qu'il est le meilleur...

En repartant vers le monastère de Lhagong, nous passons devant un camp de prisonniers, grande bâtisse carrée que nous apercevons de loin. C'est notre chauffeur Wang qui nous renseigne. Avant la Révolution Culturelle, Wang était professeur de mathématiques. Maintenant, il est chauffeur. Qu'en pense-t-il ? Je ne parle pas chinois et Gyurme très peu. Des centaines d'hommes travaillent dans les champs, font les foins ; d'autres s'acharnent à aplanir la route aussi accidentée qu'impraticable. Des journées entières à cogner des rochers. De très jeunes garçons, de dix à vingt ans, soulèvent, à l'aide d'un bâton, posé sur leurs épaules, des rocs énormes pour les concasser en gravillons. Ils n'ont pas l'air gai. Prisonniers. L'un pleure la tête dans ses mains, un peu en retrait. C'est lourd.

Quittant le plateau de Minyak, la route débouche sur l'ancien site de Pel Lhagong où s'élève un monastère superbe, derrière lequel s'étend un champ de chörtens, entouré d'un mur de moulins à prières qu'actionnent des pèlerins. Dans l'immense cour intérieure, des hommes s'activent, restaurant la façade. L'ensemble — bâtiments, chörtens, cour — est d'immenses proportions. Le temple est très important historiquement, il est toujours un lieu de pèlerinage. C'est peut-être le fait qu'il soit si sacré qui a empêché sa destruction lors de la Révolution Culturelle. Il est un des rares à avoir été épargné. Selon la légende, les trois collines qui l'entourent représentent les trois bodhisattva principaux : Manjusri, celui de la Connaissance ; Avalokitesvara, celui de la Compassion ; Vajrapani, celui de la Lumière infinie.

Un jeune lama de vingt-huit ans, qui étudie actuellement sous la direction d'un maître dans un collège à deux kilomètres de là, nous raconte les deux versions concernant la légende sur l'origine de ce lieu. Selon la première, le ministre du roi tibétain Songtsen Gampo ramena de Chine la princesse Wenchen, qui allait devenir l'épouse du roi. Il posa la première pierre d'un temple en cet endroit, tellement il avait été frappé par l'atmosphère mystique qui s'en dégageait. Selon la seconde version, la célèbre statue du Bouddha, le Jowo, que la princesse Wenchen apportait en cadeau au roi, manifesta elle-même le désir de rester à cet endroit, dans une chapelle. C'est la raison pour laquelle on dit qu'une des chapelles, à droite du bâtiment principal, remonterait à l'époque du roi Songtsen Gampo. Elle renferme actuellement une statue de Sakyamuni, sous sa forme de bodhisattva, appelée Semnyi Ngelso, « l'esprit au repos ». Au XIIIe siècle, un monastère Sakya fut fondé à cet endroit et aujourd'hui il appartient toujours à cette même secte.

Une quarantaine de moines vit à Lhagong, et une trentaine étudie au collège voisin sous la direction de deux maîtres très érudits. La colline qui surplombe le monastère et l'autre côté de la route est celle de Vajrapani. Un grand chörten se tient au sommet. Nous filmons la vue du haut de ce stupa ; le Mont Zhara émerge d'une mer de nuages et semble veiller sur le lieu. Une nonne fabrique des « tsa-tsa », ces petites formes de terre pétries qui servent d'offrandes et contiennent souvent les cendres d'un défunt. Elles seront enfermées dans ce chörten, ou dans quelqu'autre. Nous filmons la femme, des enfants jouent autour d'elle, deux moines méditent. Les drapeaux de prières piqués çà et là flottent sur les crêtes, les plaines immenses s'étendent à perte de vue. L'heure est au recueillement avec la tombée de la nuit.

Mais les Chinois ne sont pas heureux. Nous ne pourrons pas arriver au prochain camp militaire et devrons coucher sous la tente... Ce sera la première fois depuis le départ. Quelle chance ! Le visage d'Alice s'éclaire. Nous sommes si loin de tout.

Et les Chinois vont préparer le dîner, dans l'obscurité et en terrain marécageux, qui plus est. Ils n'arrivent pas à allumer le feu. Ils finissent par utiliser des cubes de kérosène et la cuisine pue l'essence : un plat de nouilles très salées avec une espèce de corned-beef qui nous arrache les tripes.

Le ciel est plein d'étoiles qui brillent plus qu'en Europe. Nous sommes plus près du ciel.

23 juillet

A deux heures et demie du matin, j'entends des voix. Des gens rôdent autour du camp. Puis, longtemps après, un camion démarre. Evidemment, j'imagine le pire, mais je ne trouve pas le courage de me lever. Je me rendors. J'apprends au réveil que les Chinois effrayés n'ont pas dormi de la nuit. A 4 heures, il commence à pleuvoir. L'eau tombe directement sur le sac de couchage, les tentes chinoises ne sont pas imperméables ! Nurith n'est pas contente, et d'ailleurs personne ne l'est. Eclairs. Tonnerre. Il est temps de lever le camp.

Les Chinois se révèlent complètement inefficaces, incapables de plier les tentes et de ranger la vaisselle de la veille. Nous prenons tout en main et les insultons entre nous. Quelle bande de manches !

Il est déjà 7 heures. Nous partons sous la pluie. Pas fraîches. Transies de froid et ensommeillées. Nous nous rendormons dans les jeeps.

Magnifiques sapins, rivière serpentant entre des rochers. Les maisons, quand il y en a, sont de plus en plus colorées, leurs balcons peints de multiples décorations. Elles sont beaucoup plus basses que ces petits dzongs (châteaux) que nous admirions tant sur le plateau de Minyak. Elles n'ont le plus souvent qu'un seul étage. Au rez-de-chaussée, les étables ; une échelle, faite d'un seul tronc entaillé d'encoches, mène à une terrasse sur laquelle donnent les différentes pièces d'habitation. Les murs extérieurs de cet étage sont faits de gros rondins de bois peints en ocre rouge. Les fenêtres sont souvent décorées de tissus aux motifs géométriques noirs et blancs.

Nous traversons un nouveau paradis, en roulant sur des chemins atrocement caillouteux. Impossible de filmer. Nous passons de nombreux cols qui ouvrent sur des vues admirables de collines verdoyantes sous la pluie. Après avoir franchi le col de Drepa (4 500 mètres), nous passons d'abord devant un village que surplombe un important monastère. C'est celui de Kartha, qui fut autrefois très puissant. A l'entrée du village, un gigantesque chörten est en cours de restauration. Le plateau sur lequel nous roulons ensuite délimite la ligne de partage des eaux entre la « Rivière d'Argent » de Chakzamka et les rivières qui vont former plus loin la Yalong. Puis, nous traversons le col de Nadreka pour redescendre en direction de Tawu, « Le Petit Cheval », où nous nous arrêtons pour le déjeuner dans la caserne d'une petite ville à l'architecture bien stalinienne... Mais les quelques maisons traditionnelles sont magnifiques, avec leurs terrasses à colonnades sur lesquelles sèchent les récoltes. La ville a un monastère, Nyitso Gompa, qui dépend des Gelukpa. Au-dessus du village, on aperçoit des pierres tombales, probablement un cimetière chinois. Nous longeons maintenant la rivière Shechu, jusqu'à sa rencontre avec l'un de ses affluents. Au milieu du confluent, une petite ville dominée par un important monastère, Trango Gompa, qui appartient également aux Gelukpa et qui est le plus imposant que nous ayons vu depuis notre départ. A droite, une route part vers le Qinghai. Le camion tombe en panne, puis l'une des voitures. Tout finit par se réparer. Nous arrivons en fin de journée au lac de Joro.

La route débouche sur un site magnifique, une vaste cuvette dans laquelle s'étend le grand lac, bordé de collines de chaque côté. Sur celles de gauche, on aperçoit des ruines qui ne peuvent qu'être celles d'un monastère. Le Dr Migot est lui aussi passé par ici, et sa description nous aide à imaginer le lieu autrefois :

« Dans le fond du cirque, je vois briller les toits de la grande lamaserie de Joro Gompa, que je vais visiter après le repas. Elle est construite dans un site admirable, adossée à une colline aux flancs de laquelle sont accrochées les petites maisons des lamas. A ses pieds, veille une rangée de grands chörtens blancs protégés par un rideau d'arbres bordant un beau lac qui occupe tout le fond du vallon. Dans ses eaux claires se reflètent les nuages et les collines qui l'entourent ; dans ses roseaux vit paisiblement un monde d'oiseaux qui n'a rien à craindre de l'homme en cet heureux pays où l'on ne chasse pas » *(Caravane vers Bouddha).*

Aujourd'hui il ne reste rien, pas même une chapelle.

Nous tournons un plan du lac et d'un groupe de Tibétains. Après notre tournage, nous emmenons une ravissante jeune fille tibétaine à Kanzé. Elle nous chante une mélodie d'une voix d'ange. Elle n'est absolument pas timide. Réaction d'abord raciste de notre chauffeur, qui lui dit de se taire. Nous encourageons la jeune femme à continuer, et il est bientôt séduit par son charme. Gyurme tombe amoureux d'elle immédiatement.

De Tawu, cent soixante kilomètres nous séparent de Kanzé, l'étape de ce soir. Après le lac de Joro, la route monte jusqu'au col du Latseka qui se trouve à 4 000 mètres d'altitude. Nous quittons le bassin de la Shechu pour rentrer dans celui de la Yalung. En redescendant dans la vallée, nous apercevons au loin les pics enneigés du massif de Kawalungring qui marquent l'entrée dans le Nyarong. Le sommet, culminant à 6 000 mètres, fait face à la fertile vallée de Kanzé qui s'étend sur la rive droite de la Yalung. La vallée est de plus en plus peuplée et cultivée. Nous arrivons à la tombée de la nuit à Kanzé qui se trouve à 3 600 mètres.

Le site est superbe. Nous avons juste le temps d'aller reconnaître les lieux pour un tournage que nous ne pourrons faire qu'à notre retour, dans plus d'un mois. Le monastère domine la vieille ville de façon impressionnante. Cette ville et sa région sont historiquement très importantes. Au XVIIe siècle, les Mongols prirent les armes contre les royaumes du Kham qui s'opposaient au pouvoir politique des Gelukpa de Lhasa. Ils unifièrent la région et rattachèrent de nombreux monastères des sectes plus anciennes à la secte Gelukpa. Les cinq royaumes horpas furent établis pour consolider le pouvoir des Gelukpa. Deux de ces royaumes se trouvaient dans la vallée de Kanzé et leurs châteaux étaient édifiés le long de la Yalung. Le monastère de Kanzé, avec mille cinq cents moines, était l'un des plus importants du Kham et supervisait l'ensemble. Depuis 1950, Kanzé fait partie de la préfecture autonome de Kanzé, qui comprend une grande partie de l'ancien Kham et dont la capitale administrative est Dartsedo. Aujourd'hui, les châteaux et forteresses sont en ruine mais la communauté monastique existe toujours et comprend environ sept cents moines.

Ce soir, j'ai enfin l'impression d'être dans le Tibet d'Alexandra. Toute la journée nous avons croisé des cavaliers, et même vu des chercheurs d'or au bord de la rivière. Si ce n'étaient ces poteaux télégraphiques et ces villes de garnisons chinoises, on se croirait des siècles en arrière. Les derniers rayons du soleil teintent de rose les glaciers étincelants du Kawalungring qui barrent l'horizon. Nous arrivons à Kanzé à 7 heures du soir. Nous y reviendrons filmer, au retour, son extraordinaire village monastique.

Nous sommes logés dans une « guest house » plutôt propre, mais les haut-parleurs diffusant la propagande chinoise nous attaquent les oreilles. Ça grésille, ça hurle. Une sorte de musique sino-rock nous achève. Une grande salle d'eau nous permet de nous « décrasser ». Je me charge de Nurith et lui verse des bacs d'eau chaude sur la tête pendant qu'elle se savonne. Le sol est en terre battue. Un grand four brûle de gros troncs d'arbres et chauffe d'immenses cuves d'eau que l'on puise à la louche. Les carreaux des fenêtres sont cassés. Tout le monde peut nous voir, mais le désir de propreté l'emporte sur la pudeur.

Le soir, nous dînons avec l'équipe, toujours séparés des Chinois, sauf Sybil qui systématiquement arrive en retard et s'assied avec eux. Nous buvons énormément de bière et partons nous coucher, propres et ivres, aussitôt assaillies par des moustiques déchaînés.

Nous décidons avec notre équipe de chauffeurs de tenter de rejoindre Jyekundo demain pour pouvoir assister aux préparatifs de la grande fête des chevaux qui commence le surlendemain. Plus de cinq cents kilomètres nous séparent de Jyekundo et à la vitesse de trente-cinq kilomètres à l'heure, il faut se préparer à une rude journée.

24 juillet

Lever 7 heures, départ 9 h 15. Les Chinois ne peuvent jamais être à l'heure. Je crois qu'ils n'arrivent pas à suivre notre rythme.

Aujourd'hui nous allons traverser deux cols, l'un à 4 200 mètres et l'autre, auquel nous parviendrons en fin de journée, à 4 600 mètres. La route longe la vallée de la Yalung, de plus en plus large et accueillante. Peu après être passés sur la rive gauche du fleuve apparaît un village, sur un éperon rocheux dominé par un grand château en ruine. C'est celui de Beri, l'un des cinq royaumes Horpas de la région. Plus loin encore, une enceinte entoure un monastère et les habitations des moines serrées les unes contre les autres, faites de rondins, peintes aux cinq couleurs sacrées (rouge, jaune, bleu, vert, blanc), et scintillant dans la lumière du matin. Une grande harmonie règne. Des cavaliers galopent le long de la route et nous font des signes de bienvenue. Ils ne semblent pas étonnés de notre présence.

Après une cinquantaine de kilomètres, la vallée se resserre légèrement et la route grimpe un col. Le paysage change une fois encore. Les champs ont laissé la place aux pâturages, parsemés de masses rocailleuses. Nous sentons l'altitude. Régulièrement, sur le bord de la route, nous apercevons de grands mâts où sont accrochés des centaines d'étoffes aux couleurs délavées. Ce sont les drapeaux de prières, ou « chevaux du vent » comme les appellent les Tibétains, qui portent imprimés des milliers de mantras que le vent récite et emporte vers les dieux. Parfois, ces mêmes mâts entourent de longs « mendong », ces murs de pierres gravées de formules sacrées, qui peuvent avoir jusqu'à cinq cents mètres de long. Le Kham a toujours été un lieu de pèlerinage important, ces lieux en témoignent. Les montagnes environnantes ne sont plus recouvertes que d'une herbe rase. Sur l'une d'entre elles, très haut perché, on aperçoit un idéogramme découpé à même la terre. Notre chauffeur nous en révèle le sens : « Fidélité à Mao. » Ce genre de « message » était fréquemment utilisé pendant la Révolution Culturelle. Sur la gauche, apparaît un magnifique massif enneigé au pied duquel se trouve le célèbre monastère Dzokchen. Il appartient à l'école Nyingmapa, la plus ancienne ; il est connu pour ses ermitages et ses grottes de méditation dans lesquelles de grands maîtres se retirent. Trop à l'écart de notre route, nous ne pouvons malheureusement qu'en admirer le site grandiose.

De ces étendues vastes et désertiques, la vie surgit de partout. Immenses troupeaux de yaks nonchalants, nomades et solitaires. Et puis, de l'herbe rase qui borde la route sortent des dizaines de jolis petits rongeurs beige clair, plus gros qu'une souris et bien moins qu'un lapin, qui filent devant nos voitures à la vitesse de l'éclair et disparaissent dans leurs minuscules terriers. La route n'existe plus vraiment, il ne s'agit que d'une piste de sable. On aperçoit dans le lointain des villages et des monastères nichés au creux des collines.

A 7 heures du soir, nous marquons une pause. Les chauffeurs doivent se reposer un peu, et le mien, Wang, est extrêmement tendu depuis le début de l'après-midi. La soixantaine, il ne connaît du Tibet profond que ce qu'en dit la propagande chinoise à la télévision, et cette région est pour lui ce qu'elle était véritablement au temps d'Alexandra, infestée de brigands. Toute la journée, il s'est trouvé en queue de convoi et reproche à ses collègues, beaucoup plus jeunes et plus rapides dans leur conduite, de l'avoir lâché. Il est au bord de la panique. Nous le rassurons et écourtons notre pause, la route est encore longue. Peu après, nous franchissons la frontière qui sépare la province du Sichuan de celle du Qinghai, mais nous sommes toujours dans le Kham ! Difficile encore de s'y retrouver dans ce morcellement qui ne correspond pas à des limites ethniques mais politiques, c'est-à-dire chinoises...

Nous arrivons de nuit à Jyekundo, accueillis par Monsieur Wang, responsable du CITS pour la région. On nous case dans des chambres en béton, froides et sales. Epuisée, je me couche aussitôt. Mais je suis réveillée toute la nuit par des gens qui traînent leurs bottes dans le couloir et chahutent. Ils ouvrent même ma porte à un moment. Je les invective bruyamment. Ce sont des Tibétains venus des environs assister à la fête cavalière, qui ont sans doute déjà absorbé pas mal de bière chinoise ou de chang, la bière d'orge fermenté.

25 juillet

Lever 7 heures. Il pleut des cordes. La ville est envahie par la boue. Nous apprenons que la route empruntée la nuit dernière est maintenant fermée à cause des dangers d'éboulement. Nous sommes passés juste à temps, il s'en est fallu de peu que nous ne puissions assister à la fête.

Les chauffeurs ne se lèvent pas. Ils n'en peuvent plus. Dr Jane, Snafu et Alice mettent de l'ordre dans le camion. Les légumes achetés une semaine plus tôt à Chakzamka sont complètement pourris. Par ailleurs, les Chinois ont rangé leurs sacs de couchage n'importe comment, non pliés : ceux-ci ont épongé toute la crasse. Tout est sale et plein d'essence. Les tentes ont été rangées mouillées après notre seule nuit de camping. Jeanne et moi trions les légumes, étalons les tentes et les sacs de couchage. On nettoie tout. On se demande vraiment à quoi nous servent nos Chinois. Excepté les chauffeurs, les autres sont des planqués, qui vivent de boulots pépères dans les administrations, quand ils ne promènent pas les touristes pour quelques jours d'excursion sur les sites touristiques de la province du Sichuan, comme Leshan et le Bouddha géant, le Mont Emei, les gorges du Yangtze, etc.

Nous passons la matinée, tandis qu'il pleut des cordes avec un vent terrible, à organiser notre séjour dans cet hôtel sinistre. Déjà changer d'étage, pour essayer de dormir un peu mieux. Entre les bruits et les odeurs, la nuit dernière fut rude. Pendant ce temps, Christoph part faire les civilités d'usage aux différents représentants du gouvernement, police, administration, afin d'obtenir un laissez-passer pour filmer la fête.

La pluie se calme lorsque nous partons en voiture vers le lieu de la fête, qui se trouve à quelques kilomètres de la ville, nous traversons de vrais torrents de boue. La fête a lieu dans la partie la plus large de la vallée au bord de la rivière. Les pluies diluviennes en ont fait déborder le cours et il nous faut plus d'une demi-heure pour franchir les quelques mètres nous séparant du champ de la fête.

La foule afflue de partout. De nombreuses tentes sont déjà installées. D'autres sont en train de se monter. Les camions sont bondés, les habitants de la ville viennent à pied. Une foule complètement hétéroclite Difficile de nous y retrouver ; les Chinois, les militaires, les officiels ou les simples citoyens, les Tibétains, les moines, les nobles, les nomades... Nous nous arrêtons devant la tribune surplombant le champ de la fête, où se tiennent trois rangées d'officiels tibétains accompagnés de leurs femmes habillées de bleu et d'or, chapeaux de feutre bleu assortis et une rangée de militaires bardés de décorations. Les orateurs se succèdent, Monsieur Wang nous résume le contenu des discours.

Tout d'abord les militaires offrent des vœux de longue vie, de prospérité et de santé à... l'Etat ! Puis ils font allusion aux événements de Pékin, qui furent « insignifiants », et insistent sur le fait qu'au Qinghai l'harmonie règne entre les différentes ethnies, et qu'il faut l'encourager. Vient une danse où l'on offre des écharpes blanches de bon augure, les khatas, au Parti communiste chinois. Tout est balisé ! Des haut-parleurs diffusent paroles et musique aux quatre coins du rassemblement.

La fête de Jyekundo était à l'origine une fête laïque, ce qui est assez rare au Tibet. Au Kham, les fêtes religieuses ou laïques ont toujours tenu une place prépondérante dans la vie de la population. Chaque région, chaque agglomération importante (ou presque) a sa fête cavalière qui donne l'occasion à un grand rassemblement, duquel les danses, les chants, les compétitions en tous genres ne sont pas exclues. Les habitants du Kham, les Khampas, connus pour leur fier esprit d'indépendance, se déplacent souvent de très loin pour participer ou assister à ces réjouissances. En 1957, Jyekundo a été choisi officiellement par les Chinois pour être le centre administratif de la préfecture autonome de Yushu dont dépendent cinq autre dzongs, le mot étant pris ici dans son second sens : « royaume ». De ce moment, la fête fut récupérée par les Chinois qui l'utilisent comme un moyen de propagande officiel. La fête de l'été est chaque année organisée par un des différents dzongs et dure cinq jours.

Discours, foule colorée, présentation en musique et en chansons des différentes ethnies khampas, filles et garçons gais et sauvages. Magnifiques voix aiguës des femmes qui chantent. Les cavaliers se présentent dix par dix en tirant des coups de feu et faisant tourner autour d'eux, en plein galop, leurs fusils à double baïonnette. Puis commencent les danses.

Nurith n'a peur de rien. Elle s'infiltre dans le groupe des danseurs et se laisse entraîner, tournant au milieu d'eux avec sa caméra. Elle se fait sermonner par un homme caricatural, genre FBI, chapeau noir, bottes de cuir, lunettes noires — on dirait un méchant Chinois de Tintin et Milou. C'est en fait le chorégraphe...

Nous repartons à Jyekundo vers 18 heures. Tout le monde s'embourbe. Les camions surchargés de Tibétains, les gens à vélo traversant jambes nues, les familles à pieds qui ont retiré leurs bottes, les jeeps de l'armée. C'est une sacrée pagaille, ponctuée de giclades et de dérapages. Ce soir nous sommes invités à un banquet à la caserne militaire, juste à côté de l'hôtel, par le responsable du CITS de la région.

Monsieur Wang dirige le CITS de la ville de Xining, au Qinghai. C'est un bonhomme qui traîne les pieds et parle fort bien le français. Il sera responsable de nous à Jyekundo et dans toute la province du Qinghai. J'apprends ainsi qu'à chaque fois que nous changeons de province, nous devons avoir avec nous, outre l'officier de liaison à l'échelle nationale, en l'occurrence Zhou, un autre officier qui est, à l'échelle locale, notre « liaison » le temps de notre séjour. Le banquet a lieu dans un restaurant qui semble être le quartier général des différentes personnalités locales. Une forme de ségrégation s'est instaurée : dans une salle se trouvent réunis les responsables Chinois, et dans la seconde, plus grande par l'espace et le nombre de participants, les élus locaux, tibétains pour la plupart, et leurs épouses. Nous avons quant à nous nos places habituelles, sans nos Chinois ; ce sont eux, toujours les premiers à table, qui ont imposé ce système. Mais les notables tibétains nous inviteront bientôt à trinquer en leur compagnie.

Il y a vin blanc, bière, champagne chinois (bière et cerise) et alcool assassin quand il est absorbé en quantité ; de multiples plats dont les œufs pourris, diverses viandes finement coupées (non identifiables), une grande variété de légumes et de nouilles...

L'atmosphère est vite devenue euphorique. Soudain un groupe de Tibétaines entre 30 et 50 ans, toutes habillées de bleu, nous entoure Alice et moi. Elles ont su par le chef culturel tibétain que nous étions mère et fille. Alors, en levant leur verre, elles nous dédient une chanson qui vient du fond des temps. Elles chantent l'amour, la séparation, la solidarité de toutes les mères entre elles et des mères avec leurs enfants ; le monde qui nous fait étrangers les uns aux autres, mais aussi les mêmes sentiments profonds qui nous relient par-delà toutes les barrières. Gyurme nous traduit les paroles au fur et à mesure. Alice, bouleversée, éclate en sanglots. Je la soutiens. Puis je fonds en larmes. Les Tibétaines aussi. Tout s'arrête autour de nous. Je ne sais pas où est passé mon équipe. Les hommes tentent de nous réconforter, les femmes se retirent dans la pièce voisine pour pleurer à leur aise, puis réapparaissent pour nous serrer, Alice et moi, contre leur cœur.

Les Tibétains nous invitent à assister à un spectacle. Nous pénétrons dans le théâtre de la ville, une énorme bâtisse en béton, écrasante et austère, dont le hall est décoré de fresques à la gloire de Mao Tse Toung et de la Longue Marche. La salle est comble. Lorsque nous la traversons, le public nous applaudit chaleureusement. Alice n'en peut plus de rire, elle s'accroche à moi, compromettant notre dignité et notre équilibre. Une fois assises sur des fauteuils en bois — dans les premiers rangs, ceux des « huiles » —, nous nous retournons pour observer l'assistance. Toute la ville est là, militaires, moines et civils, autant de Chinois que de Tibétains. Les femmes sont toutes jolies, les hommes fument, boivent et crachent ces graines qu'ils passent la journée à grignoter. L'atmosphère est bon enfant, il n'y a pas trace d'animosité entre les différents groupes.

Alice et moi sommes encadrées par deux riches Tibétains qui veulent nous acheter et nous prendre pour épouses. Sidérées, nous mourons presque de rire. Et plus nous rions, plus ils nous veulent !

La scène est bien rétro, encadrée de grandes tentures de velours rouge plutôt délavées. Le spectacle est un mélange savamment étudié de danses tibétaines assimilées par la culture chinoise, qui est ainsi parvenue à leur retirer toute force et tout charme... pour ajouter le ridicule. Mais je suis ivre au point d'être incapable de tenir mes yeux droits : je vois deux danseuses au lieu d'une. Alice, elle, est malade. Les voix des femmes sont terriblement aiguës. La plupart des artistes sont tibétains, mais formés à l'école chinoise. Les traditions se mêlent et il est plutôt difficile de s'y retrouver. A un moment, les chanteurs demandent à une femme tibétaine assise au rang devant nous de les rejoindre sur la scène. Elle finit par accepter. Il s'agit d'une chanteuse très célèbre, qui est née à Jyekundo mais qui a suivi les cours du Conservatoire de Shanghaï, où elle est devenue l'une des plus belles voix de Chine. Ses compatriotes sont heureux de l'avoir parmi eux et veulent lui rendre hommage. Elle entame en solo un chant magnifique qui nous donne à tous la chair de poule. Sa voix emplit la salle, et nous emporte loin, très loin, dans un autre monde, à une époque qu'il importe peu de déterminer. Cela aurait pu faire une séquence de film magnifique quoique certainement impossible à éclairer. Et d'ailleurs, qui l'aurait tournée ? C'est à mon tour d'être vraiment mal. Dr Jane m'emmène et me couche. Je m'écroule, sans plus savoir où je suis.

26 juillet

Lever 7 h 15. La rivière en crue provoque beaucoup d'enlisements et d'embouteillages sur le chemin. A 9 heures nous sommes sur place, prêtes à tourner. Les gens venus à pied ont leurs magnifiques habits de fêtes constellés de boue. La foule se forme en carré, organisée par les militaires qui délimitent l'espace dans lequel les différents groupes de danseurs vont évoluer et les cavaliers tirer sur des cibles en papier déposées dans l'herbe, devant la tribune des officiels. La foule étonne par sa variété. Femmes décorées de bijoux, turquoise, or, corail, se protégeant du soleil avec de grands parapluies rouges, bleus ou noirs ; bébés tétant leur mère, dont les petites filles sont des reproductions en miniature ; petits garçons arborant des képis de l'armée chinoise. Nous filmons des Tibétains, qui déchargent leur mobilier des camions, et une famille, qui, après avoir monté sa tente, nous invite à boire du thé et manger du yaourt.

Nous disposons maintenant comme point de ralliement d'une belle tente tibétaine louée à une famille, qui vit à côté dans une seconde, un peu plus petite. C'est Sonam, le chef culturel de la fête, qui nous l'a présentée. De haute taille, digne, le regard grave, je l'ai tout de suite aimé. Il est très beau, et son visage expressif vous met très à l'aise. Snafu et Gyurme sont reçus à plusieurs reprises par Sonam qui leur raconte un peu l'organisation de la fête, prise en charge chaque année par l'un des six dzongs qui comprennent le district de Jyekundo.

Nous retournons filmer la vie du camp nomade à l'heure du repas, quand les danses s'arrêtent : petits restaurants de fortune aux tables couvertes de toiles cirées qui accueillent les festivaliers les plus nantis, fours de terre où cuisent les momos, vendeurs volants de nouilles installés à même le sol. Ces baraquements — boutiques et restaurants improvisés — sont tenus par des Tibétains, ou des Ouïgours musulmans du Sinkiang, réputés pour l'art avec lequel ils font cuire nouilles et viandes, ou encore des Chinois de souche, les Hans. Complétant ce capharnaüm, des dizaines de billards sont installés en plein air. Là encore, la clientèle est composite, et l'on voit aussi bien des gamins que des militaires ou des élégantes tibétaines s'allonger à l'un des angles du billard pour combiner leur coup. Ils jouent au billard américain qui semble être devenu le sport national. Il n'y a pas une ville qui n'ait ses billards alignés sur le trottoir.

Un peu plus loin, nous sommes attirés par une voix grave qui répète sur un rythme très régulier des textes religieux. Un attroupement s'est formé autour d'un homme âgé, assis en tailleur à même le sol, tenant en main un genre de parasol d'où pendent des petits objets métalliques, des perles, des bouts de tissus. C'est un personnage typique de l'Est tibétain, un conteur-mendiant à vocation religieuse qui va de village en village, de fête en fête, et recueille des aumônes en échange des simples prières qu'il récite en faisant tourner son ombrelle. Celui-ci, selon Gyurme, qui réussit à saisir quelques bribes de ses récitations, est un mendiant qui invoque la compassion d'Avalokitesvara pour éliminer la souffrance de tous les êtres. Un homme s'est accroupi devant lui pour préparer quelques offrandes rituelles faites de beurre et de tsampa, la farine d'orge grillée, base de la nourriture tibétaine.

Pendant le tournage des danses, les policiers interviennent lorsque Nurith s'introduit à l'intérieur du cercle formé par les danseurs. Ils la repoussent brutalement en lui intimant l'ordre de rester sur les côtés. Ils nous montrent du doigt la télévision chinoise placée à la tribune. Zhou essaie de leur expliquer que nous avons le permis officiel, que c'est un film pour la France, que l'image sera plus intéressante prise dedans que dehors. Ils ne veulent rien savoir. Le chef culturel Sonam parvient à les fléchir, mais Nurith doit promettre de faire attention à ne pas déranger...

Tout à coup un orage énorme balaie la fête, le public court dans tous les sens. Nous couvrons le matériel de toiles de plastique. Dr Jane et Lao Shen, l'assistant de Sybil, vont nous chercher des imperméables. Nous sommes trempées et nous asseyons stoïques, au milieu des danseurs, qui attendent patiemment. Ils chahutent ensemble et taquinent leurs compagnes de danse. Puis tout le monde lève les yeux vers le ciel. Un trou bleu s'élargit au loin. Le public revient. La musique et les danses reprennent sous une forte chaleur. Le temps change vraiment sans arrêt, ce qui ne facilite pas notre travail mais ne semble nullement atteindre le moral de la population qui accepte avec la plus grande sérénité d'être brûlée par le soleil et quelques instants plus tard mouillée jusqu'aux os. Il est 17 heures. Fin des festivités pour aujourd'hui. Nurith filme des visages dans la foule, des gens qui traversent la rivière assis sur un pont fait de cinq troncs d'arbres souples, des moines, des enfants, des gens encombrés de leur vélo, un homme tenant sa femme par la natte pour ne pas tomber. Dr Jane soigne un jeune homme dont l'oreille est infectée.

Bien qu'épuisées, nous partons repérer le monastère Sakya pour préparer un tournage. Le monastère surplombe la ville et s'étale sur la ligne de crête de deux collines jumelles, ce qui lui permet d'avoir une vue sur les deux côtés de la vallée. Les temples, tout comme les habitations des moines, sont en reconstruction au milieu des ruines. Nous avons avec nous une photo d'Alexandra prise lors de son séjour ici au cours de l'hiver 1921. En la regardant, on réalise l'ampleur des dégâts. Le monastère comptait, jusqu'à l'intervention des Gardes rouges, plus de seize temples et abritait un millier de moines. Il fut fondé au XIIIe siècle par Chogyel Phakpa, neveu de Sakya Pandita, le plus influent des lamas Sakyapa. Cette école exerça une grande influence sur la vie politique du Tibet au point de se voir confier par les Mongols, au XIIIe siècle, le Gouvernement de la partie centrale du Tibet. Avec l'avènement au pouvoir des Kagyupa, celui des Sakyapa déclina, mais ils continuèrent de jouer un rôle important dans la vie intellectuelle et mirent l'accent sur l'importance de l'expression artistique. Leurs danses et leurs chants religieux sont toujours très réputés.

Une des caractéristiques des lamaseries et des villages Sakyapa est l'extérieur des maisons, de couleur ocre à l'origine, qui sont striées de longues bandes verticales de couleur, blanc, rouge et bleu très foncé.

L'ensemble est des plus harmonieux. Jeanne retrouve certains des moines qu'elle a connus l'année dernière, lors de son premier voyage. Elle leur rapporte des photos d'un lama Rimpoche, originaire de la région, en exil en France depuis trente ans. Nous comprenons qu'une partie des moines est actuellement en retraite mais que dans quelques jours nous pourrons revenir filmer. Nous les remercions chaleureusement.

Nous sommes heureuses de conclure la journée sur la rencontre de ces moines, si jeunes et accueillants. On ira tourner les 30 et 31 juillet. Du haut du monastère, situé au-dessus de Jyekundo, je plonge le regard dans les deux vallées, à perte de vue. La lumière de fin de journée est magnifique sous le bleu intense du ciel. Je vois la poussière d'un convoi de camions qui avance vers la ville. Ils sont à 15 km au moins. Dîner dans un petit bistrot, dans la rue de notre hôtel (si on peut appeler cette piste une rue), bordée de constructions chinoises délabrées, abritant le grand magasin, la poste et la police. Le cuisinier et patron vient du Sichuan, ses plats sont plus épicés les uns que les autres. Quelques mendiants viennent nous regarder. Le patron nous enferme à clé pour nous protéger. Réunion avec Gyurme, Jeanne et Christoph sur la suite des événements. Nous tombons de fatigue.

27 juillet

Lever 7 h 15. Beau temps. Petit déjeuner de beignets tièdes et rances. Les Chinois arrivent en retard. Ils font une drôle de tête. Ils ont l'habitude de sortir à 5 heures de leurs bureaux, et râlent d'autant plus qu'ils perdent la face devant nous, qui ne nous plaignons jamais, ou presque ! Nurith n'est pas contente, nous non plus. Nous perdons du temps.

Sur la prairie du festival, rien ne va plus. Il n'y aurait plus d'essence. En fait, Wang, l'officier de liaison envoyé par CITS Xining, bout de rage. Cet homme de 45-50 ans, père de cinq enfants qui est la risée de l'équipe chinoise puisqu'un seul enfant est permis en Chine, veut affirmer son pouvoir. Il va nous ennuyer autant qu'il le pourra. Il prétend nous interdire la route de Nangchen que nous devons prendre pour retourner à Dergé. Cela nous éviterait de refaire le même trajet, mais il reste intransigeant : la région est interdite et l'itinéraire ne figure pas sur notre permis.

Nous l'écoutons à peine et le laissons à sa mauvaise humeur. Nous arrivons au campement de la fête et filmons tout de suite des cavaliers au galop. Ce ne sont que les préliminaires, il y a peu de participants et peu de public. Nous apprendrons par la suite que beaucoup de Tibétains, en raison des événements survenus à Lhasa, ont renoncé à venir à ce festival qu'ils jugent trop « récupéré » par les autorités chinoises. Une autre raison de ce manque de participation tient au fait que les dernières pluies ont été si violentes qu'elles ont sérieusement endommagé les diverses voies d'accès à Jyekundo. Les jeunes cavaliers lancent leurs chevaux au galop sur une ligne droite de plusieurs kilomètres. Deux militaires de chaque côté de la ligne d'arrivée tirent en l'air des rafales de mitraillettes, l'enceinte où a lieu la course est délimitée par du fil barbelé, les jeeps vert kaki des militaires sont garées à proximité...

Alice aperçoit dans un champ voisin un groupe de jeunes gens qui répètent une danse. Dans la benne du camion qui les a déposés là, un homme, seul, joue de l'accordéon. Un drapeau rouge flotte sur le toit du camion. Image caractéristique qui pourrait parfaitement illustrer une affiche de propagande communiste des années 50. Nous tournons. En arrière-plan, la montagne verte. Le chant est émouvant, l'atmosphère tout à coup vibre de la jeunesse de ces Tibétains, hommes et femmes, de leur énergie et de leur beauté.

Brusquement, nous sommes pris dans une tornade de neige fondue et filons nous abriter sous notre tente tibétaine. C'est une véritable tempête. Des gens se cachent sous les billards que l'on a recouverts à la hâte d'une bâche de plastique transparent, d'autres s'accrochent aux piquets de leurs tentes pour essayer de les maintenir au sol. Nurith filme toute la scène. Claire et moi courons à ses côtés en lui tendant la toile de caoutchouc au-dessus de la tête et de la caméra, mais bientôt nous nous arrêtons. C'est trop difficile. La tempête est si forte que je serais étonnée que nous ayons tourné de bons plans. Je reçois la grêle en plein visage. Nurith tousse à s'en étrangler. La caméra a attrapé froid aussi : les magasins de pellicule se désenclenchent. Les Tibétains rient de nous voir ainsi déguisées dans nos capes de pluie trop grandes, essayant désespérement de retenir des parapluies que le vent démantibule.

Lorsque la tempête se calme, nous décidons d'aller filmer de nouvelles danses devant les tribunes. Un vieux bus qui sert de navette entre la fête et la ville est garé, vide, perpendiculaire au carré des danses. Une aubaine ! Monsieur Wang nous aide à obtenir la permission de filmer depuis la galerie du bus. De là-haut, j'assiste à une scène entre lui et Gyurme. Je crois qu'il veut interdire à Gyurme de parler a

Tibétains. Il a émis l'hypothèse hier soir que Gyurme était un espion, car il parle tibétain. Je vois Christoph lui dire sans doute d'aller se faire voir... Nous continuons de filmer. Le plan est plus long que prévu. Les voyageurs devant rentrer à Jyekundo commencent à se présenter au chauffeur ; celui-ci leur dit qu'il faut attendre que nous ayons terminé. Personne ne se plaint. J'imagine la même situation dans un de nos pays « civilisés » : tout le monde nous prendrait à parti. Nous tentons de remercier le chauffeur en lui donnant un peu d'argent qu'il refuse. Le bus s'ébranle, les mains s'agitent pour nous dire au revoir.

Quant à moi, je prends Monsieur Wang à part pour le calmer. Il menace de chasser Gyurme de Chine, lui reprochant ouvertement d'aimer les Tibétains et le jugeant par ailleurs inutile à notre équipe. Il est fou de rage. Hier il a également fait circuler la rumeur que nous distribuions des photos du Dalaï-Lama. A moins que ce ne soit le petit chauffeur hystérique d'Alice et de Dr Jane, qui nous a emmenés hier en repérage au monastère dominant Jyekundo ? Aurait-il vu Jeanne distribuer des photos du lama qu'elle avait accompagné l'année précédente ? Je lui explique notre travail, nos motivations. Il a du mal à comprendre et garde son air suspicieux. Toutes ces menaces finissent par peser. Qui surveille qui dans l'équipe ? Je sais que Liu, celui qui parle français, « le Belge », est chargé de faire des rapports sur nous pour la police. Après tout, nous ne faisons qu'un film « historique » et ne nous intéressons ni aux ponts ni aux installations militaires, leur obsession. Alors ?

Nos Chinois de Chengdu sont malheureux et divisés. Ils sont avec nous depuis le début du voyage et savent très bien que Gyurme n'a rien d'un espion. Dans une voiture, je surprends Monsieur Wang en train de sermonner Zhou (le responsable de Chengdu) qui peut non seulement perdre son job s'il soutient un groupe d'espions (que tout d'un coup nous sommes supposés être), mais aussi sa vie. Alarmée, je prends la décision de confier à Monsieur Wang des responsabilités pratiques. Je lui demanderai d'être mon assistant pendant que nous tournons des scènes, par exemple en empêchant la foule de se coller devant la caméra, ou que sais-je encore ? Pour l'instant, heureusement, séduit par Alice, il se serre contre elle dans la voiture... Alice répète à qui veut l'entendre qu'elle veut bien nous aider à débloquer la situation, mais qu'elle ne se laissera pas vendre pour sauver notre peau !

Monsieur Wang nous emmène aujourd'hui dans une des plus grandes tentes de la fête, qui appartient à une riche famille de Jyekundo. La tente blanche est immense et superbe. L'extérieur est décoré de symboles chinois et tibétains bleu foncé et noirs rapportés sur le tissu blanc. Un petit auvent fait office d'entrée. A l'intérieur, des tables en bois tibétaines, décorées de divers motifs colorés, des matelas roulés, des couettes recouvertes de housses de coton rose aux motifs floraux criards rouges et violets, des lits de camp servant de canapés. La famille est nombreuse, grands-parents, parents, cousins, enfants... Les femmes sont richement habillées et nous offrent du thé. Elles nous invitent à venir déjeuner demain.

Puis nous rendons visite à notre ami Sonam. Sa tente, grande aussi, est beaucoup plus simple. Sa femme nous reçoit chaleureusement en nous offrant le thé tibétain. Elle m'explique que tout le secret est dans le « barattage ». On mélange le thé avec le beurre, le sel et une cuillerée de bicarbonate de soude dans un grand cylindre en bois, et on fouette le tout à l'aide d'un grand manche. Le thé est ensuite versé dans des thermos qui le conservent au chaud tout au long de la journée. Chez eux comme chez les gens les plus riches, le thé est de bonne qualité, et le beurre moins rance que chez les moines ou les pauvres. Dans un pays où la haute altitude déshydrate l'organisme, les Tibétains boivent en moyenne une quarantaine de tasses par jour.

Repartant vers la ville, j'assiste à une bastonnade de l'armée sur des Tibétains. Pourquoi ? je n'arrive pas à comprendre. Dans la jeep, nos deux accompagnateurs voient les mêmes choses que nous et voient que nous voyons... J'ai envie de poser des questions : Que se passe-t-il ? Pourquoi ? Qu'ont-ils fait ? Ces Tibétains sont bien habillés avec leurs costumes de fête. Trois militaires munis de bâtons leur tapent sur la nuque et les dispersent. Les visages de nos Chinois sont fermés et impassibles. Je hasarde tout de même une question : Que se passe-t-il ? Pas de réponse, la voiture redémarre, ses occupants fixant le pare-brise, muets et raides.

Grand nettoyage des femmes ce soir dans la salle d'eau de l'hôtel. Le grand « tub électrique » est plein d'eau chaude. Hier, rien ne fonctionnait, salle d'eau fermée, toilettes fermées. C'est délicieux, en dépit du sol crasseux. Jeanne m'aide et me verse des cuvettes d'eau sur les cheveux et sur le corps pendant que je me savonne. Ça va plus vite et on a moins froid... Après, c'est son tour. Nous avons bouché la fenêtre avec du papier, car les hommes ne se gênent pas pour regarder. Je me détends peu à peu, récupère de cette journée de tensions, de larmes (Jeanne, Alice et moi avons pleuré de fatigue et d'énervement dans la grêle du matin). Aujourd'hui nous avons vécu les quatre saisons : fraîcheur matinale du printemps, chaleur brûlante de l'été, couleurs et douceur de l'automne, tempête de neige.

28 juillet

Lever 7 h 15. Petit déjeuner d'une omelette froide et graisseuse, dont je me contente tout à fait. L'équipe caméra tousse et crache sans discontinuer.

Je réalise à nouveau que la plupart des Khampas sont absents de la fête. L'atmosphère est tissée de violence, étrange. Du côté des Tibétains, beaucoup de non-dit et de regards lourds de sens.

Nous filmons les danses des lamas lorsque la police chinoise arrive. A la fin de la bénédiction, au moment du lancement rituel de bonbons, de riz et de petits morceaux de papiers sur lesquels sont imprimés des prières que les gens renferment dans le reliquaire qu'ils portent sur leur poitrine, les enfants se précipitent pour les ramasser. Les policiers sortent aussitôt leurs matraques pour tenter de les disperser. Brutalité gratuite : les enfants ne gênent personne, et pour eux, ramasser les graines sacrées qu'a lancées le lama est important, c'est une protection.

J'ai le cœur gros. Monsieur Wang, méprisant, regarde les enfants de haut et, pérorant, tente de nous convaincre de la supériorité des Chinois, qui ne s'abaisseraient jamais à pratiquer une autre religion que celle du Parti communiste. Il traite les Tibétains de sauvages et de sales... Il dit que ce sont des bêtes... Il parle aussi de la liberté sexuelle des femmes tibétaines, en expliquant qu'elles peuvent avoir des relations sexuelles avant le mariage avec de multiples partenaires, et même faire des enfants avec qui elles veulent.

Nous nous rendons à l'invitation de la famille tibétaine rencontrée hier, sous sa tente somptueusement décorée. Le déjeuner est un régal : délicieux petits pâtés, boulettes de viande, viande de yak et légumes. Dr Jane examine les oreilles du bébé avec un appareil approprié qu'elle place dans le conduit de l'oreille. Les membres de la famille échangent quelques regards inquiets. Mais tout va bien. Rien de grave.

Les femmes sont belles, parées de robes en brocart vert, rouge et or, turquoises dans les cheveux. Les hommes sont très élégants aussi, chemises blanches, manteaux tibétains dont seule la manche gauche est enfilée pour laisser libre de ses mouvements le bras droit, couteau à la ceinture, chapeaux très « péruviens ». Nous sommes accompagnés de notre amie chanteuse d'opéra tibétaine rencontrée au théâtre le premier soir. Elle chantera pour nous cet après-midi. Elle a un air imposant de grande dame du spectacle. Elle nous raconte que dans son école de Shanghaï où elle aura fini d'étudier l'an prochain, il y a six Tibétaines ; quatre viennent de Lhasa et deux de l'Amdo.

Après le bon repas et le thé beurré au sel que nos hôtes nous ont offerts, nous repartons vite sur la prairie filmer la course de chevaux. Ils sont montés cette fois par des enfants.

Puis avec notre chanteuse d'opéra, nous retournons vers les collines : Alice a trouvé l'idée de la filmer chantant en gros plan, pour le générique, et moi, de tourner la scène sur fond d'un champ de blé rempli de fleurs jaunes. Le cadre est parfait, la femme libre, naturelle, heureuse. Je la sens prête à nous offrir ses plus beaux timbres.

Ensuite, Nurith tourne le plan d'ensemble du campement, ville de tentes avec fumée, ciel bleu et montagnes, tracteurs, camions, groupes colorés de chevaux.

Il est 18 heures quand nous partons filmer les joueurs de billard. Les adolescents nous collent. On observe dans des villes comme Jyekundo un nombre assez important de « jeunes voyous ». Ils traînent, en proie au désœuvrement, fument et boivent très tôt, et semblent faire les frais d'une situation politique et sociale sans avenir, si ce n'est dans l'assimilation chinoise. De vrais garnements sans foi ni loi qui se mettent devant l'objectif et nous poussent. Une jeune mendiante (10 ans environ) transporte sa maison sur son dos : une boîte en carton avec une sorte de petite porte découpée que les gens ouvrent pour déposer de la nourriture. Elle est belle, révoltée, sale et seule. Elle se met devant l'objectif, toute prête à nous agresser et nous envoyer de la terre sur la caméra. Nous finissons par la filmer sans le faire exprès, malgré l'interdiction des Chinois de filmer les mendiants. Lao Shen, l'assistant son, pourra bien faire un rapport à l'un de nos officiers de liaison, mais réellement nous n'avons pu faire autrement.

A 20 heures, les chauffeurs sont sous la tente, hagards de fatigue. Nurith et Sybil refusent de rentrer tout de suite à l'hôtel. Elles veulent se reposer ici. Soudain Sybil entend un son qui l'intéresse, celui des trompes tibétaines gyalings, et repart immédiatement avec son Nagra. C'est une cérémonie de moines qui se déroule sous une immense tente située juste derrière la nôtre. Ils appartiennent au monastère Sakyapa de Shewu, où nous nous arrêterons après avoir quitté Jyekundo. L'abbé du monastère est là, lui aussi, et Gyurme nous présente. Sybil enregistre une grande partie de la cérémonie, fascinée par cette musique semblant sortir des entrailles de la terre. Le rythme est lent, grave, et s'accélère progressivement. Les instruments sont des sortes de hautbois, les gyalings, appuyés par les cymbales ; les longues trompes télescopiques, dongchen, interviennent de loin en loin. A la fin de la cérémonie, les jeunes moines veulent tous coiffer le casque de Sybil pour écouter leurs voix au magnéto sous l'œil mi-amusé mi-sévère de l'abbé qui meurt d'envie de faire la même chose.

Sybil revient et l'équipe part filmer le rituel du soir. Sous la tente, la lumière est dorée. Les moines psalmodient, de leur voix profonde, assis en ligne, face à face. Grand sentiment de paix.

Retour vers la ville, hâves et défaites. Dîner à notre petit restaurant. J'absorbe mon repas en un quart d'heure. Je retourne vite dans cette prison-hôtel qui sent l'ammoniaque, m'allonge sur le lit d'Alice. Nous nous racontons des potins sur les Chinois, parlons de leur caractère, de leur attitude. Quelqu'un frappe à la porte : c'est un photographe tibétain, ami de Gyurme, qui le cherche. Il s'appelle Nagpo. Nous l'avons rencontré au festival. Nous le conduisons à la chambre de Gyurme. Personne. Nous descendons à sa recherche avec Alice et le photographe. Puis celle-ci s'étant révélée infructueuse, nous saluons Nagpo et lui demandons de revenir plus tard. C'est alors que Monsieur Wang m'accroche et me harcèle de questions sur Gyurme. Il a tout entendu. Où est-il ? Que fait-il dehors ? C'est un espion qui va nous faire jeter hors de la Chine. A cause de lui, nous ne pourrons pas continuer notre film qui d'ailleurs sera confisqué. A bout d'arguments devant son air buté, je finis par lui dire : « Foutez-moi la paix. C'est vous le malade mental. Gyurme est notre conseiller. Il est professeur, et la composition de notre équipe ne vous regarde pas. Bonsoir. » Là-dessus, Christoph revient du restaurant avec Nurith, Jeanne et Sybil. Je les laisse se dépatouiller avec lui.

29 juillet

Nous nous levons beaucoup plus tard ce matin. C'est le dernier jour de la fête. Nurith, malade, tousse à se faire éclater les poumons. Moi aussi. Claire a le nez qui coule. Sybil s'est tordu la cheville. Quelle équipe !

Très grosse chaleur malgré l'altitude. Aux yeux des Tibétains, nous devons être fous de courir comme ça dans tous les sens. Nous nous sentons frustrés de ne pas passer plus de temps en leur compagnie, assises parmi ces gens qui adorent cette vie de campement. Nous nous promenons dans cette immense plaine, partout règne la bonne humeur et la sérénité.

Les enfants jouent tout habillés dans les cours d'eau, ils sont trempés de la tête aux pieds. Sur la berge un peu plus loin, deux amoureux. Plus loin encore, une vieille femme ridée comme une pomme, assise sur un tapis de selle tibétain aussi vieux qu'elle, égrène son rosaire en psalmodiant. Derrière elle, les hommes de la famille jouent aux dominos protégés par un grand parasol ; sous la tente une femme prépare le repas. Le sourire est sur toutes les lèvres. C'est le dernier jour, certains remballent leurs tentes mais d'autres ne sont aucunement pressés. Ils sont là comme chez eux et semblent vouloir y rester.

Toute la journée, nous tournerons des petites scènes de la vie quotidienne : femme berçant un bébé, traversée d'un pont, moto qui s'embourbe, aigle survolant des restes de nourriture, moines en prières sous une tente, remballage des tentes, chargement des camions, départs, le cirque déménage... Bref, le dernier jour de fête. Peut-être ne reviendrai-je jamais à Jyekundo. En ville, l'ambiance est bien différente, nostalgique et tendue à la fois. Les Tibétains errent dans la rue comme des âmes en peine. Personne n'a l'air heureux ici. Ville poussière, ville de vent, ville d'une seule rue, où les « indigènes » accrochés en grappes aux devantures des cafés regardent ceux qui peuvent se payer à boire.

Je repense aux lettres envoyées par Alexandra à son mari lors de son séjour à Jyekundo, qu'elle n'aimait pas. En 1921, elle se trouve à Kanzé et veut continuer sa route vers Dergé et Batang. Mais elle se heurte aux différents représentants de l'administration chinoise et décide alors de remonter vers le nord. Elle arrive à Jyekundo en septembre et se trouve forcée d'y passer l'hiver car les cols vers l'Amdo sont bloqués par les neiges : « Jyekundo est une grosse bourgade créée pour des besoins militaires et qui n'a aucune raison d'exister si ce n'est d'être un lieu de passage des caravanes de marchands. Imagine un gros pâté de maisons plates en terre durcie s'étageant sur un coteau que surmonte un monastère, le tout dans une étroite vallée entre d'arides montagnes » ; « Les gens de Jyekundo sont d'une saleté inénarrable. Les cabinets, ou les cours réservées à cet usage qui se rencontrent ailleurs n'existent pas ici... »

En fait, Jyekundo était un lieu de passage très important. Situé dans le Kham, au nord de Nangchen et au sud de la frontière de l'Amdo, il était le carrefour des trois routes importantes du Tibet oriental qui permettait de relier Lhasa à la ville de Xining à travers les plateaux de l'Amdo, ainsi qu'à la ville de Dartsedo à travers les fertiles vallées du Kham.

Le Dr A. Migot qui fit le voyage en 1946 parle de Jyekundo avec davantage de plaisir. Il y arrive en été et assiste au festival cavalier. Il rencontre les moines du monastère et apprécie les entretiens qu'ils ont ensemble. « Jyekundo est situé dans la province de Tsing-haï, mot chinois qui signifie " mer bleue ". Ce nom lui vient de celui du grand lac situé dans sa partie septentrionale, mieux connu sous son nom mongol de Kokonor. C'est de loin le centre commercial le plus important de tout le Nord-Est tibétain. Il constitue, en effet, un nœud de pistes qui se dirigent au Sud vers le Sik'ang et K'ang-ting, à l'Ouest vers Lhasa, au Nord vers le Tsaidam et la Mongolie, au Nord-Est vers les grandes cités commerciales de Si-ning et Lanshow... » ; « Au-dessus de la ville, et la dominant de sa masse imposante, la lamaserie très importante et très peuplée est solidement assise sur les deux collines jumelles d'où elle semble surveiller la plaine et les vallées adjacentes... »

Nous ne voyons pas Zhou de la journée. Il y a sans doute des problèmes politiques avec Monsieur Wang. Il a dû menacer notre équipe chinoise de les dénoncer à leur cellule de Chengdu, à l'armée, ou à la police, ou que sais-je encore ? J'imagine le pire, mais ne peux m'appuyer sur rien qui étaierait mes conjectures. Et puis il veut faire virer Gyurme ou le mettre en prison, seulement personne de nos deux équipes ne l'écoute. Personne ne l'aime.

A 18 heures, Zhou nous annonce qu' « on » nous a retiré l'autorisation d'aller à Dergé. Monsieur Wang a dû envoyer un rapport à Chengdu sur nous. Zhou pleure. Les Chinois de notre groupe affirment qu'ils nous restent fidèles, qu'ils sont nos amis. Je pense qu'à l'intérieur même de leur équipe, il y a une tendance libérale et une tendance dure qui s'affrontent.

Réception d'adieu de la famille tibétaine qui nous apportait de la nourriture sur le campement. Nous échangeons les Khataks, cette écharpe de cérémonie, faite d'un morceau de tulle blanc, et que l'on offre à toute occasion, en signe de bienvenue et de respect, au temple dans les cérémonies religieuses comme dans la vie quotidienne. Dans la tradition religieuse, la khatak symbolise la pureté du corps, de la parole et de l'esprit que l'on offre à un maître spirituel. Nous prenons le thé avec nos amis sous la tente et filmons la petite cérémonie. Le chef culturel, Sonam, fait un discours pour chacun de nous. On sent chez lui le dilemme d'être un Tibétain, lucide et fier de sa culture, et, dans le même temps, de par sa fonction officielle, d'être un pion entre les mains de l'administration. En tout cas, lui aussi nous a apporté des khataks. Son regard est magnifique et grave lorsqu'il nous remercie de faire un film sur le Tibet.

Quant à Zhou, il nous prévient que notre film pourrait être détruit, pour avoir filmé une mendiante. Donc le rapport a bien été passé, mais par qui ? Je n'arrive pas à croire que ce soit Lao Shen, lui qui a l'air plus ouvert que ses collègues, et qui en plus semble adorer Sybil. Et puis un peintre-musicien, comme il proclame l'être, ne peut tout de même pas se désolidariser d'une équipe qui fait un « travail d'artiste » ! Il était pourtant le seul Chinois à nous avoir accompagnées ce jour-là... Nous nous sentons pris dans un sac de nœuds.

Alice est merveilleuse, pleine d'idées, drôle, et dans une forme resplendissante. Et elle me remonte le moral.

Demain, tournage dans la ville et là-haut, dans le monastère.

30 juillet

Lever très tardif : 8 h 30 ! Nous partons filmer le temple adossé à la colline entre la ville et le monastère. Ce temple a été reconstruit il y a cinq ans sur les ruines de l'ancien, grande bâtisse aux murs rouges dominant la ville. Elle renferme un immense moulin à prières qui, pour tourner, nécessite la force de plusieurs personnes. A l'intérieur, les murs sont recouverts de fresques illustrant la vie de différents sages ; au fond s'élève un autel éclairé par une multitude de lampes à beurre. Les pèlerins entrent, attrapent un des anneaux fixé sur le moulin et marchent autour de son axe, de gauche à droite, tout en psalmodiant. Le moulin renferme des milliers de « mantras », ces formules sacrées qui invoquent les Bouddhas et les grands bodhisattvas : Avalokitesvara, Padmasambhava, Manjusri... L'effet de ces mantras ne vient pas de leur sens le plus souvent symbolique, mais de la récitation qui permet au méditant de s'unir avec la divinité et ainsi d'accumuler des mérites pour une vie future. Chaque tour du moulin où sont enfermés ces mantras décuple ainsi leurs forces.

Sur le côté droit du bâtiment s'étend un long mur de manis, appelé mendong. Les manis sont ces pierres gravées de mantras qui sont déposées en offrandes. Certains murs peuvent atteindre plusieurs centaines de mètres de longueur. Celui-ci a la particularité de posséder un autel composé de pierres sculptées et peintes représentant Padmasambhava, le propagateur du bouddhisme au Tibet. Le travail est remarquable de finesse et la pierre est entièrement peinte.

Au-dessus du mendong, de grands mâts croulent sous l'amoncellement de drapeaux de prières, ou *lung-ta,* ce qui signifie « chevaux du vent ». Ces bandes de tissu sont imprimées de textes, de prières ou de représentations du « cheval du vent ». Le vent, qui souffle presque sans discontinuer au Tibet, emporte ces prières et ces souhaits qu'il déploie dans toutes les directions, inlassablement. Ces prières protègent les habitants et on les retrouve, en haut des cols, sur les toits des maisons et des temples, à l'entrée des villages ou des monastères...

Les pèlerins, les villageois, de nombreuses vieilles femmes tournent autour des bâtiments, entourés d'une meute de chiens, posent sur le mur des petits cailloux marquant leur passage et psalmodient « Om mani padme hum », le mantra le plus célèbre : il évoque Avalokitesvara ou Chenrezig, bodhisattva de la compassion et grand patron du Tibet, dont le Dalaï-Lama est la réincarnation. La récitation de ces six syllabes (littéralement : « Joyau dans le lotus ») purifie toutes les souffrances des êtres qui appartiennent aux six mondes de la Roue de la Vie. Les mendiants, les boiteux, les idiots tournent plusieurs heures durant.

Nous redescendons à Jyekundo. Déjeuner et sieste jusqu'à 4 h 15, puis nous partons filmer les affiches en tissu ou en tôle peintes à la main de la rue du marché (affiches naïves aux couleurs douces représentant l'objet à vendre entouré de paysages ou de personnages très enfantins et maladroits). Monsieur Wang ne veut pas que nous remontions au monastère. Je le rabroue. Il se plaint de n'être pas tenu au courant de nos activités. Je lui rétorque qu'il n'a qu'à être là le soir, au restaurant, lorsque nous arrêtons notre emploi du temps du lendemain. Il est tellement sidéré que j'ose lui parler sur ce ton qu'il éclate de rire et détourne la discussion sur le terrain du sexe, la seule chose qui lui fasse oublier son « espionnite ». Il me raconte à nouveau les mœurs des femmes tibétaines, leur incroyable liberté. Mais j'en sais plus que lui, sur ce sujet.

Il est bien connu que les femmes au Tibet jouissent d'une grande indépendance en comparaison de leurs voisines chinoises ou indiennes qui, elles, vivent en recluses, d'abord dans leur famille, chez leur mari ensuite. Qu'il s'agisse d'un mariage monogame ou polyandre (la polyandrie, largement pratiquée autrefois, l'est toujours dans certaines régions), il a toujours lieu avec le consentement mutuel des époux et de leurs familles respectives. Sans être véritablement arrangé, il s'efforce de ne pas diviser les biens de la famille. L'enlèvement de la fiancée par le clan du futur époux est une coutume qui se pratique encore. Ce simulacre est l'occasion de réjouissances auxquelles les amis de la famille sont invités.

Il n'existe pas à proprement parler de rites religieux de mariage. Les lamas ne s'intéressent qu'à la naissance et à la mort. Les jeunes gens sont très libres. Les relations sexuelles avant le mariage peuvent avoir lieu sans entraîner de drames familiaux. Dans le cas d'une naissance avant mariage, on tente de convaincre les jeunes gens de se marier. Sinon, le jeune homme se devra d'offrir une compensation à la famille. Le système occidental de la dot paraît ridicule aux Tibétains. « Les filles de chez vous sont-elles donc si laides qu'il faille payer les hommes pour qu'ils les épousent ? » A l'inverse, c'est le futur mari qui se doit d'apporter une dot couvrant les dépenses faites pour élever la fille qui va quitter sa famille. La condition de la femme mariée est généralement bonne. Même si elle partage avec l'homme les besognes les plus dures, elle est la maîtresse du logis et gère souvent sa fortune personnelle tout comme celle de son foyer.

Ayant pris fait et cause pour les femmes tibétaines, je devine que Monsieur Wang nous prend, nous les sept Occidentales, pour sept femmes légères, prêtes à s'abandonner au premier venu. Alors pourquoi ne pas essayer, en commençant par la plus jeune ? Le pauvre, il ne sait pas à quel point il se fourvoie... Les tensions augmentent. Il y a quelques jours déjà, il a menacé de faire annuler la suite de notre voyage : il estimait que nous agissions trop librement vis-à-vis de la population tibétaine. S'il continue à nous menacer, je suis bien décidée à répondre au rapport qu'il déclare avoir déjà fait sur nous, par un autre rapport que nous adresserons au Ministre du Tourisme de Chengdu et à toutes les autorités militaires ou civiles, afin de l'empêcher de nuire plus tard à d'autres étrangers. En tout cas, il est médusé par notre absence de peur et finalement, est bien obligé de nous laisser filmer le monastère.

Avant que nous ne prenions la route, il me menace, une dernière fois, d'expulsion, si jamais je m'avisais de me prendre d'amitié pour les moines. Voilà bien la Chine de la Révolution Culturelle. Avoir subi ce régime pendant quarante ans n'arrange pas l'esprit. Monsieur « Xining » Wang, comme nous l'appelons maintenant, en est un exemple bien fâcheux. Il est intéressant de voir qu'à part les purs et durs du Parti (comme le chauffeur de Nurith et celui d'Alice), les Chinois de notre équipe l'ont tous pris en grippe.

Pendant le tournage au monastère, Monsieur Wang nous suit partout. Du coup, Gyurme prévient les moines du rôle de Wang. Ils le remercient de l'information et font passer le message : en présence des Chinois, tous les Tibétains adoptent la même attitude aimable, gentille, et ils ne nous demanderont pas de photo du Dalaï-Lama. Nous filmons de très belle scènes, mais sans enthousiasme.

Nous assistons à la sortie des moines les plus importants du monastère qui suivent actuellement une semi-retraite d'une semaine. Toute la journée, ils se tiennent dans une chapelle retirée, vêtus de leurs robes d'apparat, récitant des textes et méditant. Le soir venu, ils sortent en procession et entament un chant religieux caractéristique de la secte des Sakyapa à laquelle ils appartiennent. Ensuite, ils font une circumambulation autour du temple, énorme cube peint d'un rouge qui éclate sous les rayons du soleil couchant. Nous pénétrons avec eux dans le hall d'assemblée. Les piliers et les murs sont recouverts de fresques, des tankhas pendent à différents endroits. Derrière l'autel, une chapelle abrite de grandes statues de Sakyamuni entouré de trois de ses disciples. Les fresques représentent l'ensemble de la lignée Sakya. Dans la bibliothèque de la salle sont rangés les volumes du Kangyur, qui renferme les enseignements de Bouddha dans une édition publiée à Delhi. J'apprends ainsi qu'il existe plusieurs versions des mêmes textes.

Selon Eric Teichman qui visita le pays au début des années vingt, il y avait à l'époque 500 moines dans la lamaserie. Aujourd'hui, il y en aurait une centaine. Le temple de Jyeku, tel est son nom, est en reconstruction, comme la plupart, après la destruction à 90 % des temples bouddhistes perpétrée par les Chinois de 1959 à 1970. Nous sommes émus par la gentillesse des moines qui nous entourent et veulent tout nous montrer de leur travail. Ils sont comme des enfants, heureux de parler tibétain avec Gyurme, lequel en profite pour semer Monsieur Wang, tandis que je donne l'ordre à ce dernier de se tenir derrière moi, au cas où j'aurais besoin de quelque chose... Nous tirons des polaroïds pour les moines, tout en filmant la séance. Ils se tiennent en groupe, bien rangés devant un beau mur rouge fraîchement crépi. Ils s'arrachent les photos comme des enfants, courent les uns après les autres en riant.

Il est neuf heures du soir. Nos Chinois nous ont apporté du coca-cola, des beignets, et un plat de viande et de légumes finement râpés. Ce soir, grâce à M. « Xining » Wang, ils se sont rapprochés de nous et nous ont soutenus dans notre travail.

Il est tard lorsque nous rentrons à l'hôtel. Je m'allonge sur mon lit et pleure pendant une bonne heure. Décompression sans doute. Je ne vais pas dîner. Jeanne et Snafu m'apportent un sachet de soupe au cresson et un bonbel. Je me lave, recouds un pantalon, range mes affaires et m'endors.

Vers minuit, j'entends des chants, des rires, c'est le retour au bercail d'Alice et Dr Jane, déchaînées et sans doute ivres. Jusqu'à trois heures du matin, elles feront une fête insensée dans la chambre de Gyurme avec l'équipe franco-chinoise au complet, sauf Christoph et moi et, du moins je l'espère, l'horrible Monsieur Wang. Juste avant de m'endormir, j'entends Alice hurler en riant à l'attention de Gyurme : « Please, Gyurme, bring back this boy » ou quelque chose comme ça. Je me doute qu'il s'agit du joli étudiant chinois avec qui nous avons sympathisé au cours de la fête, un garçon qui s'intéresse vraiment à la culture tibétaine.

31 juillet

Lever 9 h 15. J'ai deux choux-fleurs à la place des yeux. Je ne me suis encore jamais vue ainsi. Pleurer en altitude est vivement déconseillé… Je finis par sortir, hagarde, de ma chambre et je rencontre Alice dans le couloir, plus ravissante que jamais, qui s'empresse de me raconter dans tous ses détails la soirée de la veille. Elle a dansé, chanté, bu toute la nuit avec l'équipe au grand complet et une romance avec le jeune étudiant n'est pas impossible. Petit déjeuner où nous rions comme des folles. On me confirme que durant la nuit les relations internationales se sont dégelées.

Nous allons au marché couvert. Disposés en carré, des baraquements en bois abritent les boutiques tibétaines et chinoises les plus riches. Ces échoppes regorgent d'une quantité d'objets religieux, comme les reliquaires, que chaque Tibétain porte en travers du torse et qui renferment les protections que distribuent les lamas. On trouve aussi des statuettes, rarement en bronze comme autrefois mais toujours aussi joliment travaillées, des lampes à beurre pour les autels familiaux, des moules dans différents alliages pour préparer les offrandes de tsampa, des bourses en cuir décorées avec du métal repoussé et que l'on accroche à la ceinture, avec le petit couteau ciselé et la pierre à briquet. Quant aux marchands « ambulants », ils posent leurs marchandises sur des tissus étalés par terre, amoncellement de babioles, comme peignes en bois, pantalons, chaussettes, lunettes chinoises aux articulations en cuivre et carreaux noirs épais, porte-monnaies, chaussures, bottes de cuir tibétaines pour le cheval, chapeaux... Le tout est de mauvaise qualité, mais coloré et pittoresque. Alice s'achète deux chapeaux de feutre, des gilets chinois en soie pleins de fermetures Eclair, des chaussures de tennis à pointes en caoutchouc pour la course ! Jeanne achète une vingtaine de lunettes « artisanales » pour toute l'équipe ; le modèle est la copie conforme de celles que l'on voit sur les photos de moines du début du siècle. J'achète une pince à épiler tibétaine pour Nurith, dont je sais qu'elle aime les petits objets usuels, une paire de lunettes anciennes pliables, un petit reliquaire, et un miroir ; je ne supporte plus de me regarder dans le mien, qui est grossissant...

Au retour, je m'accorde une sieste pendant qu'Alice part en excursion avec « son » étudiant, Gyurme, Dr Jane et Christoph, visiter le temple de la princesse Wenchen à deux heures de route.

Selon la tradition, le grand roi Songtsen Gampo, au VIIe siècle, épousa une princesse chinoise, Wenchen, qui propagea le bouddhisme de Chine au Tibet. C'est elle qui fit construire le temple Ramoche à Lhasa, considéré comme le centre du monde, et c'est grâce à elle, dit-on, que l'écriture fut introduite au Tibet. Le roi et la princesse séjournèrent dans la région de Jyekundo lors d'un voyage en Chine, à Bi Nampa Nangze exactement là où la princesse perdit un enfant. C'est le roi Trisong Detsen qui fit élever un temple à cet endroit, au VIIIe siècle. On dit que la statue du Bouddha qui s'y trouve, sous la forme de Vairocana, contient les reliques du Bouddha Kasyapa et de l'enfant de la princesse.

Nous venons de recevoir officiellement l'interdiction de nous rendre à Dergé et dans toute la région avoisinante car l'épidémie n° 5 y fait de prétendus ravages. Pour connaître la correspondance réelle, en termes médicaux, de cette appellation chinoise secrète, il faut faire une demande officielle par l'intermédiaire de son propre gouvernement au ministère des affaires étrangères de la République populaire de Chine... Encore faut-il une raison précise pour formuler cette demande ! Le papier d'interdiction provient des autorités militaires de Chengdu. Dans la mesure où nous étions pressés d'arriver à Jyekundo pour le début de la fête, il était bien entendu avec nos Chinois que nous retournerions sur nos pas, à Dergé, ce qui n'était pas la solution la plus excitante, étant donné l'état des routes.

Nous ne sommes pas étonnés outre mesure de ce revirement, car Dergé a toujours été une région « délicate ». Autrefois, le royaume de Dergé avait une importance capitale, et les Khampas de cette région restent connus pour leur animosité envers les Chinois et leur fier esprit d'indépendance. Jeanne, l'an dernier, eut beaucoup de mal à y transiter en une seule journée, tant son escorte chinoise était terrifiée à l'idée de devoir y séjourner. D'où l'excuse de la maladie à laquelle nous ne croyons pas un seul instant. Nous allons donc continuer notre route vers l'Amdo et, une fois dans la ville de Xining, nous demanderons à rencontrer les responsables du CITS pour essayer d'obtenir d'eux une seconde fois l'autorisation de nous rendre à Dergé. Gyurme a séjourné à plusieurs reprises dans cette vallée et il n'est pas question que nous n'y allions pas ! S'ils nous la refusent, nous ne paierons pas leur contrat dans sa totalité. Le CITS, responsable de notre voyage, a porté la ville de Dergé sur le contrat et nous a fait payer un maximum pour ce permis. Nous retrancherons tout ce qu'ils n'ont pas honoré !

Jeanne, en flânant cet après-midi, rencontre un Tibétain qui la rconnaît de l'année précédente. Il lui fait comprendre qu'il veut la recevoir chez lui. Elle lui donne rendez-vous quelques heures plus tard. Dans la maison, qui sent l'étable et le beurre rance, trois hommes sont assis autour de l'âtre. Khampas, ils portent leurs cheveux nattés et la tête haute. Ils sont très impressionnants, avec leurs couteaux à la ceinture et leurs regards qui la fixent intensément. Ils veulent lui confier du courrier pour l'étranger. Et puis aussi lui montrer la petite chapelle derrière la cuisine où sur l'autel familial se trouvent exposées les photos du Dalaï-Lama et de différents Rimpoche de la région. Ils portent chacune des photos à leur front en signe de respect, puis les montrent à Jeanne. La pièce est sombre, les poutres au plafond noires de suie, les murs tapissés de couvertures d'hebdomadaires en couleurs. L'atmosphère est étrange, pas de femme dans la maison, ce qui est rare... une assiette de viande boucanée au milieu de la petite table, de grands couteaux pour en découper des morceaux autour de l'os... le regard étrange de ces hommes... il est temps de filer rejoindre les autres. Ils tiennent à la serrer dans leurs bras avant qu'elle ne parte. A-t-elle eu affaire à des hommes qui essayaient d'exprimer leur douleur ou bien sont-ils demeurés corrects par miracle ? Difficile de se prononcer.

Au marché, je tombe sur Alice, le jeune étudiant, Christoph et Dr Jane revenant de leur excursion. Alice, radieuse, dit qu'elle vient de vivre sans doute « la plus belle journée du voyage ». Ils ont nagé nus dans la rivière, sous le soleil, seuls et loin de cette ville poussiéreuse et bruyante. La grâce, la légèreté du moment passé en dehors du travail l'a transportée.

Nous avons organisé un banquet à 19 heures, en l'honneur de Sonam, le chef culturel tibétain de Jyekundo. Christoph et Gyurme viennent nous prévenir à 19 h 30 que M. Wang a annulé le banquet qu'il nous avait promis en compagnie des officiels tibétains sans même se donner la peine de fournir une explication. La rage nous prend. Gyurme, bouleversé, s'empresse d'aller chercher Sonam chez lui, Christoph commande un dîner dans notre restaurant habituel. Sonam nous rejoint, il a les larmes aux yeux constamment, il ne mange rien. Nous sommes silencieuses. Monsieur Wang est là, plutôt coincé, les chauffeurs et les officiers de liaison ne semblent pas non plus à la fête. De mauvais fantômes hantent la salle où nous nous tenons frigorifiés. Ce n'est plus un banquet, c'est un enterrement. Sonam nous propose de nous emmener chez lui, lorsque Monsieur Wang sera couché. Nous repartons sans lui vers l'hôtel comme si de rien n'était.

En attendant, toute l'équipe se trouve réunie à nouveau dans la chambre de Gyurme avec l'équipe des chauffeurs et des officiers de liaison, notre étudiant et son ami tibétain. Nous commençons par boire un verre en écoutant les cassettes de rock qu'Alice a apportées de Paris. Puis les Chinois demandent une démonstration de danse. Dans la chambre qui ne fait pas plus de 8 m^2, où tous sont assis sur deux lits qui se font face, vous imaginez la configuration de la piste. Snafu et Jeanne ébauchent quelques pas de rock, ce qui fait rire tout le monde.

Lao Wang, notre photographe, a une voix sublime. Je le savais déjà car il chante tous les matins en faisant sa toilette, et comme la salle de bains se trouve juste en face de ma chambre, j'en profite... L'ami tibétain chante aussi merveilleusement bien. Il a un visage doux et triste. Lao Wang et lui se renvoient la balle, chacun avec une chanson de sa propre culture ; pour une fois il n'y a plus de barrière et tous deux sont applaudis également. Zhou nous fait ensuite une démonstration d'une espèce d'opéra Kung Fu. Autre génération, autres intérêts.

Quand soudain, Liu surnommé « Le Belge », l'officier de liaison qui parle français, accourt livide : il vient chercher Christoph et Gyurme. Le chef de la police est ici et exige des explications, notamment sur l'excursion de cet après-midi au monastère, dont soi-disant Monsieur Wang n'était pas informé, et pour laquelle nous n'avions pas d'autorisation spécifique. Il est 11 heures du soir. Comment expliquer que c'est Monsieur Wang lui-même qui l'a organisée, que trop fatigués nous l'avions annulée, que finalement certains d'entre nous avaient décidé d'y aller dans l'après-midi. « Région interdite aux étrangers » rétorque la police... Les questions se succèdent sur d'autres sujets. Nous avons à leur expliquer qui nous sommes, ce que nous avons déjà fait comme films, combien de fois nous sommes venus en Chine, pourquoi Gyurme parle aux Tibétains, pourquoi Sybil enregistre dans sa chambre une chanteuse tibétaine, pourquoi nous distribuons des photos du Dalaï-Lama aux Tibétains, pourquoi en général nous nous intéressons tant aux Tibétains ?, etc. Jusqu'à 2 heures du matin, nous devons faire notre autocritique. Nous déclarons ne pas très bien connaître les lois chinoises et demandons si pour respirer, il faut une autorisation. Rires gênés... Nous nous confondons en excuses, en explications, puis enfin tout a l'air de se calmer. Nous sommes vidés.

C'est le moment que choisit Monsieur Wang pour paraître. Nous sommes tous réunis dans une chambre et là, il nous explique que nous nous comportons très mal, qu'à partir de maintenant il faudra lui obéir. Son discours est totalement incohérent. Nous commençons à comprendre que nous avons affaire à un psychopathe, petit homme sans pouvoir qui rêve d'en avoir, peut-être pour faire subir aux autres ce qu'il a lui-même subi. En tout cas il a peur. Cet après-midi, la police lui a demandé de procéder à son autocritique. Lui qui y allait pour nous dénoncer. Tel est pris qui croyait prendre. Où était-il donc lorsque la voiture est partie en excursion ? Comment avions-nous pu échapper à sa surveillance cet après-midi ?

1er août

Départ à 9 heures, la police et l'armée vérifient que nous partons réellement. Leurs jeeps remplissent la cour de l'hôtel. Nous leur faisons des bras d'honneur, qu'ils ne peuvent pas voir, bien sûr. Notre chauffeur ne montre qu'un léger sourire dans les yeux : on le sent extrêmement tendu.

Après cinq kilomètres, nous nous arrêtons au grand champ de Gyanak Mani. Au XIIIe siècle, sous le règne des Sakya, un lama de Chamdo, Gyanak Tulku, s'arrêta ici, de retour d'un voyage en Chine. C'est pourquoi, il fut appelé le Tulku chinois. Il fit construire le premier temple. L'actuel Gyanak Tulku est le septième de la lignée. Cet endroit est un symbole, car pendant les années de la Révolution Culturelle il fut entièrement détruit et servit de latrines. Depuis, les Tibétains l'ont remonté, apportant des centaines de pierres gravées et le reconstituant petit à petit. Des vieilles femmes, comme toujours, tournent inlassablement autour. Jeanne a une photo de la graveuse à qui elle avait acheté une pierre l'année dernière pour la déposer sur le mur. Nous demandons aux personnes qui se trouvent là si elles la connaissent. Un enfant nous prend par la main et nous conduit devant une maison où une vieille qui semble véritablement centenaire, à l'ombre d'un parasol blanc, grave le mantra « Om mani padme hum » sur une pierre. Elle a des lunettes si déformantes qu'on se demande ce qu'elle voit. Elle est heureuse de la photo que Jeanne lui offre, et nous lui achetons d'autres pierres à déposer sur le mur. Si les policiers savaient que nous sommes si près de Jyekundo et que nous filmons sans vergogne, ils seraient fous de rage puisqu'ils veulent que nous quittions la province le plus vite possible. Monsieur Wang est muet comme une carpe.

Nous repartons pour Shewu (Xiwu) sur une route cahotante et difficile. Par endroits, les rochers ont envahi la piste, ou bien les ornières sont si profondes qu'à chaque instant les voitures risquent de basculer dans la rivière. Des ouvriers hagards de fatigue tirent avec des cordes des blocs de plusieurs tonnes. Travailler sur la route dans ces régions a tout d'un cauchemar. Nos Chinois nous disent avec fierté que c'est le travail le plus risqué qui soit, qu'il y a eu des centaines de morts pendant la construction des routes ; mais les familles sont heureuses d'avoir ainsi contribué à la modernisation de la Chine !

Comme au Népal, on reconstruit les routes sur le terrain qui s'est écroulé et qui glissera sûrement encore à la prochaine saison des pluies. La route est minée, une explosion suit juste l'un de nos passages. Les chauffeurs ont peur. De plus, ils râlent car nous n'avons rien absorbé de consistant depuis 8 heures ce matin. Snafu a distribué à chaque arrêt quelques bébés Bonbel, un peu de chocolat et des cacahuètes. Cela leur semble bien maigre. Le camion de victuailles est parti devant, alors qu'il aurait dû nous suivre jusqu'au déjeuner.

C'est nous, Jeanne et moi, qui devions ouvrir la route pour repérer les endroits où filmer. Mais le chef des chauffeurs, Liu, pense que la route est trop dangereuse et que notre chauffeur est trop âgé pour rouler en avant-garde. Nous recevons donc la poussière des jeeps qui nous précèdent. Pratique pour les repérages ! Nous n'avons qu'une cinquantaine de kilomètres à faire jusqu'à Shewu, et pourtant il nous faudra des heures pour en venir à bout. A mi-chemin, nous nous trouvons au confluent du Yangtze et d'une rivière. Le plus grand fleuve de Chine n'en est qu'au début de sa course et il est déjà large, violent et très impressionnant.

Alice est malade — asthme, mal à la gorge. Elle a du chagrin d'avoir quitté son ami étudiant, resté à Jyekundo. Et bien sûr, elle a peur aussi que les autorités ne lui fassent des ennuis après notre départ.

Le village et les monastères de Shewu sont situés sur une colline. L'ensemble est superbe, avec toujours ces maisons peintes caractéristiques des villages Sakya. Le site se trouve au croisement de trois routes stratégiques. Au sud, celle de Jyekundo, par laquelle nous arrivons ; à l'est, celle par laquelle nous sommes venus la première fois en provenance de Kanzé et du Kham ; au Nord celle que nous prendrons en direction des hauts plateaux de l'Amdo et de Xining.

L'un des monastères s'appelle Nyidzong et appartient à l'école Drigung Kagyu, l'autre est le monastère Drogon de la secte Sakya dont dépendent soixante-dix moines environ. Il y a eu depuis le XIIIe siècle, vingt-deux chefs de lignée. Ils portent le titre de Dola Jikme, et l'actuel Dudjon est le fils du dernier Dudjon Rimpoche. Il fut reconnu à l'âge de sept ans par Sakya Gongma et s'appelle Dola Jikme Chokyi Nyima. Deux autres moines sont également considérés comme des réincarnations, Ga Tulku et Ngakapa Rimpoche Ngoten-la. Nous avions rencontré les moines de ce monastère et leur abbé à la fête de Jyekundo. Ils nous avaient proposé alors de rester quelques jours à Shewu pour assister à leur propre fête de cavaliers. Les mois de juillet et d'août sont l'occasion de nombreux rassemblements et fêtes pour tous les nomades et semi-nomades qui font paître leurs immenses troupeaux sur les hauts plateaux. A part celle de Jyekundo qui est à date fixe, peut-être depuis sa récupération par les Chinois, les autres fêtes auxquelles président le plus souvent les moines du lieu, dépendent de l'avis de l'oracle, de l'astrologue ou du calendrier tibétain. Ayant appris que celle de Shewu ne débuterait que dans deux jours, nous décidons de rester au moins pour le premier jour. Le restaurant musulman qui fait aussi hôtel est déjà plein. Comme nous ne voulons plus entendre parler d'hôtel-garnison chinois, Zhou se charge de nous trouver un hébergement.

Nous nous arrêtons d'abord au restaurant musulman, ravissant. La grande cour d'une maison fraîchement construite et très massive abrite le troupeau des propriétaires. Nous dînons dehors sous une tente en tissu indien. Les Chinois jouent la « camaraderie » bruyante avec nous, mais je ne les sens pas du tout sincères. Cette fausse amitié entre eux et nous me met mal à l'aise. Trop de choses non dites. Qui sont-ils vraiment ? Que veulent-ils ? Que savent-ils ? Comment ont-ils réagi aux événements du printemps ? Nous rencontrerons-nous un jour vraiment ?...

Finalement, nous nous installons dans une merveilleuse maison tibétaine, propre et bien rangée, à terrasses en rondins et boue séchée rose beige. La famille a transformé son logis en petit hôtel et l'une des chambres est à peine terminée. Elle sent bon le bois frais. La maison est sur deux niveaux. Au rez-de-chaussée, il y a l'étable pour les animaux, une remise où est stockée la bouse qui sert de combustible, et un autre local où sont gardées les réserves moins précieuses. Le sol est irrégulier et épouse la pente naturelle. A l'étage, les pièces d'habitation ne recouvrent que la moitié de la surface du bas, le reste étant dégagé pour la terrasse au-dessus de laquelle est tendue une grande toile de coton blanche. Sur les pièces de devant, de larges fenêtres laissent entrer le soleil. La façade extérieure du premier étage est faite en rondins de couleur bordeaux. Il nous semble enfin être au Tibet et non plus dans un pays occupé.

La famille — la mère, le père et deux jeunes filles — vit dedans et dehors à la fois. Un tailleur prépare et coud les robes de fête, de brocart or et vert pour les femmes de la maison. Un oncle a amené une de ses filles malade ; la tête sur l'épaule, elle suit d'un œil somnolent ceux qui vaquent à leurs occupations. Dr Jane va l'examiner plus tard. Le mari trait les yaks dans la cour, aidé d'une de ses filles. La mère fait chauffer de l'eau dans sa cuisine, dans de grandes cuves. Elle remplit le poêle de bouses de yak séchées, puis distribue à chacun de nous des thermos chinois à fleur rose et rouge pour la toilette et les boissons.

Des tissus à fleurs et des affiches de jolies Asiatiques ornent les murs. Les chambres ont trois ou quatre lits en bois recouverts de matelas de paille et de couettes en soie et coton fin. Malgré la grande simplicité des matériaux, l'ensemble donne un sentiment de propreté, de confort et de paix. Je rêve de me fixer ici, en ce lieu même, coupée de tout, écrivant, apprenant le tibétain, me trouvant un beau Khampa, sauvage et tendre...

Nous allons dormir à cinq dans une très belle pièce, Gyurme, Christoph, Jeanne, Snafu et moi, ce qui ne m'enchante guère. Pour l'instant, nous sommes tous sur la terrasse. Sybil, Claire et Nurith regardent la télé à travers la fenêtre de la chambre où est installée la famille. On trouve des télévisions dans le plus reculé des hameaux. Parfait instrument de propagande, les chaînes diffusent régulièrement des images interprétant à leur façon les événements de Pékin. Mères éplorées à l'enterrement de leurs fils, soldats de l'armée morts pendant l'insurrection, procès public « d'agents contre-révolutionnaires », etc. Qu'en pensent les gens d'ici ?

Christoph, Jeanne, Snafu, Gyurme et moi avons déplié la carte du Tibet Oriental sur la terre battue, et nous discutons des différents chemins à prendre pour les prochaines étapes. Les cartes sont approximatives. Jeanne a eu l'occasion d'emprunter l'an dernier des routes et des pistes que les Chinois ignorent. Dr Jane, pour sa part, soigne le chauffeur de la jeep rouge qui a un abcès au gros orteil. Alice est déjà lavée et couchée ; elle prendra un ou deux jours de repos car elle a vraiment une sale bronchite. Nous allons rester quelques jours à Shewu pour y filmer les chevaux, ainsi que le monastère Sakya. Les moines nous ont dit qu'une cérémonie aurait lieu demain matin.

2 août

Au lever du soleil, dans les ronflements des dormeurs, j'entends un craquement de bois régulier. C'est Gyurme qui se balance assis dans son lit, marmonnant une prière. Il est nu jusqu'à la taille. En dessous, je ne peux pas savoir, puisque la couette lui remonte jusqu'au nombril ! La vision est étrange. Il a son chapeau sur la tête. Cela me donne envie de rire et m'énerve en même temps. Il ne se préoccupe pas de savoir si le bruit dérange. Il conserve ses habitudes. Puis il se lève, tire son sac de sous le lit, fouille dedans en menant grand tapage et s'attaque à sa toilette. Bruits de bassine, d'eau, de crachats lorsqu'il se lave les dents. Tout le monde se réveille et la mauvaise humeur nous gagne. Il n'est que six heures du matin ! Lorsque ce sera à Jeanne et à moi de faire notre toilette, il faudra un temps fou pour faire comprendre à Gyurme que nous préférons nous laver seules dans la chambre et dans une bassine propre. Malgré ces petits événements, je l'adore car c'est un original !

Petit déjeuner chez le musulman. La minorité musulmane au Tibet est très souvent spécialisée dans la restauration. Les musulmans sont réputés pour leur cuisine, particulièrement les viandes. Ils nous servent un thé délicieux. Dans la tasse, une pincée de thé, deux gros morceaux de sucre candi, et quelques fruits secs (des abricots ou des petites prunes). On verse l'eau chaude dessus et on laisse infuser quelques minutes en recouvrant la tasse de son chapeau. Après avoir bu une première fois, on se ressert de thé, et plus il infuse, plus il est sucré et parfumé.

Nous montons au monastère. Les moines, très gentils, acceptent que nous filmions le rituel. Ils sonnent la cloche du monastère, puis les moines montent en procession jusqu'au temple, accompagnés par le son des cymbales, des cloches et des trompes. Le temple a été restauré à partir de 1981, mais il contient encore de magnifiques tankhas très anciennes représentant Mahakala, « Le Grand Noir », protecteur de la doctrine bouddhique, et d'autres divinités que les moines sont fiers de nous montrer. Autour de l'autel principal de grandes statues récentes représentent le Bouddha Sakyamuni et les seize Arhats, ses plus proches disciples. Les moines s'installent, chacun devant sa table, et entament une longue récitation de prières rythmée par les cymbales et les tambours. Sur le trône le plus élevé, est assis la troisième des réincarnations, portant les cheveux longs et nattés ainsi qu'une magnifique robe d'apparat en brocart de soie jaune.

Il y a trois Tulkus dans ce monastère : le premier n'est pas encore rentré de Jyekundo où nous l'avons rencontré, le second porte des habits civils et ressemble plus à un flic qu'à un moine et le troisième est ce bel homme, grand, doux et timide qui préside au rituel.

A 5 heures de l'après-midi nous nous rendons au campement qui se monte pour le festival. Nous filmons une belle Tibétaine et son mari en train de monter une tente blanche soulignée de bandes noires sur les angles. Ils plantent d'abord les piquets, fixent les cordelettes puis soulèvent la toile en une seconde. C'est très spectaculaire. Jeanne et moi nous reposons un moment au soleil. Ensemble, nous avons préparé une surprise pour l'anniversaire de Sybil : dans l'échoppe chinoise du village, nous avons déniché deux crèmes de beauté, un savon, des serviettes fleuries et un petit oreiller. Mais il y a surtout le très beau reliquaire que j'ai acheté au marché couvert de Jyekundo, en argent serti d'une turquoise sur le dessus. Comme ceux qui décorent le buste de nombreux Tibétains, il peut se porter autour du cou comme un bijou.

A 19 h 30, nous filmons la vie de la rue. A l'orée du village, nous voyons les troupeaux de yaks redescendre des montagnes ; de loin, ils évoquent une tache d'encre qui s'étalerait doucement sur un buvard vert et jaune.

Le yak est la providence des hauts plateaux et constitue l'une des principales ressources du pays. Outre sa viande, son lait, on file et on tisse ses poils pour fabriquer tentes, cordes et couvertures ; son cuir sert à toutes sortes d'usages, sacs, ceintures, reliures, et même à construire des canots extrêmement légers qui permettent de traverser les courants impétueux. Il est aussi bête de somme et moyen de transport. Souvent les troupeaux sont composés de dzo (hybride entre le yak et la vache) ; la femelle, dri, donne le lait qui sert à la fabrication des yaourts et du beurre.

La littérature populaire est remplie de légendes sur les yaks et beaucoup de dictons les mettent à contribution. Les anciens racontent une anecdote amusante sur la façon dont ce yak si indispensable est venu au Tibet pour la première fois :

... « A l'origine, il habitait les plaines chaudes de l'Inde, en compagnie de son frère le buffle d'eau. Rusé, le yak dit un jour au buffle qu'il aimerait se rendre dans le Nord afin d'en ramener du sel pour eux deux. Il lui demanda de lui prêter sa fourrure, car il ferait certainement froid dans le Nord. Le buffle d'eau, avide de sel, accepta sur-le-champ la proposition du yak, et le voilà, couvert de son manteau d'emprunt, qui fait route vers le Nord. Une fois là, le yak découvrit que le Nord, avec ses pâturages infinis, son eau fraîche et son sel, était un véritable paradis pour les buffles. Il décida alors de ne jamais s'en retourner. C'est pourquoi jusqu'à aujourd'hui, le buffle d'eau est à peine couvert de poils. Et quand vous le verrez, la tête basse et le visage triste, vous saurez qu'il attend encore le retour de son frère vagabond... » *(Un cavalier dans la neige*[1]*.)*

La marée brune des yaks se mêle aux troupeaux blancs de moutons et de chèvres. Le jour commence à tomber, les cavaliers rentrent au bercail. C'est la fête en l'honneur de Sybil au restaurant musulman... Le patron a voulu préparer ce qu'il avait de mieux. Tout le monde chante. Je ne sais pas pourquoi je n'aime pas l'ambiance. Les Chinois sont hystériques et font trop de bruit. J'offre à Sybil ses cadeaux devant la caméra. Monsieur Wang a demandé à des chanteurs tibétains rencontrés au festival de venir chanter. Les paysans du village viennent nous regarder. Ils chantent des chansons traditionnelles très courtes, accom-

1. Editions Maisonneuve.

pagnées d'un violon à deux cordes. Mais ils n'ont pas très envie de le faire devant les Chinois. Je les sens agressifs et je comprends qu'ils font des réflexions antichinoises à la manière dont ils rient en les regardant. Nous les invitons à boire un verre avec nous, leur proposons de partager notre repas. Ils refusent la nourriture et boivent très rapidement leur bière. Ils reposent le verre en tapant très fort sur la table, en lançant une bordée d'insultes à l'encontre des Chinois. J'aimerais inviter tous les Tibétains qui nous entourent, mendiants, petits enfants, femmes et hommes du village. Les Chinois ne sont pas amicaux. Gyurme fait la tête. Snafu aussi. Ils sont choqués par l'attitude des Chinois qui se comportent en colons et maîtres. Par ailleurs, Gyurme estime qu'on sert trop de plats devant les Tibétains, qui ont faim, et que c'est de la provocation. Le problème se pose en fait tous les jours. Les Chinois sont abonnés à la quantité, avec une grande diversité de plats. Pour nous, c'est toujours trop copieux...

3 août

Lever 7 h 30. Je me sens malade et déprimée. Manque d'amour. Par moments, c'est dur d'être le chef. On recherche sa présence, son jugement, son sentiment sur les plus petits détails, sa permission, ses félicitations... et on le lui reproche ensuite, en lui faisant bien sentir qu'on n'a pas besoin de lui, et que tout irait mieux s'il n'était pas là. Le rêve serait que chacun assume son rôle et le remplisse avec intelligence.

Petit déjeuner chez notre musulman, les Chinois se sont tous installés dans la salle du restaurant et je dois vraiment insister pour qu'ils répondent à mon bonjour. Quel manque de grâce... Puisqu'ils ne bougent pas pour me faire un peu de place, je vais m'installer dehors sous la toile tendue. La pluie la transperce, ce qui est encore préférable à la cyclothymie de ces messieurs.

La fête ne commençant que demain, nous en profitons pour aller filmer un plan de nos voitures en marche, à quelques kilomètres du village. Sur la piste du retour, nous croisons une caravane de moines. Ils sont à cheval, une quinzaine, et viennent à Shewu pour le festival. Celui qui chevauche en tête est vêtu de jaune, couleur réservée aux habits de fête et qui marque un certain degré dans la hiérarchie monastique. Il porte un chapeau de forme très ancienne, qui peut être en bois ou en papier mâché, entièrement doré. Il regarde fixement la caméra, son

Conteur ambulant originaire du Kham. *(Snafu Wowkonowicz.)*

Le monastère Sakyapa de Shewu. *(Jeanne Mascolo de Filippis.)*

L'immense champ de mani de Gyanak. *(Franz Christoph Giercke.)*

Le plus jeune des trois tulkus de Shewu. *(Snafu Wowkonowicz.)*

Notre caravane de yaks, en route vers l'Amnye Machen. *(Jeanne Mascolo de Filippis.)*

Marie et Lotho devant la chaîne de l'Amnye Machen. *(Franz Christoph Giercke.)*

La caravane traversant à gué. *(Franz Christoph Giercke.)*

Jeune bouvière des hauts plateaux. *(Jeanne Mascolo de Filippis.)*

Les yaks transportent le combustible. *(Jeanne Mascolo de Filippis.)*

Femme nomade de l'Amdo avec ses enfants. *(Jeanne Mascolo de Filippis.)*

De gauche à droite : Lao Shen, Chao Lin, Snafu, Hua Xin et Lao Wang. *(Jeanne Mascolo de Filippis.)*

Effigie de Guesar de Ling à Tawo Gompa. *(Snafu Wowkonowicz.)*

visage est lisse et impassible, une pointe de curiosité se lit pourtant dans ses yeux. La caméra les suit, de dos à présent. Le Rimpoche, « très précieux maître », porte un « gau », ou reliquaire, retenu par un cordon en travers du dos ; l'objet est superbement ouvragé.

Noblesse de ces cavaliers en robes rouges, leurs sacs de selles rebondis, le bruit des sabots sur la piste sablonneuse... Cette vision d'un autre siècle, intacte, est celle du « voyage du lama », décrite par tant de voyageurs. Quel charme a ce pays, où l'on reste libre d'aller et venir à cheval, quelle liberté cela représente ! Je cours en avant et me cache dans un trou de sable près de la rivière pour leur faire signe qu'ils sont filmés et qu'ils continuent à chevaucher le long de la berge.

Repas. Sieste. J'ai de la fièvre, un petit point de pleurésie selon Dr Jane. Cet après-midi, Jeanne me remplace au tournage du campement de la fête. Pourtant, elle aussi commence à être malade. Je me force à me lever, à la tombée du jour, pour tourner un plan de Jeanne, Dr Jane, Alice et moi sur la terrasse de la maison, regardant la carte avec nos torches et discutant du chemin que nous suivrons après Shewu.

Nous allons quitter la province du Kham pour pénétrer dans celle de l'Amdo qu'Alexandra David-Néel parcourut à plusieurs reprises et qu'elle aimait définir comme « les grands déserts d'herbes ». Passé le col, c'en sera terminé des vallées encaissées et verdoyantes du Kham, très cultivées et très peuplées. Nous découvrirons de vastes étendues de pâturages, de lacs, de marécages et rencontrerons les vrais nomades, ceux qui se déplacent suivant leurs troupeaux.

Nous tournons une deuxième scène sur la terrasse avant le dîner, le tailleur, le repasseur, la maman et la petite voisine malade à qui Dr Jane donne enfin sa consultation. Ce tailleur et le repasseur sont assis de chaque côté de la jeune fille malade. L'un coud, l'autre repasse, sans mot dire. Depuis le matin, le repasseur est en position de lotus, une planche plate sur les genoux et le fer à la main, il travaille au rythme du temps qui passe ! Le fer ressemble à ceux que nous avions pour jouer dans notre enfance, en bronze, et la scène ne nous en paraît que plus charmante.

Je décide de faire l'effort de dîner dans le petit restaurant musulman, car si je me laisse aller, j'ai peur de m'enfoncer dans la maladie. Mais ce soir je vais coucher dans la chambre d'Alice, Sybil et Dr Jane, pour éviter les ronflements et les dévotions de Gyurme au petit matin !

Nuit difficile. Je ne peux pas dormir. J'ai l'impression que j'étouffe. Fièvre.

4 août

Bon anniversaire maman. Je pense à toi, dans les Cévennes. J'aimerais avoir le don d'ubiquité, comme certains lamas, pour être avec toi aujourd'hui. J'espère que mes frères sont autour de toi. Ce serait si bon d'être avec vous, surtout aujourd'hui. Malgré mon état, je me lève. Jeanne est malade à son tour. Elle tousse, crache et se mouche. Ah, nous sommes fraîches ! Alice devra rester encore au lit ce matin. Bronchite asthmateuse. Si Dieu le veut, nous serons vaillantes demain. Nous décidons de nous tenir prêtes à filmer sur le campement nomade, au cas où aurait lieu une course de chevaux. Pour la première fois depuis le début du voyage, le ciel est entièrement couvert et noir. Sans soleil, il fait tout de suite beaucoup plus froid dans ces vallées étroites.

De notre habitation, je surveille le camp et la fête aux jumelles. Le reste de l'équipe se promène dans le village. Sans me prévenir, Christoph a organisé un travelling de quatre ou cinq chevaux qu'il a trouvés au village ce matin et emmenés sur la route pour les filmer. J'enrage en silence. Nurith s'est embarquée avec Claire et Sybil dans la voiture rouge, celle du matériel, et a disparu. Je demande à Jeanne d'aller chercher la jeep bleue et de partir à leurs trousses. Furieuse d'une telle pagaille, je remonte sur la terrasse, d'où je découvre grâce à mes jumelles que tous les villageois ont sellé leurs plus beaux chevaux. Sur le terrain de la fête, un grand mouvement cavalier se dessine et tourne autour d'un four à fumigations, sorte de cheminée en boue séchée dans laquelle brûlent de l'encens et des branches de genévrier. Ce rituel, que pratiquent chaque jour les Tibétains dans la cour de leur maison, est fait pour invoquer la divinité protectrice et l'apaiser, le cas échéant. Les moines de cinq monastères — trois Sakya et deux Kagyu — y prennent part. S'il y a quatre sectes fondamentales dans le bouddhisme tibétain, Nyingma, Sakya, Geluk et Kagyu, il existe de nombreuses écoles et lignées de transmission nées de la différence d'interprétation des maîtres successifs.

Et voici la scène la plus belle que j'aie vue jusqu'ici. La foule à cheval, en habits de fête, se met à galoper autour du brasier en poussant des cris sauvages. Il doit y avoir au moins soixante chevaux. Les moines tournent ensuite en chantant, ce doit être la cérémonie d'ouverture et de bénédiction de la fête. Je cours demander à Snafu de filer en jeep à la recherche des filles — même Jeanne ne revient plus. Evidemment il ne trouve pas les trois chauffeurs restants, qui doivent dormir ou boire quelque part ! S'ils nous laissaient au moins conduire leurs voitures, mais c'est leur bien le plus précieux, et il n'est même pas question de s'asseoir sur leur siège. Moins ils en font, mieux ils se portent... J'attends dix minutes, un quart d'heure, puis, rageant, j'assiste toute seule à cette cérémonie, sans caméra. Lorsque l'équipe revient, réapparaît enfin, je demande à Christoph de ne prendre aucune initiative seul et de se tenir aux décisions adoptées le matin. Cela tourne au vinaigre. Il remet ça au déjeuner, alors que nous sommes tous réunis. Je fais la remarque qu'on ne doit pas s'en aller filmer sans m'en avoir parlé. Christoph se met à nouveau dans une colère noire. Moi aussi. Les Chinois se font petits. Les filles menacent d'arrêter de tourner. Cris et pleurs, mouvements divers. Jeanne, comme toujours, est à mes côtés, gentille et compréhensive.

Depuis deux jours, des camions et bus débarquent des Tibétains venus assister à la fête. Des familles entières installent leurs tentes blanches, des solitaires descendent dans les petits hôtels du village qui est une étape-relais, un carrefour. Il n'y a pratiquement pas de Chinois. Pas de tensions par conséquent. L'ambiance est simple et paysanne, beaucoup plus touchante et détendue qu'à Jyekundo.

Le Rimpoche, pour nous rendre service, a demandé aux cavaliers de donner le tournoi de tir aujourd'hui plutôt que demain. Ils acceptent, ce qui nous permet de filmer d'eux quelques plans où ils tirent sur des cibles en papier plantées dans l'herbe. Incident rare, un cheval reçoit un coup de fusil dans la joue. Gros trou, brûlé par la poudre. Dr Jane le soigne sous l'œil rond des enfants. Nous filmons. Elle va aussi soigner le Rimpoche, qui souffre à son avis d'un cancer du foie ou des poumons. Le deuxième Tulku a une pleurésie, et le plus jeune est tuberculeux ainsi que sa femme.

De tous les concurrents, il est le plus habile et le plus gracieux. Lancé au galop, il se penche presque jusqu'au ventre de l'animal pour tirer à la carabine sur la minuscule cible de papier fichée en terre, puis se redresse fier d'avoir fait mouche et, nattes au vent, cheval toujours au galop, fait tournoyer son arme. Quelle allure !

Dîner entre filles, calme et sympathique. Nurith, Claire et Sybil partent après le dîner, rendre visite aux Chinois. Ils dorment de l'autre côté de la route dans une de ces horribles garnisons. Elles rentrent fort tard dans la nuit. Elles seront fatiguées demain... En ce qui me concerne, terrible sentiment de frustration de ne pouvoir cumuler travail et plaisir de découvrir un peuple — le tibétain ! Toujours obligée de courir. Pourquoi ne pas rester là une semaine de plus ? La vie moderne, qui, même ici, ne nous a pas lâchés, semble parfois particulièrement absurde opposée à celle, ancestrale, que nous avons sous les yeux.

En 1922, Alexandra quitte enfin Jyekundo (ils sont quatre, avec Yongden et deux serviteurs) en direction du nord et de Matö (Mado), ville qui n'existait pas à cette époque. C'est dans cette région que le Fleuve Jaune, jusqu'alors divisé en une multitude de petits cours d'eau, sort véritablement de terre, pour s'étaler en de nombreux méandres dans toute la province de l'Amdo.

Journal de voyage 2 : « ... Je vais me mettre en route moi-même pour Sining dans une quinzaine. Tu t'étonneras sans doute de ce retour vers mon ancienne résidence. Il n'est absolument pas volontaire, mais je ne vois guère plus que ce moyen de me tirer de Jyekundo... » ; « En cours de route, je vais me rendre aux sources du Fleuve Jaune, dans un pays désert où sont de grands lacs à environ quatre mille sept cents mètres d'altitude. Nous devons acheter des yaks pour porter nos vivres pendant ce long voyage. Il est bon de nous en munir pour trois mois... »

5 août.

Départ de Shewu à 9 heures. Trois cents à trois cent cinquante kilomètres à parcourir. Le ciel est couvert, il fait froid. Nous remontons jusqu'à un premier col à plus de quatre mille mètres. Nous avons laissé derrière nous les vallées creusées par les affluents du Yangtze. Dans ce couloir naturel, que nous suivons jusqu'à un second col, nous longeons un affluent de la Yalung (Dzachu). Nous sommes en fait à la hauteur de la ligne de partage des eaux. Autour de nous, la steppe commence. Une herbe rase recouvre d'abord de douces collines, puis d'immenses étendues solitaires. La route ne serpente plus. Elle va, tout droit. Les tentes noires des nomades sont posées de chaque côté comme de grosses araignées. Noires comme le poil de yak dont elles sont tissées, elles diffèrent nettement des tentes en coton blanc qui servent pour l'apparat et les fêtes. D'immenses cordages en boyaux de yaks les relient à terre en un système de double amarrage, piquets longs et piquets de sol, à l'épreuve du vent !

En route, nous nous arrêtons plusieurs fois pour filmer des caravanes de yaks gardées par de superbes cavaliers khampas. Nous distinguons les fumées qui s'élèvent d'un grand campement de tentes blanches. Des cavaliers s'y rendent, c'est la fête de Kato, encore une. Nous croisons aussi une fillette avec son troupeau de chèvres. Derrière elle, une grande tente de nomades. Nous descendons de nos voitures et nous en approchons. La famille sort au grand complet. Vraiment beaux et sauvages. Un petit garçon habillé d'un manteau de peau de mouton retourné, un autre avec une tête de poulbot couvert d'une casquette trop grande pour lui, une gamine nattée de la tête aux pieds tellement sa chevelure est longue... un homme, sans doute le père, qui arbore un superbe chapeau et une grande écharpe rouge vif à la taille, et une jeune maman couverte de turquoises et de corail, rieuse et timide, qui repart avec les enfants dans la tente pour se parer lorsqu'elle comprend que nous allons les photographier. Elle passe un reliquaire autour du cou du petit garçon qui contient une photo du Ngakpa de Shewu que nous venons de quitter. Ils disent venir d'un village de la région. En fait, il existe deux sortes de nomades : ceux qui le sont tout au long de l'année et parcourent les grandes étendues pour nourrir leurs troupeaux, et les semi-nomades qui campent dans les pâturages l'été et qui, après avoir vendu viande et laine, retournent dans leur maison passer l'hiver. Cette famille fait partie de ceux-ci. Ils se postent devant nous et ne bougent plus, nous dévisageant en silence. Des voisins se joignent à eux. Gyurme leur parle. Je prends mon Polaroïd et leur donne à chacun une photo. Ils sont émerveillés de voir l'image apparaître peu à peu. Nurith les filme pendant ce temps. Cela donnera sûrement un plan étrange et mystérieux. Ils n'ont jamais vu d'étrangers. Le paysage est de plus en plus vert, larges horizons plats tachés de brun par les nombreuses tentes de nomades. Pas un seul arbre, mais des fleurs des champs jaunes par milliers.

Nous arrivons à 15 heures dans une ville « western » qui s'appelle Domda (Quinshuihe). Je visite l'hôpital, bâtiment délabré marqué d'une grande croix rouge, façade en lambeaux. J'entre. Grabats recouverts de paille dans une salle commune ; à l'entrée de la pièce, un tas de bouses de yak pour alimenter les poêles. Bébés, jeunes et vieilles femmes, plus un vieillard qui ne peut s'arrêter de tousser, la tuberculose sans doute. Les cheveux des hommes et des femmes ressemblent à de la laine. Les poux doivent y danser ! Dans une autre pièce, un groupe de trois Tibétains rend visite à une jeune femme qui doit également souffrir de tuberculose. Elle porte des habits brodés, chacune de ses nattes est ornée d'une bague d'ivoire, de corail, ou de turquoise, de bijoux d'argent, de cuivre et d'or. Je passe mon nez dans une autre pièce. Un Chinois à lunettes, d'une trentaine d'années, assis devant une table à trois pattes, fait ses comptes à l'aide d'un boulier en bois. Dans la salle, je ne distingue aucun médicament, si ce n'est un bocal bourré de coton sale. Le sol est jonché d'immondices. Le type est surpris de me voir. Je lui demande en tibétain où est le docteur, il se touche la poitrine pour me signifier que c'est lui. Il a visiblement honte, me fait signe de partir puis me pousse carrément dehors. Lorsqu'il voit l'équipe et la caméra, il referme vite la porte de ce drôle d'hôpital.

Nous retrouvons l'équipe chinoise sur la route du village et déjeunons dans un bistrot musulman joliment décoré, affiches kitsch symétriques, porte en forme de trou de serrure géante, surmontée d'une croix. En sortant, nous assistons à une violente dispute entre un chauffeur de camion et un personnage de l'armée. Le militaire menace le Tibétain de lui tirer dessus. Cette scène nous assombrit. Nous comprenons mal ce qui se passe. Nous repartons vite en voiture avec nos Chinois, une fois encore de mauvais poil : il est tard, ils ont peur de ne pas arriver à l'étape du soir, de ne pas trouver de place pour dîner et dormir.

Nous grimpons toujours, et passons de nouveau un col à plus de cinq mille mètres, le Bayankala-la. Il est supposé marquer la frontière naturelle entre le Kham et l'Amdo, mais aucune carte n'a jamais indiqué avec certitude cette frontière. Au col, nous ramassons des « lung-ta », morceaux de papiers sur lesquels sont imprimés des prières avec le dessin du cheval, les gens les déposent en passant le col, tout comme les petits cailloux sur les *la tse* (cairns) pour remercier les dieux de leur protection durant un voyage. Les prières, le vent les disperse tout autour du col et jusqu'à l'infini. Un ciel noir d'orage nous environne traversé par un arc-en-ciel. Nous roulons sur un vaste plateau dénudé. Les tentes ont presque entièrement disparu. Il fait très froid. A plusieurs endroits des plaques de neige apparaissent. Le terrain est imbibé d'eau, presque marécageux. Nous remontons encore jusqu'à cinq mille mètres et franchissons un autre col. De l'autre côté, de magnifiques pavots jaunes émergent d'entre les pierres. Plus bas, ce sont des pensées sauvages, des gentianes d'un bleu profond. Après un petit hameau, où nous ne sommes pas surpris de voir des pèlerins tourner autour d'une quantité de mâts de prières — vision qui confine pourtant à l'hallucination, dans ces étendues désertes — nous abordons une région vallonnée avec une multitude de lacs et de plans d'eau. Paysage caractéristique de cette région. Puis le dernier col, duquel nous filmons un paysage lunaire semé de petits lacs moirés bleus qu'on appelle les larmes de Tara. Arrivée enfin à Matö, après avoir filmé le Fleuve Jaune dans un froid glacial et un vent violent.

Matö est une ville atroce, nichée contre la colline à deux kilomètres de la route principale. Elle fut vraisemblablement bâtie dans les années soixante comme toutes ces villes garnisons conçues pour tenter de sédentariser les nomades de la région. Une espèce de cinéma monstrueux la domine. La ville est un ramassis de corons miniers et nous dormons d'ailleurs dans les bâtiments de ce qui fut jadis un lieu d'extraction, la moitié en est à l'abandon, les pièces éventrées sont envahies de poussier. Nos chambres sont lugubres, on nous apporte des Thermos d'eau chaude. Les lits ressemblent à des grabats de prisonniers.

Pour ce qui est des commodités, il y a des tranchées creusées dans les terrains vagues qui entourent le camp. Nous nous installons sans sourire dans le froid et partons dîner à la cantine militaire.

Notre chauffeur chinois Wang a cinquante ans aujourd'hui. Je lui offre un beau pull en laine bordeaux, avec une autruche verte brodée sur le dos, que j'ai apporté de France. Les sept filles le prennent à leur table et nous trinquons, chantons et l'embrassons. Dès que le repas est fini, il file se coucher. Sybil, Nurith et Claire restent avec les Chinois. Dr Jane, Alice, Jeanne et moi rejoignons nos taudis. Nuit glaciale.

6 août

7 heures. Lever pénible mais diligent : une odeur épouvantable, un composé de charbon, de pisse et de poussière, saute aux narines pour tomber droit dans les poumons. Dans la cantine du camp, les militaires nous jettent sur la table une marmite remplie d'une soupe de poissons de la veille. Il ne reste plus que du bouillon puant et des arêtes. Heureusement, Snafu sort de sa poche du müesli, du chocolat, du lait et du café en poudre. En mélangeant dans mon bol les divers ingrédients avec de l'eau bouillante, je me concocte une superbe pâte. Ça cale et c'est reconstituant !

Nous partons à 9 h 15 pour le premier des deux lacs, Ngoring, qui se trouve à cinquante-sept kilomètres. Alexandra David-Néel en parle dans

Mystiques et Magiciens du Tibet [1] ; elle en longea la rive lors de son voyage entre Jyekundo et Xining en 1922. La piste est dans un très mauvais état et il nous faudra presque trois heures pour atteindre le lac.

Plateau immense, ciel noir lourd, mais à l'horizon, une barre bleue met en valeur les crêtes neigeuses de la chaîne Bayankala que nous avons traversée hier soir. C'est à son pied que le Fleuve Jaune prend sa source. Nous croisons un tracteur qui fait office de bus local comme souvent au Tibet. Les voyageurs sont des chercheurs d'or chinois. Les Chinois, une fois le plateau tibétain conquis, se sont empressés d'organiser l'exploitation des différents et riches gisements de minerais qu'il recèle. Ils sont là au moins mille cinq cents hommes à fouiller le sable.

Enfin, le lac, immense, six cents kilomètres carrés. Il en existe un autre en amont plus petit, qui s'appelle le Kyaring. C'est dans celui-ci que se jette une rivière qui concentre le flux de cinq sources naturelles. C'est pourquoi l'on parle souvent des sources du Fleuve Jaune. Lorsque la rivière ressort du Kyaring pour traverser le Ngoring, elle est devenue Huang Ho, en Chinois, Ma Chu en tibétain, et Fleuve Jaune en français.

Nous tournons des plans de « voitures arrivant au lac ». L'eau s'étend à perte de vue, le paysage est incroyablement plat. Le ciel d'orage se reflète dans ce lac d'eau douce à trois mille mètres d'altitude. A gauche une tente, non pas de nomades mais d'ingénieurs du gouvernement, en mission pour une étude du lac et des sources. De l'autre côté, un baraquement qui sert d'entrepôt de pêche lorsqu'au mois de novembre la population débarque, par camions entiers, pour pêcher la carpe sans écailles au cours du festival du poisson gelé. Affamés, nous attendons la soupe de poissons promise par nos Chinois. Les gardiens de ce taudis délabré les aident à faire du feu et préparer le repas. Le sol est en terre battue humide, noire et glissante. Le récipient dans lequel cuisent les bêtes est sale et l'odeur qui s'en dégage est infecte. Nous décidons de filmer notre déjeuner.

L'équipe chinoise s'est bourrée de poisson sans nous attendre pendant que nous préparions les caméras. Ils nous ont laissé l'eau de vaisselle. Les rustres ! J'attaque M. Liu, « le Belge », le menace, deviens odieuse et jette un autoritaire : « Je compte bien sur vous pour que cette conduite ne se renouvelle jamais ! Vous devez prendre vos repas en même temps que nous ! » Les Chinois ont la tête basse, mais nous, nous avons faim. Après ce maigre repas pris sur le fond de quelques barques

1. Editions Plon.

renversées, nous repartons filmer les superbes paysages que nous avons croisés en venant au lac. Les alentours de celui-ci sont trop marécageux pour nous inciter à en pousser l'exploration... Et le chemin de retour sera long, car nous continuons après Matö jusqu'à la ville nouvelle de Huashixia, étape de ce soir, d'où part la route pour l'Amnye Machen.

Excellente route de terre, baignée par une lumière d'orage noire. De part et d'autre, des vallées douces dont le vert prend une couleur d'émeraude, des tentes de nomades, des troupeaux blancs ou noirs auréolés d'inoubliables arcs-en-ciel simples ou doubles, qui nous sont autant de porches ouvrant sur la montagne sacrée, l'Amnye Machen. Mais nous ne pourrons l'apercevoir ce soir, cachée sous les nuages. Gyurme nous apprend que Machen signifie « Grand Fleuve Jaune » en tibétain ; quant à Amnye, c'est un titre honorifique passé dans le langage courant pour nommer la divinité résidant sur la montagne, Machen Pomra.

Peu de choses ont été écrites sur cette montagne sacrée, la seconde après le Mont Kailash, au Tibet occidental, qu'hindouïstes et bouddhistes considèrent comme le centre du monde, l'axe de l'univers. Nous savons qu'ici aussi la khora, circumambulation autour de la montagne, était un pèlerinage important et qu'il fallait plus de sept jours pour l'accomplir. En effet, si le mont Kailash est comparable à un dôme qui émerge, solitaire, du plateau tibétain, dont on peut faire le tour (cinquante-deux kilomètres) en un ou deux jours, la chaîne de l'Amnye Machen comprend plusieurs sommets, ce qui entraîne une plus grande distance à parcourir. Nous ne savons pas exactement d'où il faut partir et nous avons bien l'intention de glaner toutes ces informations à Huashixia. Nous avons avec nous le livre de J. F. Rock, étude approfondie de la région qu'il fit lors d'un voyage dans les années vingt-trente, et sommes étonnés que les autres voyageurs ne mentionnent que rarement cette montagne. Très peu l'ont approchée. Pourquoi ? Alexandra en parle souvent. Elle passera non loin à plusieurs reprises mais ne s'y hasardera jamais. Etait-ce le terrain terriblement difficile d'accès ou bien les Goloks, farouches nomades et guerriers légendaires, qui l'ont fait reculer ?

Arrivée à Huashixia dans l'après-midi, ville construite par les Chinois. L'Amdo étant essentiellement une région d'immenses étendues vouées à l'élevage, les Chinois ont construits des bourgs sur les axes principaux, pour tenter de sédentariser les nomades sur lesquels ils n'avaient ni contrôle ni autorité. Ces agglomérations sans âme se réduisent à leur rue principale, bordée de petites échoppes où l'on trouve beaucoup d'alcools, sans oublier les billards de plein air. Huashixia est nichée au flanc d'une colline rocailleuse, d'où ressortent de gros blocs de granit qui portent des mantras de couleur. Le long de la route, deux moines marchent à pas comptés vers la montagne sacrée. Ils portent sur l'épaule un léger baluchon accroché au bout d'un bâton.

Quelle désillusion ! La veille, Christoph nous avait décrit notre gîte comme un « hôtel typique tibétain, ravissant et alimenté en eau chaude ». Nous sommes en réalité installés dans des chambres, certes pas antipathiques, mais d'une saleté incommensurable. Les « litières » en paille sont recouvertes de draps noirs de crasse qui sentent les pieds ; les couettes, déchirées par endroits, ne valent guère mieux, et les oreillers puent le suin. Je concentre tous mes espoirs dans un sac de couchage que j'ai récupéré dans le camion. Je pourrai au moins me protéger de la saleté. Mais il se révèle imbibé de pétrole et de graisse du camion...

Nous allons dîner juste en face de notre palace. La pièce très basse de plafond a un sol en terre battue. Les tables, dont le plateau est en formica bien gras, sont branlantes. Une petite fenêtre grillagée laisse passer la fin du jour. Une ampoule de faible intensité pend bêtement et donne un éclairage jaunasse. La cuisine a des allures de bains de vapeur ; j'aperçois confusément une jeune Chinoise qui agite des louches dans les bassines fumantes. Nous avalons de délicieuses soupes aux nouilles qui nous reconstituent. On se grise même un peu, en buvant des bières chinoises « Pijiu ». Où sommes-nous ? « Dans le trou du cul du monde ! » dit Alice. Déchaînée, elle nous joue la comtesse. Elle peut se transformer au point qu'on s'y croirait vraiment ! Le soir, elle nous donne un spectacle hilarant et le contraste entre ce qu'elle joue et notre situation ici provoque des fous rires inextinguibles.

La nuit est moins gaie. Avec les 4 500 mètres d'altitude, j'ai du mal à respirer. Oppression. Encore de la fièvre. Je m'endors avec l'impression que des bêtes me courent dessus. Je partage ce soir une chambre avec Gyurme et Christoph !

7 août

Dans le froid du matin, j'attends que ces messieurs aient fini leurs ablutions dans la chambre. Un Tibétain me regarde fixement, le nez collé au carreau de la porte. Cela me met hors de moi. Je ne peux pas bouger ni me laver. Je l'insulte en français. Il comprend... mais trop lentement, alors je colle une serviette sur la vitre. Je demande à Zhou de changer de chambre, je veux dormir avec Dr Jane et Alice.

Je me balade dans Huashixia, où les femmes nomades ont un type particulier. Elles portent de somptueux colliers faits de différentes pierres polies, agathes, onyx, etc. Il n'y a pas de Tibétains assez pauvres pour se priver d'une bague en argent ou en métal, ornée d'une turquoise ou d'un corail. Femmes et nomades les apprécient pareillement. Lorsque Marco Polo, au XIIIe siècle, voyagea à la frontière de la Chine et du Tibet, il écrivit : « Dans cette contrée, le corail est très demandé et atteint un prix élevé car les habitants aiment le suspendre au cou de leurs femmes et de leurs idoles[1]. » J'achète une bague tibétaine, une turquoise sertie dans une vieille monture d'argent et un chapelet pour Snafu. Il pleut sans discontinuer. Pas question de filmer. Cela ne nous détend même pas. Au contraire ! Nous avons froid et ce n'est pas dans nos chambres glaciales que nous allons nous reposer !

Christoph et Gyurme sont partis organiser notre séjour à Tawu Zholma (Xiaodawu), à soixante kilomètres de Huashixia, au pied de l'Amnye Machen. C'est un petit village, transformé en commune, pour essayer de fixer les nomades. Ils en reviennent très excités. Le village nous loue 14 chevaux et 11 yaks, neuf Tibétains nous accompagneront pendant notre traversée de la chaîne de montagnes. Nous partirons après-demain matin. Pour l'instant comme la pluie ne cesse pas, nous grimpons, Jeanne, Claire et moi, sur la haute colline qui surplombe la ville et allons admirer les rochers géants sculptés de mantras.

C'est un bon entraînement pour les jours de marche qui nous attendent. Le dénivelé est d'au moins cinq cents mètres pour atteindre le sommet. A mi-chemin, une large anfractuosité s'ouvre dans le rocher, formant terrasse. A même la roche, un grand mantra où chaque lettre (de couleur différente) brille au soleil. Des drapeaux de prières flottent tout autour et, à la cime, une pierre sculptée représente une divinité finement exécutée. Tout au long de notre escalade, nous en découvrons d'autres, cachées dans les replis d'énormes rochers que nous ne pouvions voir d'en bas. Il semble évident que ce lieu appartient déjà au circuit du pèlerinage de l'Amnye Machen.

Nous dominons toute la vallée du Fleuve Jaune qui s'étale, les

1. In Ph. Blanc, *Le Tibet d'hier et d'aujourd'hui*, Guy Le Prat éditeur.

troupeaux sont des milliers de petits points noirs microscopiques, nos « amis Chinois » qui traînent dans la cour de l'hôtel aussi. Comme on est bien, loin de leurs jérémiades. Et justement, dès notre retour...

Zhou nous annonce qu'une épidémie mortelle sévit dans la région. Les chauffeurs refusent donc de rester à nous attendre pendant notre randonnée autour de l'Amnye Machen. Il va nous falloir aller à Xining vérifier le sérieux de ces rumeurs, et revenir si elles ne sont pas fondées. Que de temps perdu ! On essaie de discuter, Dr Jane se rend au dispensaire, où elle voit effectivement des gens se faire vacciner... On ne sait que penser mais de toute façon on n'a pas le choix ! Nos chauffeurs ont décidé de fuir. Le seul à bien vouloir nous accompagner et à jouer les sceptiques est Monsieur Wang de Xining, toujours à contre-courant. Aujourd'hui, il nous paraît plutôt sympathique.

Ambiance de fous rires et de haine pendant le dîner. Les Chinois n'osent pas nous regarder. Assis à une autre table, ils se sont acheté des gamelles et des baguettes personnelles pour ne pas avoir à utiliser celles du restaurant, et les lavent après le repas. Ce soir ils ont commandé du riz et rien d'autre, car cette mystérieuse maladie dont ils refusent de nous révéler le nom, s'attrape par l'air, l'eau, la viande et n'importe quoi ! C'est la maladie N° 5. La maladie Chanel, quoi ! C'est d'un chic ! Zhou se vexe parce qu'il pense que nous nous moquons d'eux (c'est exact) et que nous ne croyons pas un mot de leur histoire. Nous les surprenons le soir dans leur chambre visiblement en train de rire du bon coup qu'ils viennent de nous faire. Cela nous conforte dans notre opinion : ils nous ont monté un bateau. L'un des chauffeurs, celui d'Alice, un petit excité spécialisé dans la délation et les crises de nerfs, a vu une affiche au dispensaire. Elle date de plusieurs années, mais il en a profité pour effrayer les autres membres de son équipe. En réalité, aucun d'entre eux n'a envie de nous suivre dans les lieux sauvages de l'Amnye Machen. Ils ont peur et veulent nous forcer à rallier Xining le plus vite possible. C'est-à-dire demain matin, ce qui met tout notre programme d'expédition en l'air.

8 août

Départ à 7 heures pour Xining, dans le noir. Pour une fois les chauffeurs sont à l'heure, ils croient à leur histoire d'épidémie ! Ils nous expliquent que très souvent leur gouvernement leur cache la vérité concernant les catastrophes. Ce qui, on le sait, est malheureusement vrai. Cette peur de la maladie semble pourtant se confondre avec la peur de se retrouver seuls au Tibet, à nous attendre !

Devant nous, quatorze heures de route, et un lever de soleil superbe sur les contreforts de l'Amnye Machen. Nous partons la mort dans l'âme, ignorant si nous reviendrons jamais ici. Nous roulons, nous nous éloignons. A intervalles réguliers, nous assistons à de sérieux accidents, nous passons devant des épaves de véhicules. Et puis l'horreur. Deux camions emboîtés finissent de brûler et nous barrent la route. Le chauffeur est encore accroché à son volant, tout noir. Calciné. Tout à coup j'ai peur que l'une de nos jeeps n'ait un accident. Je ne cesse de regarder derrière moi pour voir si la voiture blanche conduite par le chauffeur hystérique ne se plante pas dans le décor. Alice est à l'intérieur et la route est glissante.

Une heure et demie plus tard, nous faisons une halte à Wenqan, qui veut dire sources chaudes en chinois. En contrebas de la route, près de la rivière, se trouvent des baignoires naturelles qui semblent, vu le bon état des lieux, très appréciées par la population. Mais l'odeur de soufre qui s'en dégage est si forte que notre envie d'un bon bain disparaît comme par enchantement. Nous entrons dans un restaurant tenu par un couple de musulmans appartenant à la minorité appelée Sala. Au Qinghai, on rencontre diverses ethnies, les Tibétains, les Mongols et les Tu qui sont bouddhistes et les Hui, les Kazak et les Sala qui sont musulmans. Selon les statistiques, elles constituent ensemble la moitié de la population du Qinghai, les Hans formant l'autre.

Nous sommes à peine installés que les Chinois provoquent une nouvelle dispute. Ils sont encore furieux que nous ne croyions pas un mot de la fantomatique épidémie et, pire, que nous osions en rire. Vexés, ils quittent la salle pour prendre leur petit déjeuner dehors, assis à même le sol... La veille, j'avais vu les infirmiers du dispensaire de Huashixia nous regarder partir avec un certain sourire moqueur. J'en avais déduit que nos Chinois sont de pâles froussards et nous ne pouvons nous empêcher de leur en vouloir et de leur montrer notre ironie.

Nous repartons par une route en mauvais état et passons un col à trois mille neuf cents mètres. Nous traversons un interminable plateau, qu'une gorge très profonde et desséchée entaille spectaculairement. Des milliers de têtes de bétail sont disséminées sur ces immenses étendues bordées de montagnes en pente douce. Un second col, celui d'Heka, n'est plus qu'à trois mille trois cents mètres ; la route en lacets qui en redescend est tout du long entretenue par des ouvriers qui dynamitent les rochers menaçant de s'effondrer. En bas, nous franchissons un autre plateau, d'une seule ligne droite jusqu'à la capitale régionale de Kungho (Gonghe), d'où nous remontons pour prendre d'assaut une barrière de collines. Le paysage change. De là-haut, la vue sur tout ce que nous venons de parcourir est superbe. Nous dévalons ensuite sur Daotanghe, petite agglomération située à la bifurcation des routes pour Jyekundo, Xining et Golmud via le Kokonor. Le Kokonor est ce magnifique lac salé, le plus grand du Tibet, sur les rives duquel vivaient autrefois beaucoup de nomades. Deux heures de route, les dernières ! nous séparent de Xining. Nous retrouvons la Chine pressentie du début de notre voyage entre Chengdu et Ya'an. Très beau paysage, où les maisons en terre ont chacune leur petit jardin. La température a considérablement augmenté, nous ne sommes plus qu'à deux mille trois cents mètres !

Arrivée à Xining. Christoph est parti en avant, pour une entrevue au Ministère de la Santé. Ils ont fini par dire, sur l'insistance de Zhou, qu'effectivement il y aurait eu une manifestation de la maladie n° 5 quelques mois auparavant. Tout cela demeure bien flou. Il nous affirme que nous pouvons très bien entreprendre notre expédition dans l'Amnye Machen, que nous ne risquons rien. Alors quoi ? Tous ces mensonges... Du coup, Christoph demande que le petit chauffeur trop nerveux soit renvoyé.

Nous prenons un gigantesque bain à l'Hôtel de l'Amitié, établissement d'Etat aussi énorme que laid. Toujours la même odeur de moquette sale et de naphtaline. Nous pouvons avoir de l'eau chaude entre 20 et 22 heures. Une merveille !

Nous repartons dans deux jours pour l'Amnye Machen. Tout ce trajet à refaire encore une fois... Nous en profiterons pour filmer Xining, capitale de la province du Qinghai. A l'époque où Alexandra y voyageait, la province du Kokonor — dont Xining était la capitale — était administrée par un gouverneur musulman. Des missionnaires belges hébergèrent Alexandra. Cette ville marque véritablement la limite entre l'Amdo et le Nord-Est de la Chine. De nombreuses ethnies s'y côtoient et lui donnent un charme particulier.

Excellent dîner, avec un dessert chef-d'œuvre commandé par Monsieur Wang pour nous calmer et se faire pardonner. C'est une gigantesque montagne blanche ayant pour base des œufs sucrés, des noisettes et des pêches flambées en purée, le tout surmonté de neige blanche (œufs battus), piquée de quartiers de mandarines...

9 août

Je pensais qu'être enfin propre m'aiderait à passer une bonne nuit. Eh bien nenni ! Angoisses. Eternelles difficultés à respirer. Peur que tout rate, que nous n'arrivions pas à avoir assez d'images pour notre film. Petit déjeuner à l'Hôtel de l'Amitié, grandiose, communiste, délaissé, mais après tout, ça fonctionne. Immenses salles à manger, jardins intérieurs couverts de fleurs en plastique poussiéreuses. Les nappes blanches sont maculées de taches. Un plateau tournant, au centre de la table ronde, est couvert de petites assiettes de foie, pickles, choux râpés. Les serveuses à l'air revêche nous servent des omelettes froides.

Nous avons obtenu de nouvelles informations du ministère de la Santé par un autre de ses représentants : il y a effectivement eu une maladie, il y a deux ans dans de nombreuses régions, mais rien depuis ! Ça y est, le chauffeur nerveux est bien reparti pour Chengdu, ainsi qu'un des officiers de liaison qui, depuis le début, refusait de sortir du camion et de nous parler. Peut-être un grand timide. Le chauffeur du camion a perdu sa mère ce matin, il nous quitte aussi. La femme de Zhou, chef de l'expédition, vient d'avoir une crise cardiaque, il doit la retrouver ! Liu, le traducteur de français, est complètement incompétent et rejoint ses pénates. C'est la débandade. A mon avis, leur équipe est en crise, deux clans se sont formés. Il y a ceux qui bloquent l'expédition et se dénoncent les uns les autres, et ceux plus libéraux qui voudraient que notre aventure soit un succès.

Zhou a dû prendre des mesures et demander des gens plus compétents au CITS de Chengdu. Difficile, car finalement tout ce personnel n'est formé que depuis peu à l'encadrement touristique, la province du Sichuan n'ayant pas ouvert ses portes depuis longtemps. De plus aucun ne connaît les régions tibétaines que nous traversons et certains d'entre eux, comme M. Liu, n'ont même jamais mis les pieds à Xining ! Impossible de compter sur eux : le chauffeur du camion et son assistant devaient nous préparer les repas sur la route et nous fournir de quoi tenir pendant les longues heures de voyage. Ils ne l'ont pas fait une fois. La nourriture est éparse et pourrie à l'intérieur du camion, sauf celle qu'a apportée Snafu : fruits secs, Bonbel, et petits gâteaux. L'ensemble de nos officiers de liaison est vraiment incapable, exceptés les chauffeurs qui au moins, eux, savent conduire. Zhou nous explique

que leur hystérie collective est provoquée par les mensonges permanents de leur gouvernement et la non-information dans laquelle ils sont confinés.

Cela tient debout, en effet, mais ne saurait tout justifier...

Je travaille avec Jeanne sur l'ensemble du film, pour faire une estimation de nos plans de film dans un petit restaurant privé, pendant le déjeuner. Le service comme la qualité s'en ressentent — en mieux ! Nous pouvons d'ailleurs faire confiance à nos Chinois dès qu'il s'agit de choisir un restaurant : ils sont complètement obsédés par la nourriture.

Cet après-midi, visite à Kumbum, pour le repérage uniquement. Nous filmerons à notre retour de l'Amnye Machen. La lamaserie de Kumbum, « cent mille images » en tibétain (Taersi en chinois), se trouve à vingt-six kilomètres de Xining. A la différence des monastères du Tibet, qui la plupart du temps surplombent la vallée, Kumbum est niché entre deux collines dans une verte cuvette. Construit par étapes à partir de 1560, sur le lieu de naissance de Tsongkhapa, fondateur de la secte Gelukpa, il en demeure l'un des centres les plus importants. Il abrite environ cinq cents moines, après en avoir compté plus de quatre mille. Il subit de sevères destructions, surtout à la fin du XIXe siècle lorsque des soldats musulmans l'incendièrent au cours d'un rébellion qui ensanglanta la région. Pendant la Révolution Culturelle, il ne fut pas rasé, on ne sait pourquoi, mais les moines furent emprisonnés ou exilés. Chesho Tulku, un des abbés actuels, a passé plus de vingt ans en prison. Autour des temples principaux en cours de restauration, s'étagent les habitations des moines. La rue conduisant à l'entrée de la cité monastique pullule de boutiques et d'étalages, vendeurs de souvenirs et photographes qui, pour l'occasion, font endosser des vêtements tibétains aux touristes chinois.

Il pleut à torrents, les différentes voies d'accès sont devenues des couloirs de boue. La pluie fait ressortir les couleurs ocres des bâtiments, le doré des toits et l'émail vert bouteille des tuiles. Kumbum est présenté sur tous les dépliants touristiques comme le « Mont Saint-Michel » local. Il en résulte que les moines, las de trimballer des badauds qui pour la plupart sont dressés à les mépriser, ne se montrent pas vraiment coopératifs.

Repérage avec Nurith, Jeanne, Gyurme et Monsieur Wang. Nous sommes mouillés, gelés, crottés. Il nous sera difficile de filmer l'intérieur sans dépenser des fortunes. Le mètre carré à filmer coûte cent yuans ! (deux cents francs français). Les Chinois taxent lourdement le droit au film, cela se pratique dans tous les pays mais à une échelle plus raisonnable. Nurith est charmante, affectueuse, et cela me fait du bien ; c'est si rare de la voir heureuse de vivre.

Repos à l'hôtel entre 20 et 21 heures. J'en profite pour écrire à Andrée Davanture, notre monteuse à Paris, à mes parents, et pour lire les passages de la correspondance concernant Xining et le retour des musulmans de la Mecque en gare de Xining.

Dîner toujours pantagruélique, à une heure du matin. Viandes de toutes sortes : en cubes, râpées, en tranches ; chips, soupes, épinards, carottes, choux. Christoph téléphone à F Productions. D'après Pascal Bensoussan, notre partenaire, les rushes que nous lui avons envoyés de Xining à notre dernier passage sont bons en qualité mais contiennent trop de portraits de famille. Je suis sûre qu'il a tort ! Ce que j'aime, c'est le croisement du regard des Tibétains avec le nôtre.

10 août

Dans la gare de Xining, nous avons la chance de filmer un train de pèlerins de retour de la Mecque. Alexandra fait allusion à cette présence de l'Islam : « Merci beaucoup pour les cartes illustrées de La Mecque, j'en envoie une aujourd'hui même — au général à Sining, à qui elle fera, je le sais, grand plaisir. Il s'appelle Mohamed comme le prophète lui-même. En Chine, on dit : Machute ren pour Mohamed, littéralement, cela signifie Mohamed le Grand Homme (Te : grand, ren : Homme).

Si je dois passer par le Sinkiang, en supposant soit que je quitte Kumbum à cause de la guerre ou seulement plus tard en automne, je montrerai ces cartes sur ma route et ferai le bonheur de mes aubergistes et autres humbles disciples du Grand Homme de Médine. Nul doute que cela ne me vaille de menus cadeaux de lait ou autres substances alimentaires et beaucoup de prévenances. »

Les femmes et les amis sont venus chercher les hommes. Ces musulmans chinois, des sunnites, sont très tendres entre eux. Ils n'arrêtent pas de s'embrasser, de s'étreindre. Beaucoup sont mieux habillés que la masse des Chinois, car plus riches. Habiles commerçants, ce sont eux qui tiennent les gros négoces, les restaurants, y compris dans les petits villages. Ils se chargent d'abattre le bétail, tâche qu'aucun bouddhiste ne peut assumer. Leurs femmes portent une mantille en voile et velours noir brodé, qui couvre les cheveux mais ne cache pas le visage. Quant à ceux qui ont accompli le pèlerinage de la Mecque, ils revêtent une longue robe blanche.

A l'heure du déjeuner, nous grimpons au temple taoïste de Beishan qui domine la ville de Xining. On réalise de là-haut l'ampleur de la ville industrielle, grise, poussiéreuse, qui produit de l'acier et où se développent l'industrie textile et le traitement des peaux et des fourrures. Pendant des siècles, Xining fut la plaque tournante d'un commerce intense entre le Tibet et la Mongolie, entre la Chine et le Sinkiang ; passage obligé des caravanes, elle fut contrôlée successivement par les Tibétains, les Mongols, les Chinois, etc... Ce temple est un havre de paix. Creusé à même la roche, un balcon longe les chapelles et court le long de la montagne. Nombre de divinités ont ici les mêmes noms et attributs que les divinités tibétaines, ce qui atteste des contacts entre les deux religions. M. Liu, qui ne connaît pas plus le taoïsme que le bouddhisme tibétain, s'efforce à grand peine (l'escalade des deux cents marches l'a épuisé) de nous convaincre que les deux n'ont rien à voir ! Où le chauvinisme Han ne va-t-il pas se nicher ! Au bord de la crise cardiaque, M. Liu fait d'horribles grimaces de douleur. Un moine à chignon piqué d'une épingle garde les lieux ; il nous observe en louchant violemment. L'ensemble des bâtiments est en pleine rénovation. Il n'y a pas longtemps non plus que les temples taoïstes sont de nouveau en activité. Toits en pagodes, jardins en terrasses tapissés de fleurs. Tout en bas, un train siffle trois fois. On dirait qu'il fraie son chemin à travers la terre même des potagers. Sentiment de calme.

Nous retournons à la gare, filmer un dernier plan. Une queue pour le train de Shanghaï s'allonge devant toute la façade : mille deux cents voyageurs, nous dit la « kapo » de service, et deux jours de voyage. Un signal est donné : une dizaine de « kapos », des femmes hommasses en costume-cravate, les joues rouges, l'allure grossière, laides et fortes, font avancer la foule, deux par deux, vers les grilles d'entrée. Elles malmènent ceux qui ne se présentent pas correctement et qui ont deux bagages au lieu d'un... Nous assistons à une scène pénible : trois jeunes filles et leur père sont agressés par une des monstresses, car l'une des filles a un sac en trop. La jeune fille fait mine de se révolter. L'une des grosses kapos lui tire les cheveux. Vision de camp de concentration. La foule terrorisée baisse les yeux et continue de piétiner. La kapo déchiquète le billet de la jeune fille. La famille sort du rang... La jeune fille devra certainement aller se faire un peu « rééduquer ».

Alors que le torrent humain a tout entier passé et que nous sommes en train de remballer notre matériel, trois des kapos surgissent pour nous demander des comptes. Elles nous réclament nos permis de filmer, nous faisons les idiotes. Je fais signe à Jeanne de faire emporter la caméra dans la voiture ; Lao Shen vient voir ce qui se passe. Shao Lin traduit : « Nous n'avons rien vu, nous avons seulement filmé la foule qui avançait. » Les femmes reconnaissent qu'elles se sont énervées. Jeanne leur répond que c'est bien normal, qu'en France aussi il y a des bousculades. Elles ne nous croient pas vraiment et veulent que nous leur donnions la pellicule tournée. Elles doivent avoir peur que nous montrions une mauvaise image de la Chine à l'étranger. Nous faisons mine de ne pas comprendre et nous embarquons prestement. Repos bienvenu. Nous accueillons ce soir notre nouvel officier de liaison. Il s'appelle Hua Qing, il a été délégué par le bureau du CITS de Xining, pour nous accompagner dans l'expédition de l'Amnye Machen. Jeune, une démarche de cow-boy, bien différent du type Han traditionnel, c'est très certainement un métis, comme beaucoup de gens de cette ville. Il parle anglais, ce qui nous semble formidable après un mois passé à n'entendre que de l'allemand ! Nous ne serons plus obligées de passer par Monsieur Liu, qui est plus lent qu'une limace. Espérons que ce Hua Qing est un bon élément de l'agence de Xining : il a déjà été envoyé en Europe ! Et son regard est plus vif, son pas plus décidé...

L'Amnye Machen

11 août

Réveil à 6 h 15, mais comme les Chinois n'arrivent vraiment pas à se lever le matin, nous perdons deux heures. Au moins, le nouvel officiel, Hua Qing, porte les bagages ! Nous laissons Monsieur Liu à Xining, et Zhou qui doit retourner à Chengdu. Notre équipe se réduit à Shao Lin, le second de Zhou, Lao Shen, l'assistant de Sybil, Lao Wang notre photographe, et Hua Qing. Monsieur Wang ne nous accompagnera que jusqu'à Tawu Zholma, dernière étape avant la randonnée.

Départ de Xining à 8 h 30 sous une pluie battante. Dans la jeep que conduit Wang « le vieux », à ne pas confondre avec Monsieur « Xining » Wang, je prends avec moi Dr Jane, Alice et Jeanne. La route est si dangereuse, le temps si mauvais, que je me mets à imaginer le pire sur la suite : prisonniers du froid et de violentes tempêtes de neige dans l'Amnye Machen, errant sans nourriture. Comme Uttara Crees, mon amie indienne, bloquée pendant deux mois par les neiges, il y a deux ans dans le Kham.

Nous roulons treize heures d'affilée et nous arrêtons à Wenqan, les sources chaudes. Nous pataugeons dans une épaisse gadoue. Christoph et Gyurme continuent la route, afin d'annoncer notre arrivée aux caravaniers de Tawu Zholma, que nous avions retenus il y a trois jours pour l'Amnye Machen, et qui doivent se demander ce qui nous est arrivé depuis que nous avons quitté Huashixia en catastrophe. Finalement, nous dormirons ici. Le ciel du soir s'est éclairci, la lumière est magnifique. Les cimes environnantes se sont couvertes depuis notre passage, il y a quatre jours, d'une fine couche de neige. Il fait beaucoup plus froid qu'à l'aller, le vent souffle. Wenqan est aussi une étape pour les camionneurs. Deux hôtels de chaque côté de la route. Nos Chinois nous réservent des chambres dans celui tenu par l'Armée populaire de libération ; tout un programme !

En revanche, nous retrouvons avec plaisir notre petit couple de musulmans Sala qui nous prépare des plats de viande de yak et de la salade cuite. Les chauffeurs ont toujours leur assiette personnelle, mais ils n'osent plus parler de maladie ! Ils sont plutôt gênés... Le nouveau guide Hua Qing, d'un abord agréable, parle trois langues : anglais, français, allemand. Alice le séduit en parlant chinois, ce qui ne manque pas d'adoucir les rapports entre les deux équipes.

Nous couchons dans le camp militaire, envahi de puces vivantes et mortes. Ça pue le DDT. Mais l'atmosphère est bonne. Dr Jane est partie dans de nouvelles obsessions de propreté. Elle n'arrête pas de s'asperger de thermos d'eau chaude et de laver tous ses habits, ce que j'admire en riant.

Elle entraîne Alice dans sa course au nettoyage. Je couche dans leur chambre ce soir. L'odeur de charbon est toujours asphyxiante. Comment les Chinois peuvent-ils accepter ces ambiances de camp de concentration ? Demain, nous devrons traverser la rivière avec les jeeps, en direction de la montagne sacrée, et retrouver les caravaniers dans leur village de Tawu Zholma. L'eau aura-t-elle monté dans les rivières depuis trois jours ? La pluie nous laissera-t-elle un peu de répit ? Il faut l'espérer car nos tentes, nous l'avons expérimenté, ne sont pas imperméables !

Et nous nous arrêterons de nouveau à Huashixia. Monsieur « Xining » Wang est rappelé à Xining pour y faire son autocritique. Ainsi disparaît-il de notre paysage. Sa chef a estimé qu'il nous avait porté tort en nous dénonçant à la police de Jyekundo, et qu'il n'avait pas su contrôler son équipe, à Huashixia, dans son numéro sur la maladie n° 5. Il s'est récolté une juste sanction... De fait, la directrice du CITS de Xining, une jeune femme de trente ans, est très sympathique. Nous avons dîné avec elle hier soir, avant de reprendre la route. Elle était fascinée par notre expédition et nous a avoué qu'elle détestait travailler dans une agence de tourisme. Avant, elle était professeur de maths. Elle dit ne pas comprendre pourquoi on l'a nommée à ce poste.

Au restaurant de Wenqan, nous parlons cinéma. Jeanne a tout organisé parfaitement. Elle est efficace, mais je la sens inquiète et un peu triste. L'ambiance se détend pourtant ; Alice poursuit son travail de séduction sur le nouveau guide. Il est 23 h 15. Demain, rude journée.

12 août

6 h 15. Départ dans la brume de vapeur qui se dégage des sources d'eaux chaudes. Une fois remonté le col qui nous sépare du plateau de l'Amnye Machen, le ciel est devenu d'un bleu si profond qu'il gêne Nurith pour tourner un plan du lac dans lequel se reflètent les contreforts enneigés de la Montagne sacrée... un comble ! Aujourd'hui, les rapports de force s'équilibrent, les humeurs semblent vouloir s'accorder. Les Chinois sont aimables, indifféremment avec les uns ou les autres. Christoph et Gyurme arrivent à notre rencontre : les caravanes ne seront prêtes que demain matin, nous pouvons donc prendre notre temps.

Repassant par Huashixia, nous en profitons pour tourner les plans que nous n'avions pas pu prendre il y a trois jours à cause de la pluie. Nous demandons à un moine de faire de la figuration. Il accepte de grimper avec beaucoup de gentillesse, ravi d'être quelques instants notre complice, par un petit chemin de terre qui accède au mur de manis, et s'assied en prières.

Sur la route de Tawu Zholma, l'Amnye Machen se dévoile de plus en plus, énorme massif au fond du plateau. Le sol est jonché de petites fleurs et de plantes odorantes que les milliers de moutons en pâture semblent ne pouvoir jamais épuiser. L'endroit est sauvage, mais n'a rien à voir avec les étendues minérales du Tibet de l'Ouest, si arides que l'on se demande comment d'immenses troupeaux parviennent à s'y nourrir.

Les nuages se regroupent alors que nous arrivons dans un faux village, l'air sorti de nulle part, Tawu Zholma. C'est une commune mise en place par les Hans dans les années soixante pour chercher à sédentariser les nomades. Les Goloks, une tribu de nomades des plus redoutées, et dont le territoire s'étendait à pratiquement tout l'Amdo, furent les plus récalcitrants. Ils obtinrent ainsi une plus grande décentralisation et la création d'un territoire autonome. La commune compte soixante-dix-sept familles et dépend de l'administration de Tawu (Machen), chef-lieu de la Préfecture autonome Golok, où nous aboutirons à la fin de notre randonnée. La plupart des habitants sont Ranaks et leur dialecte s'apparente à la langue Khampa, mais il y a aussi des ouvriers qui viennent de la province du Shanxi, ce qui contribue à un brassage ethnique sans doute délibéré. La commune est désormais propriétaire de ses troupeaux. Elle décide des lieux où chaque famille conduira paître les bêtes dont elle a la garde. Pour éviter des déplacements trop fréquents dus à la rareté de l'herbe, on attribue des terrains éloignés les uns des autres. Les pasteurs sont payés en argent et en nature (produits laitiers, viande, céréales). Chaque commune possède un dispensaire et une école primaire, fréquentée ici par trente enfants à qui cinq professeurs enseignent le tibétain. Le village est bourré de monde venu au Congrès régional du parti. C'est ainsi que nous rencontrons Samten La, qui est Golok et maire de Machen, qui nous invite chaleureusement à venir boire le thé dans la petite chambre mise à sa disposition. Nous faisons également la connaissance de Dolma Tsering, un Tibétain passionné de chasse qui s'est installé ici il y a trente ans.

Je comprends que des nomades — la fraction d'humanité la plus libre et, dans son âme même, la plus menacée aujourd'hui — n'aient nulle envie de se sédentariser lorsque je vois les constructions pouilleuses du village, grands baraquements dont les fenêtres sont pratiquement toutes cassées. On dirait un triste camp de réfugiés. Gyurme n'a pas pu aller au monastère, à quelques kilomètres, pour prévenir les moines de notre arrivée et éventuellement leur demander de nous héberger, car les rivières sont infranchissables. Les Tibétains du village nous suggèrent de passer par une autre route, plus haute et, paraît-il, très enneigée. Nous y trouverons moins 15°, moins 30°... Pour le moment je ne me mets pas martel en tête.

Nous déchargeons les voitures. Il est prévu, que nous dormions tous ensemble dans la « salle des fêtes ». Un summum d'humidité, de saleté et d'inconfort. Quatorze personnes pour sept matelas, nullement au format matrimonial. Si Nurith est seule, comme nous le lui avons promis, l'un de nous devra coucher par terre. Pour tout arranger, Sybil propose de dormir avec elle, et nous leur trouvons un local où elles se sentiront plus à l'aise.

Une famille tibétaine nous reçoit à goûter, Gyurme, Christoph et moi. Ils nous proposent des petits beignets un peu douteux. Ce sont eux qui nous donneront à manger ce soir. Il leur faut aller demander à droite et à gauche pour acheter des nouilles. Pendant ce temps, les puces me courent sur les jambes. J'espère que l'humour va être de la partie... Dîner succinct : soupe aux nouilles, que nous prenons dehors au soleil couchant, frileusement couverts de nos anoraks. Lumière dorée sur une caravane de yaks qui passe au loin, chargée de laine.

La salle des fêtes n'excitant la convoitise de personne, nous montons finalement les tentes sur le terre-plein qui en précède l'accès. Nous fixons par-dessus les bâches en plastique achetées à Xining, car la pluie est très fréquente ces derniers jours. Et nous déballons des couettes chinoises remplies de coton pour nos Chinois qui n'avaient évidemment rien prévu à leur usage. Je me couche tout habillée. J'aurai beau essayer d'innombrables positions, me tourner et me recroqueviller, je grelotte toute la nuit ; la tente est de fort mauvaise qualité, laissant passer le froid comme la pluie. Les gouttes de condensation se transforment au cours de la nuit en glaçons qui mouillent copieusement nos affaires en fondant à l'heure du lever.

Le chef du « kibboutz », Tibétain converti au communisme, nous invite à prendre le premier thé dans sa chambre, sommaire peut-être, mais où brûle un petit poêle. Nous nous asseyons sur le lit au-dessus duquel sont accrochés un revolver et une cartouchière. Plus loin sur le même mur, un poster de Mao Tse Toung. Il nous parle de son travail, qui consiste à rendre visite régulièrement aux communes placées sous sa juridiction ainsi qu'aux nomades les plus démunis, pour leur apporter une aide gouvernementale quand ils perdent des bêtes lors d'hivers rigoureux. Ici comme dans les autres communes, une grande bâtisse est réservée aux nomades, qui viennent y passer l'hiver et ne repartent qu'au printemps. Le chef nous conseille, pour tenir le coup dans notre randonnée, de penser à notre famille, à ceux que nous aimons et au bonheur de les retrouver. Il nous fait d'autres recommandations, en particulier de ne jamais descendre de nos chevaux, car l'eau des rivières est profonde, et la neige épaisse, et de prendre garde aux Goloks.

L'une des principales occupations de ces nomades guerriers, redoutables et fiers, consistait autrefois à attaquer les caravanes. Encore récemment, leur région était pratiquement inconnue, et les explorateurs qui s'y risquèrent furent pour la plupart retenus voire abattus par les Goloks. En 1894, le chef de mission Dutreuil de Rhins fut tué près de Jyekundo. Un autre Français, Léotard, fut attaqué en compagnie de son ami Guibaud, en 1940, et perdit la vie. Le Dr Migot, en 1947, fut simplement détroussé. Par contre, l'explorateur J. F. Rock eut plus de chance et rapporta une étude très détaillée de sa mission dans la région de l'Amnye Machen. Le nom golok signifierait « la tête tournée à l'envers », ce qui selon Sir Charles Bell veut dire « rebelle » en tibétain. Les Tibétains racontèrent à J. F. Rock que golok veut dire « tête ronde », en référence à leur visage qui les distinguerait de tous les autres nomades. Très indépendants, ils se targuent de ne reconnaître aucune autorité, pas plus celle des Chinois que celle des Dalaï-Lama. Imprégnés de magie, ils considèrent que leur force leur vient de Guesar de Ling, le héros légendaire dont l'épée serait cachée quelque part dans la montagne de l'Amnye Machen.

Cette semaine, un drame se déroule en montagne. Plusieurs familles se poursuivent et s'entretuent pour une histoire d'amour. Un homme a volé une fiancée à son promis. Les gens du village et les caravaniers se promènent revolver et balles à la ceinture, fusil en bandoulière !

Nos chauffeurs sont repartis, ainsi que les officiers de liaison sauf quatre : Shao Lin, assistant de Nurith qui parle allemand, Lao Shen, assistant de Sybil qui ne parle que chinois, Hua Qing de Xining et Lao Wang, notre photographe. Nous donnons rendez-vous aux chauffeurs dans une semaine, au village qui se trouve de l'autre côté de la chaîne, près de Machen, la « capitale » des Goloks. Nous sommes enfin seuls dans la nature !

13 août

Le temps tourne dangereusement et la journée s'est passée à ausculter le ciel. J'en ai profité pour me balader avec Alice. Dans le village-campement, il y a une sorte de magasin d'Etat qui vend du matériel pour nomades : chapeaux, bottes, selles de chevaux, tapis et instruments de cuisine. Une autre boutique, plus petite, vend des bijoux, des chapelets, des reliquaires, des couteaux, ainsi que du sucre brun. Un très beau jeune nomade, qui descend directement des montagnes, nous regarde avec tendresse et curiosité. Il nous suit partout, nous prend l'une et l'autre par la main et nous conduit auprès de ses chevaux, richement harnachés d'une très belle selle en cuir repoussé et d'un tapis de selle orange et rouge à motifs abstraits symétriques. Il voudrait nous emmener avec lui. Et pourquoi pas ? Mais Jeanne, qui passait par là, nous rappelle à l'ordre...

Déjeuner sur l'herbe. Nous rangeons nos affaires, commençons à trier les paquets pour les yaks, ceux que nous porterons sur le dos à cheval. Au moment où nos montures et animaux de bât arrivent accompagnés par leurs propriétaires, l'orage se met à gronder. Nous avons démonté les tentes et tout est dans la pièce aux pavés gras, la fameuse salle des fêtes. Nous coucherons probablement dans ce trou pourri.

De fait, le soir venu, nous nous y installons, matelas et sacs de couchage alignés les uns à côté des autres. Nurith et Sybil, mieux loties, se couchent dans la petite pièce de la veille et déroulent des tapis en grosse laine stockés là. Nous endurons le froid humide, serrés les uns contre les autres comme des sardines. Snafu fait le clown et nous sert une soupe brûlante en dansant. Lao Wang, l'officier de sécurité chargé de faire des photos, me chante des berceuses. Cela marche, mais à 21 h 30, la lumière officielle au néon s'allume pour ne s'éteindre qu'à minuit. Il n'y a pas longemps que l'électricité a fait son apparition ; aussi, lorsqu'elle est distribuée tout le monde doit en profiter jusqu'au bout. Et le tube de néon est tellement bien accroché qu'il est vain de s'y attaquer. Snafu nous fait encore rire, se couchant avec ses lunettes de glacier bourrées de Kleenex !

14 août

Réveil 7 h. Le temps n'est pas merveilleux, mais nous décidons de partir. Notre caravane se compose de neuf Tibétains dont une femme, Lotho. L'un est le chef, quatre autres porteront sur leur dos la partie du matériel caméra le plus fragile, et trois autres s'occuperont des bêtes, douze chevaux et quinze yaks. Deux heures plus tard, nous sommes sur la route, chevaux harnachés en file indienne. Les yaks nous suivent, libres mais disciplinés. Après avoir traversé un premier cours d'eau, nous débouchons dans un paysage de conte de fées : immense plaine traversée par une large rivière et bordée d'un cirque de montagnes neigeuses. Les caravaniers dirigent leurs bêtes en sifflant. Le plus âgé marche avec une canne, ses jeunes compagnons le précèdent à cheval, tous avec un air sauvage et joyeux. Ils ont une très forte personnalité. L'un porte un imperméable de policier, l'autre des cheveux longs et une casquette qui lui fait une mine de voyou... Ils ont les cheveux coupés d'un côté, longs de l'autre. Nous avons tout de suite un bon contact avec eux et nous sentons protégés. Ils galopent autour des yaks, rabattant ceux qui s'éloignent un peu trop. Leurs sifflements et leurs cris nous font rire de plaisir.

Nurith, qui n'avait jamais grimpé sur un cheval, refuse très vite de se laisser mener à la longe. Dr Jane, Alice et moi savons monter. Quant à Jeanne, elle a un peu peur, ayant eu un accident quand elle était petite, mais elle s'y fera, si toutefois elle n'accomplit pas tout le pèlerinage à pied, comme elle en a l'intention.

Notre femme tibétaine, Lotho, engagée pour faire la cuisine, siffle les yaks tout comme ses compagnons et fume clope sur clope. Elle porte manteau, robe longue et pantalons, a tous ses bijoux sur elle, et nous offre des bonbons qu'elle cache dans la poche que forme son manteau une fois ceinturé. Rieuse et tout à fait à l'aise, elle retrousse ses robes en gambadant. Elle doit avoir à peu près vingt-cinq ans.

La traversée de la grande rivière, profonde jusqu'au ventre des chevaux, inquiète même les Tibétains, qui se demandent si nous y arriverons. Nurith, Claire et Sybil passent d'abord, leurs montures tirées par quatre hommes, pour filmer notre traversée. Le courant puissant, le grondement des pierres qu'il charrie, les chevaux qui dérapent... C'est impressionnant, mais aucun incident ne se produit. Les yaks passent en dernier, et nous voyons nos sacs se mouiller. Après avoir mangé des biscuits sur la rive, nous grimpons à Tawu Gompa, monastère Nyingmapa, aux murs de terre jaune et toits en forme de pagode. Les lamas nous y reçoivent avec une grande hospitalité. C'est un village d'environ cent personnes, religieux compris. Le monastère comprend trois temples principaux et appartient à une branche du célèbre monastère Nyingmapa, Dodrup Chode.

L'école Nyingmapa ou « école des Anciens » est l'une des quatre grandes branches du bouddhisme tibétain, la plus ancienne. Ses traditions furent introduites au Tibet par le grand prédicateur Padmasambhava. Depuis l'origine, les Nyingmapa admettent aussi bien comme pratiquants des moines respectant le célibat que des yogins ou ngakpas qui peuvent se marier. Tel est le cas de l'abbé de ce monastère, Thupten Tsering. Outre la communauté monastique, composée d'une quinzaine d'hommes, les ngakpas habitent des petites maisons individuelles entourées d'un haut mur de pisé, constituant le village. Ces pratiquants mènent une vie d'ermites, même s'ils ne sont pas entièrement reclus. L'étendue et l'efficacité de leurs pouvoirs valent aux lamas Nyingmapa d'être toujours consultés par la population.

Pendant que nous montons nos tentes sur une pente verte en contrebas du village, les nomades déchargent les yaks. Tout le monde est très fatigué, mais nous filmons la statue de Ling Guesar, ou Guesar de Ling, dans la gompa principale. L'un des trois temples principaux situés à la cime du village est celui des divinités protectrices, le Gonkhang. Il contient une représentation centrale de Ling Guesar, grand héros de l'épopée tibétaine, qui serait originaire du Kham et dont nombre des exploits prennent place autour de cette montagne, où plusieurs lieux lui sont consacrés. Alexandra David-Néel a recueilli ces récits transmis notamment par les conteurs ambulants, les bardes. Elle les a traduits et adaptés. La mission du roi Guesar consiste à faire régner l'ordre sur terre, à y réprimer l'injustice et la violence. La version colportée dans le Kham lui assigne plus particulièrement le rôle de défenseur de la religion ; la version mongole le regarde comme un justicier qui, selon certaines prophéties, doit revenir sur terre continuer sa tâche.

Je vais chercher le chef lama, car les moines hésitent à commencer le rituel du soir avant son arrivée. Je le trouve chez lui, une bouteille de gnôle à la main, le nez gros comme une patate. En signe de bénédiction, il me donne un grand coup sur la tête, je lui fais signe que le soleil descend et qu'on ne pourra plus filmer le rituel. Je ne pense pas qu'il comprenne bien ce que nous faisons avec notre matériel ; il a accepté notre demande avec enthousiasme, mais à quoi cela correspond-il dans son esprit ? Il rigole, éteint sa cigarette et se dirige vers la chapelle, entouré de sa femme, de son fils et d'une dizaine d'autres personnes. En montant sur la terrasse du monastère, je jouis d'une vue somptueuse : la plaine à l'infini, la rivière argentée, une couronne de nuages autour des sommets. Un groupe sculpté et doré de deux gazelles encadrant une roue surplombe la terrasse. Son ombre se découpe sur un mur blanc en face du temple. La scène symbolise le premier enseignement du Bouddha Sakyamuni, « faisant tourner la roue du Dharma », la Doctrine, dans le Parc aux Gazelles, près de Sarnath en Inde. Je prends une photo. Le neveu du lama nous invite ensuite à boire du thé. Le rituel est terminé. Le lama arrive, ma broche en faux or l'intrigue beaucoup. Gyurme traduit la conversation, qui tourne autour de notre pays et de notre route. La France, Faguo en chinois, est pour lui aussi lointaine et étrangère que Chengdu, le point de départ de notre expédition... Lorsque nous prenons congé, il nous assène de nouveau un coup sur la tête. Si ça ne fait pas de bien, ça ne peut pas faire de mal !

Le chörten du village se dresse au-dessus de notre campement. Il s'agissait à l'origine d'un édifice funéraire. De nos jours, tous les chörtens ne renferment pas obligatoirement des reliques au sens propre du terme ; on peut y disposer des textes ou des images. Ils sont édifiés à l'entrée d'un temple ou d'un bourg, sur un lieu sacré ou au sommet d'un col. Leur architecture peut varier selon les régions, tout comme leur taille. Les différentes structures qui les composent de la base au sommet représentent les cinq éléments (la terre, l'eau, le feu, l'air et l'éther) et ont de nombreuses correspondances avec d'autres thèmes propres à la religion bouddhique.

Nous dînons d'une soupe de poisson instantanée, autour d'un feu de bois que Lotho a activé pendant plus d'une heure et demie avec un soufflet. Tout à coup, c'est l'orage. Les chiens aboient, pluie et vent se déchaînent. Je me terre sous la tente et rédige mon journal à la lueur d'une bougie. Alexandra a dû vivre souvent dans de telles conditions. Alice boit du schnaps avec ses nouveaux amis tibétains et Dr Jane. Je les entends rire, se racontant quoi, et en quelle langue ?

15 août

Pendant la nuit, j'entends Jeanne crier sa fureur en se réveillant à moitié dans l'eau. Snafu, lui, cherche un autre duvet et va secouer les Chinois qui se sont fabriqué un véritable nid avec les couvertures et les sacs de couchage en trop. Christoph se lève aussi pour vérifier les tentes. C'est une sacrée tempête, avec des rafales tournantes. Les plastiques que nous avons achetés à Xining ne sont pas assez grands pour la surface à protéger. Je décide de ne pas m'énerver et de rester dans mon eau, ramassant les jambes et me tenant au centre du matelas pneumatique, entourée de mes affaires. On ne peut rien faire sécher à une heure pareille ; mieux vaut se mettre en état d'indifférence.

Nous nous levons transis et montons au village, en quête d'un toit. Le menuisier nous offre l'hospitalité. Je n'arrive plus à respirer, tellement mes bronches sont prises. Mais c'est aujourd'hui ma fête ! Tous blottis autour du poêle, nous faisons sécher nos affaires une par une, tandis que nos hôtes passent régulièrement voir si nous ne manquons de rien. Nous envahissons leur maison et ils ont le sourire aux lèvres ! Imaginons la même situation au fin fond de nos montagnes de France... et craignons la comparaison. Lotho débarque à onze heures du matin avec un mouton entier dépecé qu'elle découpe avec l'adresse d'un boucher, la cigarette à la bouche. Elle a mis une énorme marmite d'eau à bouillir, y jette les morceaux de viande, réservant les plus tendres qu'elle se met ensuite à hacher comme pour préparer un tartare. Une fois la viande cuite, elle nous tend un couteau et nous nous régalons en la découpant autour des os. Dans le bouillon de cuisson, elle jette la viande hachée, y ajoute de grandes nouilles de blé, et nous terminons le repas avec une succulente soupe que les Tibétains appellent thukpa.

Il est fascinant de voir à quel point ces gens s'adaptent à tout, sans ciller, même aux pires conditions. Préparer cette soupe et ce repas pour plus de quinze personnes ne lui aura pas pris une heure. Nous sommes réellement admiratives... Lotho n'est pas belle, mais elle dégage une telle énergie que le charme opère. Cuisine faite, elle sort se laver les cheveux dans l'eau glaciale de la rivière et revient patiemment se les brosser sur la terrasse. Puis elle se coiffe et rajuste les différentes écharpes de couleurs qui pendent à la ceinture de sa robe et qui lui donnent un air de princesse lorsqu'elle galope sur son cheval.

Fièvre, larmes. Je m'allonge sur le lit du propriétaire et m'endors aussitôt pour plusieurs heures. A mon réveil, les habitants du village défilent devant Menpa (docteur en tibétain) Jane, qui me décrit au fur et à mesure ce dont ils souffrent. Une jeune nomade ravissante est venue au village pour se faire soigner par le lama. Elle a une très vilaine brûlure sur la main gauche, enflée, violacée. La plaie s'est infectée ; les germes locaux vont-ils réagir aux bains antiseptiques et à la bétadine ? Et suivra-t-elle la défense de se livrer pour le moment aux tâches de la cuisine et du ménage ?... La vieille mère d'un maître de méditation est très malade, ne peut plus avaler de nourriture solide depuis plusieurs mois. Un médecin tibétain a diagnostiqué une maladie de l'estomac, mais ses médicaments n'ont rien amélioré. Elle est allongée dans la pièce calme, toute décharnée. Dr Jane l'examine : son foie est gros et déformé. Elle a probablement un cancer de l'œsophage, avec des métastases au foie. Pas grand-chose à faire, sauf essayer de soulager ses douleurs. Snafu lui offre des soupes en poudre et des tisanes pour alterner avec le thé tibétain, c'est tout ce qu'elle peut ingérer. L'imminence de sa mort est cependant plus facile à accepter, pour cette femme soutenue par sa famille et par sa foi, qu'elle ne l'est dans nos pays dits civilisés.

D'autres consultants se présentent : un beau Golok d'une cinquantaine d'années qui a mal au dos ; une femme qui désigne son omoplate gauche en faisant la grimace. Dr Jane lui demande quelles sont ses tâches quotidiennes elle est chargée de monter l'eau du fleuve, un kilomètre plus bas, plusieurs fois par jour dans un seau porté sur l'épaule... De l'aspirine et des conseils, qu'elle s'empresse de ne pas écouter en nous aidant, pleine de gratitude, à mettre nos affaires à l'abri.

Le soir, le lama demande à son tour une consultation. L'équipe filmera son visage, rendu impressionnant par une tumeur bénigne qui double le volume de son nez. Ça n'était donc pas seulement son goût pour la bouteille... Il a aussi une cataracte et nous ne pouvons pas grand-chose pour lui, il ira peut-être se faire opérer à Jyekundo ou à Xining, à quelques centaines de kilomètres de là. L'intervention coûte environ trois cents yuans ; la médecine chinoise n'est pas gratuite.

Souvenir flou de cette journée. Les autres filles tiennent relativement bien le coup, malgré quelques pleurs. Physiquement, ce n'est facile pour personne. Shao Lin et Lao Shen sont hagards, et n'ont pas quitté le lit. Sybil, Claire, Jeanne et Snafu décident de planter leurs tentes à l'intérieur d'une maison en construction, mais déjà pourvue d'un toit. Il est vrai que les intempéries menacent encore. Je passe un long moment dans ma tente, relisant la légende de Guesar de Ling racontée par Alexandra David-Néel.

De nouveau dans la maison du lama. Il reçoit des visites successives de Tibétains venus de loin pour recevoir ses bénédictions. Chacun se voit offrir un siège, sorte de coussin-tapis, et une tasse de thé, que le jeune fils du lama et le serviteur de la maison emplissent régulièrement. Ces hommes étranges sont grands et vigoureux, ils portent les cheveux longs et leur regard est aussi intense que la couleur de la turquoise qui pend à leurs oreilles ; leur visage aussi ridé que leur longue robe en peaux de moutons, la chuba. Ils semblent à peine surpris de nous trouver là. Dans cette partie du monde, tout est possible et le quotidien est extraordinaire.

Le soir, les gens viennent nous voir au campement. Le bruit s'est répandu que parmi nous se trouve un menpa, et Dr Jane déborde de travail. Mais l'ambiance est particulièrement détendue. De ma tente, je regarde Alice puis Dr Jane danser comme de vraies sauvages avec les Tibétains, à la lueur du feu et au son des cassettes de rock and roll. Jusqu'à deux ou trois heures du matin, ils lancent en l'air bras et jambes, le plus haut possible. C'est une danse tibétaine sur musique américaine. Incroyable et plaisante vision, ce défoulement, cette jeunesse ensemble, ces fous rires, malgré toutes les différences de civilisation, de langue et de culture !

16 août

Le serviteur du lama du village nous réveille, nous apportant à chacune un sac rempli de gâteaux et de bonbons qui ont été consacrés par le lama pour notre route des jours prochains. Sybil, Claire, Jeanne et Snafu ont passé une autre mauvaise nuit. Ils ont gelé sur leurs matelas, toujours humides. Si leur maison a un toit, ses fenêtres sans carreaux laissent entrer le vent glacé et la neige.

Nous avons une longue étape aujourd'hui. La brume descend vers la vallée, le soleil se lève. Nous partons, laissant Nurith et son équipe en arrière pour filmer la caravane. Ils nous rejoindront plus bas, à la rivière. A peine suis-je en selle que mon cheval s'emballe. Un Tibétain finit par nous rattraper. Je tremble, mais je suis fière de ne m'être pas laissé désarçonner. Je change de monture. Il faut dire que ces petits chevaux tibétains sont d'un naturel très nerveux, ce qui fait d'ailleurs leur réputation.

Hua Qing, le cow-boy de Xining, me tape sur les nerfs. Il m'assomme de conseils impératifs sur la manière de monter à cheval, sur la direction à tenir. Il n'en sait pas plus que moi, et je ne fais confiance qu'à nos caravaniers. Je ne lui réponds pas... Nous repartons, pour de bon cette fois. Les yaks aussi sont énervés. Deux d'entre eux piquent soudain un caprice, s'emballent et se secouent si fort le dos qu'ils en arrivent à dénouer les cordes entourant leur chargement. Nous cheminons sous le soleil et longeons la rivière jusqu'à deux heures de l'après-midi. A l'horizon du plateau se profile un champ de drapeaux de prières. Ils sont des centaines qui flottent au vent, fixés à un bâti en forme de chörten, sorte d'immense parasol. Nous le contournons par la gauche, comme il se doit, et Lotho fait plusieurs prosternations au pied du mât central. Au milieu de cet espace infini, l'édifice est des plus impressionnants et, à nos yeux, très surréaliste.

En chemin, nous sommes entourés d'une population très curieuse de marmottes, belettes et mulots. La beauté et la tranquillité du paysage calment l'esprit. Je chevauche derrière les yaks, en compagnie du vieux chef de caravane. Nous longeons une falaise de cent mètres de hauteur au-dessus de la rivière, puis descendons peu à peu vers son lit. Le paysage est alors celui de tous les fonds de vallées avant l'ascension d'un col. Nous rencontrons un moine à cheval qui fait la khora, le tour de la montagne en sept jours... La khora s'effectue en pratiquant rituels et prières aux lieux sacrés. Pour l'Amnye Machen, il faut trois semaines ; ou alors si l'on se prosterne à chaque pas, l'on met plus de trois mois. Mais selon nos caravaniers, la plupart des pèlerins font la khora à cheval.

A la rivière, l'équipe caméra (Nurith, Claire et Sybil) déjeune puis se met en position sur l'autre rive et nous filme. Alice se baigne en maillot de bain dans l'eau glacée, je lave les cheveux de Jeanne, Dr Jane fait une fois de plus son grand nettoyage de printemps... Lhoto nous regarde, assise sur la berge. Elle ne se lave pas et finit par s'endormir.

Plus tard, un yak s'emballe à nouveau. Snafu tente de l'arrêter avec l'aide de Lotho et reçoit un coup de sabot dans le pied. Il se tord de douleur. Je m'approche, le rassure et lui masse le pied pendant une demi-heure. Je lui affirme que rien n'est cassé, que l'hématome sera petit. En réalité, je n'en sais rien. Dr Jane m'a laissé faire sans intervenir. Je crois en mon fluide magique.

Nous faisons étape au pied d'un col. Le temps d'installer les tentes, il est 5 heures ; lorsqu'une tempête de vent et de pluie s'abat sur nous. Nous sommes transies. Soudain, un fantastique double arc-en-ciel se dessine juste au-dessus de nos têtes. Il traverse le paysage de bout en bout, son halo de gloire semble nous protéger. Nous filmons sous la pluie. D'un côté de la vallée, un ciel noir d'encre ; au-delà de la rivière, on aperçoit deux tentes de nomades et leurs troupeaux au pied de cimes enneigées. La lumière est extraordinaire.

Dommage cependant que cette pluie diluvienne ne nous laisse davantage de répit : Lotho ne peut pas faire la cuisine puisqu'on ne peut pas faire de feu. Dans sa tente de toile blanche, elle nous sert à chacun des morceaux de viande cuite. J'ai dans les mains un gigantesque os de yak et déchire la viande qui l'entoure à pleines dents. Ça sent nettement la bête faisandée. Lotho nous offre aussi du thé, de vieux beignets bien rances et du sucre roux, une espèce de mélasse. Elle fredonne, l'œil aux aguets, prête à faire chauffer de l'eau dès que le temps le permettra. Mais la pluie redouble. Un des caravaniers tente de raviver le feu à l'aide de bouses de yaks séchées, un autre va chercher de l'eau. Lotho s'est assoupie, et les hommes abandonnent — trop de vent et de pluie.

Je me glisse dans la tente commune des Tibétains. Lao Wang, le photographe, chante des chansons chinoises avec sa voix de haute-contre. Nous l'écoutons avec plaisir, serrés les uns contre les autres. Nurith arrive, Claire aussi. L'ambiance est chaleureuse, mais je n'en peux plus de sommeil. Alice m'accompagne à ma tente, nous faisons câlin, puis elle retourne à ses copains tibétains qui l'attendent de pied ferme. Elle a prévu de les maquiller, car il l'ont regardée cet après-midi se mettre du rouge à lèvres et lui ont demandé d'avoir le même traitement. Je rédige mon journal, avant de m'écrouler dans mon sac de couchage.

17 août

Tout le monde, Tibétains compris, fonctionne au ralenti dans un froid polaire. Nous chevauchons et marchons jusqu'à 14 h 30 dans des marécages d'herbe tendre pleins de champignons en forme d'algues brunes, très prisés dans la cuisine tibétaine. Nous allons jusqu'au col de Trakdo la-tse. La remontée de la vallée est superbe, un peu austère à cause du ciel couvert mais nous sommes à quatre mille sept cents mètres d'altitude. Le sol est de plus en plus minéral, couvert d'une herbe en touffes rases dans lesquelles nos pieds butent fréquemment. Nous apercevons quelques magnifiques spécimens de pavots bleus, cette fleur si rare de l'Himalaya. Il nous faut à peine une heure pour franchir le col, à plus de cinq mille mètres, au pied du glacier du Machen Pomra. Nos compagnons nous disent que par temps clair on peut voir les cinq sommets principaux de l'immense chaîne. Aujourd'hui seule l'extrémité de la langue glaciaire se laisse deviner à travers la mer de nuages.

Un énorme cairn marque le passage entre les deux vallées. Nos caravaniers remercient les dieux de leur avoir permis de réussir à atteindre le col et déposent une pierre, un bout de tissu, un objet leur appartenant ; ils font trois fois le tour du cairn en courant, sifflent et crient « Ki ki so so, lha gyalo » : « les dieux sont vainqueurs »... Sur la ligne de crête qui nous sépare du glacier, se dessine un pointillé de monticules de pierres bordant le sentier des pèlerins. Nous montons filmer, non sans effort car notre souffle est de plus en plus court. Là-haut, nous découvrons d'autres champs de drapeaux de prières et un lieu réservé aux offrandes d'encens, que nous nous empressons de faire à notre tour.

Nous nous photographions au pied de la mer de glace, près des drapeaux de prières.

Au pied du glacier, je ramasse des champignons hallucinogènes, ronds et minuscules, que j'ai repérés dans les bouses de yak. Alice, à qui je les offre, les enveloppe soigneusement dans des mouchoirs en papier. Snafu prépare le repas ; il a même inscrit sur un morceau de carton d'emballage : « Bienvenue au Restaurant du Lac ». Au menu, boîtes de conserve chinoises de poisson séché à l'huile de soja. Les Tibétains nous offrent leur pain. Il ressemble à une galette ronde, la mie en est très peu cuite. Nous ne laissons rien, et « sauçons » avec le pain l'huile restée dans les boîtes. Nous reprenons la route de bonne humeur. Jeanne préférant marcher, le chef de la caravane enfourche le cheval libre. Mais nous sommes vite pris dans des rafales de pluie et de neige fondue, même les yaks glissent. La descente est trop dangereuse pour qu'il soit possible de continuer. Un peu plus bas, par chance, un large replat est occupé par une grande tente de nomades. Nous nous installons non loin d'elle avec l'espoir, si le ciel est clément, d'apercevoir les montagnes demain au réveil.

Les nomades nous invitent chez eux. La bouse de yak alimente un âtre en boue séchée, construit à même le sol de la tente, dont la laine marron tissée serré ne laisse pas passer la pluie, sauf en son centre entrouvert pour faire sortir la fumée. Il fait bon. Le couple qui nous reçoit paraît avoir la cinquantaine. Il y a aussi une jeune fille de dix-sept ans et une petite de cinq ans. Ils nous offrent sans attendre du thé et du boudin noir, peu différent de celui que nous connaissons en France.

La terre boueuse mélangée de crottin forme autour de la tente une grande tache brune, sur laquelle évolue un troupeau de moutons et de chèvres. Puis les yaks descendent des montagnes, l'heure de la traite approche.

Nos hôtes ont mis leurs plus beaux atours, car ils savaient que nous allions passer près de chez eux, sans doute prévenus par l'un des cavaliers rencontrés dans la journée, plus rapide que notre caravane. La femme porte la grande robe traditionnelle des jours de fête, en brocart de soie noire. Les hommes comme les femmes portent la chuba, qui descend normalement aux chevilles mais qu'ils relèvent jusqu'aux genoux en la maintenant serrée à la taille par une écharpe de couleur. Cette chuba, qui a la même coupe qu'une robe de chambre, se ferme en repliant le pan de dessus sur le côté ; grâce à la ceinture, une poche est formée sur le ventre, dans laquelle prennent place les objets usuels, le bol à thé, quelque menue monnaie... A la ceinture pendent le canif, la bourse à briquet...

Alice offre de la crème chinoise à la lanoline, pour le visage, à la mère et à la jeune fille. La plus jeune, ravissante petite fille, reçoit une barrette décorée d'un panda qu'elle fixe immédiatement dans ses cheveux.

Les femmes nomades se coiffent en une quantité de petites nattes, en général cent huit, chiffre sacré, qui retombent sur les épaules comme un filet, car elles sont rattachées entre elles à leur extrémité par des petits bouts de laine... Notre hôte porte autour du cou plusieurs colliers de grosses pierres, agate et cornaline.

Des voisins sont venus voir les voyageurs étrangers. Nous distinguons un campement de l'autre côté de la rivière, et nous entendons des enfants qui appellent, de très loin. Nous filmons Lotho, qui aide la mère à préparer une soupe identique à celle que nous avons dégustée l'autre jour à Tawu Gompa. Nous dînons tous ensemble sous leur tente, de cette soupe aux nouilles très épaisse qui nous redonne des forces.

La tente, de l'extérieur, ne semble pas assez spacieuse pour pouvoir nous accueillir tous. Or nous sommes tout de même une vingtaine, assis de part et d'autre du foyer de terre séchée. Les femmes se tiennent toujours du côté gauche, les hommes à droite. Nous les invités, sommes autorisés à nous asseoir où nous voulons. Sur le pourtour sont empilés les couvertures, les tapis qui servent de lits, des coffres de bois peint dans lesquels sont rangés les vêtements et les biens les plus précieux. Du côté des femmes, sont empilés les quelques ustensiles de cuisine ; au fond, une machine ancestrale pour battre le beurre. Quand il est fait, on le coud dans des estomacs de yaks et on le conserve pour le vendre à la fin de l'été. Tous les biens de ces gens se résument à cette tente, ce qu'ils ont sur le dos et leurs troupeaux !

Nous allons nous coucher. Nous allons dormir face à la montagne sacrée, et même si les nuages la masquent, nous ressentons sa présence imposante.

18 août

Pendant la nuit, une violente tempête s'est levée, plus forte encore que les précédentes. Et ce matin, on n'y voit pas à deux mètres. Le chef caravanier refuse de repartir. Trop de vent et de neige selon lui. Il est six heures. Nous en profitons pour nous rendormir un peu. Résignés à être bloquées là pendant plusieurs jours. Je n'éprouve pas d'angoisse à cette idée. Alice réagit très bien elle aussi. Le chef caravanier lui a dit qu'il voulait l'adopter, qu'il l'aimait comme ses propres fils, et qu'elle montait très bien à cheval. Je crois qu'il l'adore parce qu'elle agit comme une sœur avec les jeunes Tibétains.

Au réveil vers neuf heures, l'humeur est plutôt bonne. La famille de nomades nous accueille à nouveau. Nous tremblons tous de froid et buvons thé sur thé. Lotho nous sert une soupe de nouilles et de viande de yak. C'est gras et ça réchauffe. Toute la journée les rafales de vent soufflent une neige fine et glacée, qui nous brûle le visage dès que nous essayons de sortir. Nous retournons dormir toute la matinée et l'après-midi. Parfois, l'une de nous ouvre un œil pour constater que la neige monte encore.

En début de soirée, la tempête s'arrête comme par enchantement, tout s'éclaire, les sommets se dévoilent, les nuages courent dans toutes les directions. Nous filmons. Le Machen Pomra se montre presque, et les derniers rayons du soleil teintent la blanche couverture d'une douce couleur orangée. Le chef caravanier nous montre les cinq sommets principaux, qui sont comme les cinq doigts de la main ; Machen Pomra est le majeur. Les troupeaux rentrent au bercail. Les yaks, nonchalamment, se rangent sur la butte face à la tente. La jeune fille attache à un pieu fiché dans le sol les dris (femelles du yak) et commence la traite. Un objet insolite pend à la ceinture des femmes, une espèce de T inversé, en métal, et dont les deux branches sont recourbées. Nous en découvrons l'utilité : il sert à maintenir l'anse du seau, afin qu'un coup de pied récalcitrant ne renverse tout son contenu. Demain, il fera beau. Dîner servi chez nos amis nomades. Dr Jane examine le mari et la femme. Ici, pas de médecins tibétains, encore moins chinois. L'hôpital le plus proche est à Machen, à plus de cent kilomètres de là. La famille descendra certainement des hautes vallées à l'approche de l'hiver, mais en attendant, elle profite de la visite du médecin étranger. Le mari a de petites lésions cutanées sur le cou et le visage, aggravées par le grattage. Cela ressemble bien, sous sa couche de crasse, à de l'eczéma. Il a l'air sceptique quand Dr Jane lui recommande de nettoyer visage et mains deux fois par jour avant d'appliquer la pommade à la cortisone qu'elle lui a donnée. Il s'empresse au contraire de s'en tartiner la figure avec ses doigts noircis par le soleil et la saleté. Nouvelles explications... mais on ne change pas si facilement les habitudes de la vie.

Sa femme consulte ensuite : ses mains larges et habiles commencent à être déformées par l'arthrose. C'est une maladie qu'on rencontre fréquemment ici : les conditions climatiques, l'alimentation et les facteurs génétiques doivent en être la cause. Dr Jane lui donne des anti-inflammatoires pour la soulager quelques mois. Elle voudrait savoir aussi si cette femme a utilisé un moyen contraceptif fourni par les Chinois pour espacer les naissances de ses filles. Est-ce par pudeur ou par incompréhension que la Tibétaine reste muette ?

19 août

Il fait beau, mais la température est descendue à moins 10°. La chaîne de montagnes resplendit, brillante, argentée par le soleil levant, et veillée par la pleine lune. Impressionnant sentiment que de se savoir à plus de cinq mille mètres et de se trouver face à cette masse gigantesque. Nous prenons des polaroïds de toute la famille et de leurs voisins. Ils sont ravis. Et les rangent tout de suite dans la tente avec leurs livres de prières. Les femmes pleurent de nous voir partir. Nous aussi. Ils ont été si généreux, attentifs et chaleureux avec nous. Si un jour je décidais de les retrouver, comment ferais-je ? Les nomades bougent souvent, et la région de l'Amnye Machen est si vaste. Pour moi, aujourd'hui sera la journée la plus forte de l'expédition.

Nous longeons tout d'abord la berge droite de la rivière, escaladant les versants successifs qui la bordent. Le sol irrégulier regorge d'eau, on ne peut avancer vite. Tant mieux, le pays est superbe. Derrière la première ligne de crête apparaissent d'autres sommets enneigés, l'espace est illimité, le massif semble s'étendre jusqu'aux frontières du monde. Un daim se profile, à l'arrêt, puis s'évanouit dans une course agile et gracieuse. De petites mares sont recouvertes d'une fine pellicule de glace. La terre est parsemée de fleurs, gentianes de différents bleus, asters, edelweiss, primevères et boutons d'or. On voit des champignons de toutes sortes, certains gros comme un petit rocher blanc. Nous filmons à plusieurs reprises des paysages, traversons des rivières ; l'une descend d'une si belle vallée que nous n'hésiterions pas à l'explorer si le temps ne nous était à ce point compté.

Le chef caravanier et ses compagnons se mettent à gratter la terre pour en extraire une plante dont ils croquent aussitôt la racine. Celle-ci est longue et marron foncé, comme un salsifi. Nous goûtons. C'est une sorte de céleri-rave sauvage au goût extrêmement concentré. Nous nous régalons. Le descente se poursuit, c'est à présent l'après-midi. La vallée, de plus en plus verte, se resserre. Les tentes ont fait place à de rares maisons éparses, entourées d'un mur d'enceinte qui les protège des bêtes sauvages. Nous forçons l'allure, ceux qui vont à cheval poussent les yaks, sifflant de concert avec les caravaniers. Vers 7 heures du soir, nous nous arrêtons dans un pré souple et uni comme une moquette, au bord d'un torrent. Nous rencontrons alors les premiers hommes de la journée. Ce sont des chasseurs, portant à l'épaule un bâton d'où pendent des marmottes à l'épaisse fourrure.

Nous avons descendu aujourd'hui un dénivelé de plus de mille trois cents mètres. La température s'est adoucie ; faire sa toilette au soleil couchant, même dans l'eau de fonte des glaciers, en devient une affaire presque agréable. Les Tibétains allument un feu et préparent une soupe qui nous laisse sur notre faim. Deux jeunes proposent de se rendre chez des parents dans la montagne pour leur acheter un mouton. Un festin en perspective... Les voilà partis, prêts déjà à franchir le torrent enflé par les intempéries des derniers jours. Leurs compagnons testent sa profondeur en reliant par des longes les deux meilleurs chevaux et en les poussant, avec des cris incisifs, à plonger dans l'eau. Les bêtes avancent de quelques mètres, puis retournent à la rive. Tout s'arrange finalement : les garçons se mettent en selle et les chevaux traversent à la nage. Nous les voyons remonter sur l'autre berge, prendre le galop et disparaître derrière une colline. Reviendront-ils ?...

A minuit moins le quart, ils sont là, posent la carcasse à même le sol et la découpent avec les longs couteaux qu'ils portent à la ceinture. Les morceaux de viande sont jetés sans cérémonie dans la marmite, et vingt minutes plus tard, le repas est servi. Quant à moi, je me couche sans même avoir la force de goûter ce mouton. Je les entends rire et chanter, Dr Jane et Alice ne sont pas en reste...

20 août

Réveil dans le givre, il est 8 heures. L'équipe caméra, plus Alice, est déjà à pied d'œuvre, filmant Lotho qui prépare le feu et le petit déjeuner. Je vais chercher Jeanne et, dans le froid vif, nous continuons à tourner en silence. Le soleil se lève et nous réchauffe petit à petit. Les langues se délient. Comme les plantes, nous secouons le givre du matin. Prises d'une frénésie de tourner, car c'est sans doute notre dernier jour dans l'Amnye Machen, nous sommes particulièrement heureuses lorsque deux Goloks apparaissent sur le chemin qui surplombe notre camp, faisant à pied le grand pèlerinage.

Puis nous démontons le camp et repartons. Le soleil est maintenant éclatant. Nous arrivons à 13 h 30 auprès d'un chörten planté au confluent de trois vallées. L'une est celle que nous quittons, l'autre part à l'est vers la commune de Xueshan où nous devons retrouver nos chauffeurs, et l'autre s'enfonce vers le sud-ouest. Les confluents ont beaucoup d'importance pour les Tibétains, et les chörtens qu'ils y bâtissent, outre leur fonction sacrée, permettent au voyageur de mieux trouver son chemin.

Une route en terre, vaguement carrossable, arrive à cet endroit. Il y a même une petite maison-boutique qui vend cigarettes, bières, peaux et ongles de tigre fraîchement dépouillés, avec encore des fragments de chair, et peaux de léopard ! Les Tibétains que nous rencontrons là ont de magnifiques manteaux bordés largement de ces peaux. Avec l'aide de Gyurme, je leur demande où ils trouvent ces fourrures. La femme qui tient la boutique me montre du doigt la montagne d'en face.

Au-dessus de nous, un mur de mani s'étend en épousant la forme arrondie d'une crête. Il est fait de petites niches où les pèlerins déposent des tsa-tsa, ces formes en terre pétrie, qui peuvent contenir les cendres d'un défunt ou même simplement le grain de blé consacré que l'on offre aux dieux. Dans l'une des niches, une grande photo du Dalaï-Lama à demi cachée sous les drapeaux de prières. Malgré l'exil physique, il est partout présent dans l'esprit des gens. Il appartient à la secte des Gelukpa, et est l'autorité suprême, temporelle et spirituelle de tous les Tibétains. Nous filmons tout cela.

A quelques pas du chörten, une tente de coton blanc, celle de deux moines Karmapa, gardiens du lieu. Au XIe siècle, Marpa le Traducteur, étudia en Inde des textes importants qu'il transmit ensuite à ses discples. L'école qu'il fonda fut appelée Kagyupa, ou « école de la transmission orale ». Son plus fameux disciple fut le grand Milarepa. Par la suite, l'école se scinda en quatre branches principales, dont les Karmapa. Ces moines travaillent à la fabrication des pierres gravées. L'un est le serviteur du maître, expert en calligraphie. Il va chercher les pierres, les façonne en dalles plates et les dresse devant lui. Il accroche au-dessus les feuilles de papier où figurent les formules sacrées. Un stylet métallique dans une main, dans l'autre un simple bout de métal faisant office de marteau, le graveur, assis en tailleur, trace une ligne droite qui lui servira de guide, puis, appuyant la main contre la pierre et grâce à un mouvement très subtil du poignet, tout en délicatesse et en précision, il fait apparaître le texte à une vitesse surprenante, dans une perfection de calligraphie plus impressionnante encore. Sa maîtrise est aussi grande que son visage est humble. Il ne vend pas les pierres, on ne peut faire commerce de choses aussi sacrées. Les habitants le prennent en charge et, pour chaque pierre reçue, les pèlerins lui font des offrandes.

L'une de nos jeeps a réussi à monter jusqu'ici et emmène Christoph vers Machen. Il va prévenir les autres chauffeurs que nous sommes arrivés et qu'ils peuvent venir nous chercher. Nous nous donnons rendez-vous à 17 heures sur la route ; nous avancerons à leur rencontre. Liu, le chauffeur, a raconté que la route est très dangereuse, que d'énormes rochers ont failli l'écraser. Depuis deux jours, nos chauffeurs viennent voir si nous arrivons enfin et, selon Liu, cela les a rendus nerveux. J'imagine sans forcer une meilleure explication : ce sont les seuls Hans en plein pays golok...

Après le déjeuner, nous avons une discussion — la première — avec nos caravaniers, qui refusent d'aller plus loin s'ils ne reçoivent pas davantage d'argent. Pour le moment, nous réussissons à leur faire entendre raison. Nous enfourchons nos montures et parcourons une quinzaine de kilomètres sur une route prise dans une gorge, à côté de la rivière cascadante. Chose rare dans l'Amdo, de petits arbres, vieux et déformés par le vent, parsèment le fond de cette gorge. Nous avons la chance d'admirer en chemin une remarquable empreinte de la main de Guesar de Ling dans la paroi rocheuse, à laquelle les pèlerins rendent hommage en la touchant de leur front.

Les Tibétains font soudain halte, le visage fermé ; ils prennent Gyurme à part pour lui préciser leurs exigences... Cette descente dans la vallée n'était pas prévue, puisque les voitures devaient nous attendre au confluent. Il leur faudra ensuite retourner. Presque une journée de plus... Très durs en affaires, les jeunes poussent le patriarche à enfoncer le clou. Ils nous imaginent pleins d'argent et veulent le double de la somme fixée au départ. Difficile de leur faire entendre raison, car les Tibétains sont commerçants dans l'âme et nous exhibons une telle richesse extérieure, par notre matériel et nos équipements, que l'appât du gain prend irrésistiblement le dessus. Ils commencent à desseller les chevaux. Très ennuyeux : les voitures ne monteront sûrement pas jusque-là. Alice use de son charme auprès de son nouveau père adoptif, et lui promet que l'on négociera dès que nous aurons rejoint celles-ci. Non seulement elle fait repartir la troupe, mais de plus elle donne l'exemple prenant sur le dos l'un des sacs caméra, trente-cinq kilos. Elle se met en marche, avec l'un de ses jeunes camarades tibétains qui porte l'autre caméra. Ils avancent vite. Tout le monde est bien obligé de suivre, pendant huit kilomètres. Puis nouvel arrêt forcé. Un de nos yaks fou plonge dans la rivière — avec lui les sacs de Dr Jane et de Sybil — et en entraîne quelques autres à sa suite. Impossible de les contrôler, ils ne sortent plus du lit de la rivière et s'affolent. Nous courons, le regard fixé sur nos bagages. Tomberont-ils ? tomberont-ils pas ? Le convoi de yaks est aussi énervé que nous, ils ont dû flairer les mauvaises vibrations...

Shao Lin, « l'assistant » de Nurith, finit par reprendre le sac d'Alice ; et le porte à peine quelques minutes car nous apercevons les voitures. Les yaks se calment et se regroupent dans un champ près de la route. Scène inoubliable : Nurith félicitant chaleureusement Shao Lin d'avoir été si courageux et d'avoir porté le sac caméra... Alice n'apprécie pas. Gyurme essaye de négocier le prix avec les Tibétains. Impossible de se mettre d'accord — des mille cinq cents yuans convenus au départ, ils ont monté l'enchère à deux mille cinq cent quatre-vingts yuans ! Pendant ce temps, nous tentons d'organiser le transfert de nos bagages. L'heure est à la mélancolie. Nous sommes profondément tristes de quitter l'équipe avec laquelle nous avons connu la vie tibétaine, plus encore à la vue de nos chauffeurs qui, au lieu d'être frais et dispos après plusieurs jours de farniente, sont dans un état d'hystérie totale. Le choc est grand !

Les chauffeurs insultent tout le monde. Ils veulent nous embarquer sur-le-champ et font hurler les klaxons de leurs jeeps. Ils sont odieux ! Nous déchargeons les yaks et donnons aux Tibétains les tonneaux de plastique contenant la nourriture, des couvertures, nos gourdes, nos parapluies. Ceci sous l'œil furieux des chauffeurs. Le chauffeur de la voiture caméra, Wang, se met à injurier Lao Wang, le photographe. Je crois qu'il lui reproche de dire que les Tibétains ne sont ni des sauvages ni des êtres dangereux et qu'il les aime comme ses frères. Les Tibétains sont un peuple calme, affectueux et hautement spirituel. Un autre système de vie... Il n'est pas un voyageur, de Marco Polo aux aventuriers des temps modernes, qui n'ait vanté et admiré la chaleur, l'amitié et l'accueil que seuls les Tibétains savent prodiguer à ce point. On ne peut qu'être conquis par une grandeur d'âme qui se reflète dans tous les instants de la vie quotidienne comme dans ceux plus graves de l'histoire d'un peuple.

Ce chauffeur vociférant, raciste et menaçant (je me fais traduire ses propos), m'a écœurée. Pourtant, c'était si beau là-haut, si calme ! Puisque Gyurme n'arrive pas à faire entendre raison au chef de la caravane, nous décidons d'emmener deux des jeunes avec nous ; ainsi, ils négocieront le prix avec Christoph resté à Machen. Bien que les chauffeurs jouent de plus belle de leur klaxon, il nous faudra plus de trois heures pour parcourir quatre-vingts kilomètres.

Arrivée à Machen, ville des abattoirs, large route bordée de bâtiments qui ressemblent à des prisons, capitale de la viande séchée de yak... Nous en aurons mangé pendant toute l'expédition. Elle est sucrée, pimentée, et présentée dans de petits sachets de cellophane. Machen est le chef-lieu de la préfecture autonome golok et compte, dit-on, quinze mille habitants. Outre l'abattage des animaux, elle est spécialisée dans le traitement des peaux, la fabrication de chaussures et l'industrie des produits laitiers. La ville est déserte. J'ai l'impression de parcourir une ville qui vient d'être pillée. Ville-théâtre, où les façades ne sont peut-être que des décors. Ville-fantôme...

En sortant de la voiture, Lao Wang tombe et se foule la cheville. Alice s'écroule aussi, elle ne contrôle plus les muscles de ses jambes, prises de tremblements. Trop d'efforts. Je la soutiens jusqu'à l'hôtel. Sol en béton, très crasseux dans un faux luxe, personnel parfaitement absent ou hostile. Nous mettons enfin la main sur une jeune femme à képi qui traîne les pieds. De vrais lits, sales mais confortables. Nous ressortons pour aller nous restaurer dans une gargote sinistre. Dîner à minuit avec Zhou, revenu de Chengdu après être allé voir sa femme et négocier le reste de la route avec son patron M. Lou du CITS. Il a amené deux nouveaux acolytes, encore du genre très nerveux ; l'un, minuscule, s'appelle Shao Fen, l'autre, grand échalas, Gao Che, affiche une expression aussi chaude qu'un colin à la mayonnaise. Ils courent déjà pour servir Christoph et nous toisent avec mépris. Nous ne sommes que des femmes après tout. Tout à coup, un homme ouvre la porte du restaurant et pointe un pistolet sur les Chinois. Il est soûl, mais c'est le « shérif » du coin. Nous n'avons pas le droit de dîner à cette heure, il est plus de minuit. Il est tibétain, et il emmène Zhou et Shao Fen au poste ! Je charge Alice sur mes épaules et la mets au lit. Elle pleure un peu, mais très vite nous partons d'un fou rire nerveux, inextinguible. Tout ça c'est trop, mais il y a de quoi rire. Les deux Chinois passeront la nuit en prison et seront libérés au matin, de fort méchante humeur.

21 août

Je fais couler l'eau un bon moment ; elle reste froide et noire. Décrassage intensif dans une baignoire sans eau : j'utilise des thermos d'eau chaude, que la seule servante chinoise de l'hôtel m'apporte avec réticence. Heureusement, Dr Jane, vient à mon secours et nous nous versons mutuellement des bassines d'eau sur le corps.

Nous sortons sous un ciel bleu et une lumière éblouissante. L'hôtel est au bout de la rue qui traverse la ville de part en part. De chaque côté, d'atroces bâtisses en construction rajoutent un peu plus de désolation à la ville. Leur fonction se laisse présager facilement, le Parti, l'administration, la police, etc. Vers le centre, la rue s'anime. Elle est bordée d'une quantité de boutiques où les nomades achètent du tissu. Un camion militaire passe, il manque écraser trois Goloks à cheval, le fusil à double baïonnette en travers, vêtus d'énormes chubas. Quel contraste étonnant ! Je cherche à les photographier, un cheval se cabre, les cavaliers me fixent avec autant de curiosité que de méfiance. Un autre camion embarque des voyageurs dans sa benne, où se mêlent moines en robes rouges, enfants moines au regard profond, Chinois au visage triste et émacié, nomades ridés comme des pommes. Le camion s'ébranle et les mains s'agitent dans ma direction. Des voix appellent « Alice, Alice, menpa, menpa... » comme pour saluer de vieux copains. Comment savent-ils leurs noms ? Téléphone tibétain... Cela réchauffe le cœur de voir les sourires de ces Tibétains au visage ouvert et sympathique.

Beaucoup de légumes et de fruits étalés à terre. Poivrons, radis géants, radis noirs, salades, choux, piments, grenades, melons d'eau, pommes. Beaucoup de Goloks à cheval dans la rue. Tout à fait étonnant, ces hommes couverts de peaux de bête dans cette caricature de ville moderne. Les Tibétains attachent leurs chevaux à des barrières en bois devant les boutiques, comme dans un western. Ils boivent des bières et dans l'ensemble ont l'air bien allumés !

Nous filons après le déjeuner, en espérant atteindre Wenqan. Je suis avec Christoph, Dr Jane et Jeanne dans la voiture conduite par Liu, le chauffeur du gouverneur du Sichuan. Mon chauffeur, le vieux Wang, doit rester à Machen, sa voiture n'a plus de train arrière ; il attend les pièces que Liu « le Belge » rapportera en bus de Xining dans deux jours. Grosse dispute, très vite, avec Christoph sur l'attitude à adopter vis-à-vis des Chinois. Nous les payons pour un service spécifique qui est d'organiser la logistique de l'expédition, or ils se révèlent depuis le début d'une incompétence majeure. De plus, ils n'arrêtent pas de se critiquer et de se menacer les uns les autres.

La route longe la face Sud du massif de l'Amnye Machen qui s'éloigne de plus en plus. Nous repassons de nouveau un col à quatre mille sept cent soixante mètres et roulons cinq heures avant d'atteindre Huashixia. De là, il nous faut encore deux heures pour Wenqan. Le temps passe vite et la monotonie du paysage ne nous gêne pas.

La deuxième voiture nous rejoint. Alice a ouvert la portière en pleine vitesse. Son chauffeur a failli les tuer trois fois : deux fois en crevant un pneu alors qu'il roulait à vive allure, la troisième en les jetant dans le fossé ! C'est lui qui avait fait circuler la rumeur de la maladie n° 5, nous contraignant ainsi à rentrer à Xining. Il paraît avoir tellement de haine pour les étrangers et pour son métier qu'il ne lui arrive que des accidents. Il ne devait pas revenir. M. Lou du CITS n'a pas trouvé de remplaçant.

Nous voilà enfin réunies, Jeanne, Dr Jane, Alice et moi. L'humour reprend immédiatement le dessus. Liu, témoin de notre dispute avec Christoph, redouble d'attentions, nous offrant thé et cigarettes. C'est dans la sérénité que nous faisons notre entrée dans Wenqan, où nous retrouvons par hasard le maire de Machen et sa suite qui continuent leur visite des différents districts dépendant de leur autorité, ainsi que le lama au gros nez de Tawu Gompa et ses disciples, venus prendre les eaux.

Nous nous installons dans l'hôtel garnison, qui fait face au campement militaire dans lequel nous avions déjà dormi la dernière fois. Entretenu par des femmes, il est un peu moins sale. Demain, pour la troisième fois, nous allons refaire la route jusqu'à Xining.

Nous aimerions aller jusqu'au lac Kokonor, à trois mille deux cents mètres d'attitude, où Alexandra séjourna tout un été. Les Ranaks habitent sur la rive sud, et mènent paître leurs troupeaux dans les montagnes avoisinantes. Alexandra fut déçue à son arrivée au lac car elle le trouva balayé par une pluie battante. Le père Huc, qui voyagea dans cette région avec son compagnon, le révérend père Gabet, en 1848, en parlait comme d'une grande étendue monotone et fascinante. Véritable mer intérieure, le Kokonor était considéré comme le cœur de l'Asie Centrale. D'après les textes chinois, la rive nord était occupée jusqu'au XVIIIe siècle par des Mongols. Les Tibétains habitaient sur les rives méridionales et les nomades ranaks qui remontèrent jusqu'à la rive sud du lac étaient craints des deux populations.

Christoph s'est calmé. Je dors avec Alice et Dr Jane. Fous rires terribles. Alice imite Christoph, son attitude vis-à-vis de nous, sa voix et sa démarche, puis nous reparlons de l'Amnye Machen et du bonheur que nous éprouvions là-haut, à être avec ces gens merveilleux. Nous nous endormons.

22 août

Nous repartons donc vers Xining, et s'il fait beau, nous essaierons d'aller jusqu'au lac Kokonor. A son extrémité ouest se trouve une île appelée Niaodao, une superbe réserve ornithologique. Des milliers d'oiseaux s'y rassemblent d'avril à juillet, d'espèces très variées et rares, comme la grue à col noir ; on y trouve également cormorans, canards sauvages, mouettes et goélands.

De la route, je vois des troupeaux de yaks et de moutons qui grimpent vers le col d'Heka pour rallier ensuite des pâturages moins montagnards. Ils vont par milliers, empruntant l'ancienne piste des caravanes que longe la route nouvelle. Vu du haut du col, les troupeaux de moutons ondulent comme de légères vagues blanches. De près, on réalise qu'ils se déplacent à vive allure. Les nomades les suivent à cheval, leurs tentes pliées sur les yaks. Les femmes suivent à pied, leurs bébés sur le dos. De jeunes enfants à cheval rabattent les animaux. Nous sommes presque à la fin de l'été, aussi les nomades quittent les hauts pâturages pour établir leurs campements à des altitudes plus clémentes où ils passeront l'hiver. Là, les bêtes, devenues grasses, seront tuées et vendues, ainsi que les produits annexes qu'elles procurent aux marchés des bourgades. La vision de ces vagues d'animaux brunes et blanches qui dévalent les prairies vertes suivies des familles dont les habits colorés ressortent comme des fleurs des champs est tout à fait spectaculaire. Certains nomades plus riches confient leurs troupeaux à l'un des leurs et s'entassent sur des tracteurs, en compagnie d'un ou deux moutons destinés à leurs prochains repas...

Je décide de redescendre le col pour filmer le passage des troupeaux et préviens les chauffeurs, avec mon talkie-walkie, que nous allons faire un arrêt travail. Cela ne les réjouit pas, d'autant que, loin de rentrer directement à Xining, nous devons d'abord visiter le fameux lac. Nous repartons et prenons un déjeuner délicieux à Heka. Les cuisiniers nous connaissent à présent ! C'est la troisième fois que nous nous arrêtons dans leur restaurant. Omelettes aux tomates fraîches, champignons, céleris, riz collant — un festin. Sur la route, nous achetons des sucreries dans un village très soigné, aux maisons peintes de couleurs vives. Juste au croisement de la route qui mène au lac, un groupe de Tibétaines déambule dans la rue, coiffées de hauts chapeaux de feutre ou de polystyrène argenté ! On dirait des Indiennes des Andes. Au demeurant, la ressemblance entre Tibétains et Indiens est frappante : cheveux, pommettes hautes, peau brune, yeux légèrement bridés, et surtout, habits, bijoux aux couleurs très proches.

Les interprétations sur une telle parenté diffèrent. J'ai pu lire que ces habitudes, entre autres le port du haut chapeau de feutre, avaient été importées par les Anglais. Je reste très sceptique... Alexandra, elle, explique ces analogies d'après des données qui lui paraissent bien fondées, selon lesquelles des ancêtres des Khampas seraient passés en Amérique à l'époque où ce continent restait encore attaché à l'Asie, avant la rupture que constitue le détroit de Behring.

Nous repartons vers le lac Kokonor. Le chauffeur fou crève encore. La route se révèle réellement impraticable et défoncée, alors qu'elle est réputée pour sa qualité de vraie route en goudron. Des ouvriers, le visage invisible sous des espèces de masques d'apiculteurs (en raison de la poussière), nous font passer sur l'herbe. A mi-route, nous renonçons — nous n'y arriverons jamais. Pourtant la perspective d'un fantastique complexe hôtelier tibétain, construit en tentes nomades le long du lac, nous tente terriblement. Le mobilier est peint à la main, paraît-il. Par terre, des tapis en laine de yak. Gyurme nous fait rêver, en nous racontant que l'on se réveille le matin, avec le chant des oiseaux et le bruit des vagues... Hélas, ce sera pour une autre fois. Le lac fait plus de cent cinquante kilomètres de long, et c'est à l'autre extrémité que se trouve le campement paradisiaque. Il faut faire demi-tour.

Nous fonçons vers Xining. La lumière est trop plate pour filmer les villages de terre beige que nous croisons ; ils évoquent les forteresses arabes du désert, ou les constructions yéménites, en moins haut toutefois, et sont ceints de murs, avec des portails en forme de pagode décorés de couleurs vives. De toute façon, les chauffeurs n'ont qu'une idée en tête : rentrer. Ils sont d'une humeur de chien depuis Machen. Après une route éprouvante, où chaque mètre représente un danger (les camions sont sûrs d'être les rois, les paysans portent des meules de foin et en sont aveuglés, les multitudes de bicyclettes ne tiennent pas compte des voitures), nous arrivons à l'Hôtel de l'Amitié où nous avons déjà nos habitudes. Snafu est adorable, il nous a préparé les chambres et monté les bagages. Bain chaud, c'est délicieux, même si c'est à mille lieues de ce que nous venons de vivre dans la montagne !

Nos Chinois nous entraînent au restaurant, toujours le même. Nous aimerions bien en changer, connaître les autres lieux de la ville, mais il existe un accord entre le CITS et le restaurant, et ils n'ont pas l'air de vouloir se créer de complications. Nous sommes propres, maquillées, bien habillées et, qui plus est, aimables...

Amdo

23 août

Nous organisons la journée. Claire, Alice et Sybil rangent, nettoient, classent et vérifient leur matériel. Nurith, Christoph, Jeanne, Gyurme et moi nous réunissons pour préparer notre plan de travail. Prochaine étape. Nous allons filmer le monastère de Kumbum, et devons obtenir les permissions de tournage, du représentant du tourisme et du chef du monastère. Nous continuons à travailler pendant le déjeuner. Jeanne nous lit des textes d'Alexandra, lorsqu'elle séjournait à Kumbum en 1918 :

Kum-Bum [1], 25 juillet 1918 : « ... je me plais énormément à Kum-Bum, l'air est excellent, léger, avec ce goût spécial aux altitudes élevées. Kum-Bum n'est pas très haut (deux mille deux cents mètres environ) du moins, pas haut pour moi qui ai hanté les solitudes himalayennes à cinq mille et six milles mètres et dont l'ermitage perchait à trois mille neuf cents mètres, mais, enfin, cela vaut mieux que l'air lourd de Pékin et surtout de l'humide Japon. Les montagnes environnantes sont d'accès facile toutes en pâturages avec des croupes rondes, le petit et moi, nous en avons déjà gravi quelques-unes. C'est une vraie joie de se retrouver hors des villes et de sentir qu'au Sud s'étend le vaste Tibet, à l'est les solitudes de Koukounor, au Nord les immenses steppes mongoles » ; « On m'y a donné une gentille habitation dépendant d'un des grands temples du monastère mais complètement isolée, c'est-à-dire que je puis fermer la porte de mon patio donnant sur la cour d'honneur du Temple. Les bâtiments à Kum-Bum sont de style chinois, généralement bien entretenus. Ma demeure

1. Kum-Bum : orthographe utilisée par A. David-Néel.

comprend un petit patio avec appartements de trois côtés et un mur orné de fresques chinoises sur le quatrième côté » (*Journal de voyage*, 2).

Nous partons, Jeanne, Gyurme, Christophe et moi, repérer les lieux que nous pourrions filmer à Kumbum. Beau temps, impression totalement différente de notre première visite. Une grande séance de débat philosophique a lieu entre les moines dans la cour du temple principal. Ces joutes oratoires occupaient une place de choix dans l'initiation des religieux Gelukpa. Nombreux sont les textes qui y font référence. Nous apprenons que ces séances se tiendront demain également et nous nous réjouissons à l'idée de pouvoir les filmer.

Au fond de la cour, sous les arcades du préau, les « anciens » qui veillent au bon déroulement de l'exercice sont assis autour du trône de l'abbé. Des piliers, partent des cordages qui permettent de tendre au-dessus de la moitié de la cour une grande toile jaune décorée de symboles auspicieux, sous laquelle sont assis sur plusieurs rangs les élèves et les maîtres. Au milieu se tiennent les deux adversaires du moment. Nous arrivons juste pour l'heure du thé. Les anciens vont se dégourdir les jambes, les plus jeunes se mettent à chahuter en nous voyant.

Alexandra : « ... J'ai été invitée à assister aux grandes discussions philosophiques qui auront lieu du 15 (date tibétaine) au 24, c'est-à-dire qu'elles commenceront dans trois jours. Ces joutes, qui rappellent de semblables tournois oratoires au Moyen Age, passionnent les lamas. C'est là que les forts en thème et rhétorique se mettent en valeur. Je suis curieuse d'entendre ce qu'ils peuvent dire et me propose, un peu malicieusement, de reprendre les discussions, en particulier avec les plus calés d'entre eux » (*Journal de voyage*, 2).

Tandis que Nurith, Jeanne et moi, listons les prochains plans d'extérieur à tourner, Christoph et Gyurme nous demandent de rentrer rapidement à Xining, pour essayer d'obtenir la permission de filmer dès demain les intérieurs des temples du monastère. Nous n'y parvenons pas. Avant le dîner, nous travaillons encore un peu avec Jeanne, relisant toutes les informations que nous avons sur Kumbum. Jeanne est géniale, elle a emporté une valise entière de livres, photocopies, cartes, de quoi vraiment nourrir notre film. Nous allons dîner. Table de femmes avec la patronne du CITS Xining, qui nous distribue les dépliants touristiques et les cartes postales qui vantent les beautés du Tibet. Les Tibétains et leur culture peuvent présenter quelque intérêt lorsqu'il s'agit de ramasser des devises !

24 août

Nous partons tourner à Kumbum.

Nous grimpons l'une des collines qui surplombe le monastère pour avoir une vue générale du site. Les toits en pagode sont serrés entre les montagnes. Ce qui est étonnant, c'est le parallèle que nous pouvons établir avec une photo prise par Alexandra, soixante ans plus tôt. Elle est presque identique. Kumbum fait partie des monastères relativement épargnés.

... « Et, à un autre point de vue, le monastère niché dans le creux d'une vallée et s'étageant sur les deux montagnes qui l'encadrent, avec ses beaux toits dorés surmontés d'ornements et de bannières, est un joli coup d'œil » ; ... « Le silence qui règne parmi les tempes est un délice après tant de temps passé parmi le bruit. Il y a, à Kum-Bum, répartie entre les différents temples, une population évaluée à trois mille huit cents lamas, mais un silence complet enveloppe tous ces bâtiments étagés sur le flanc de deux montagnes enserrant une étroite vallée. On n'entend que les bruits des longues trompettes appelant aux exercices religieux et de lointaines harmonies de musique sacrée partant de la demeure du pontife de Kum-Bum, actuellement un gamin de dix ans » (*Journal de voyage*, 2).

La lumière ne nous aide pas. Nous attendons que Gyurme et Christoph reviennent de chez l'administrateur de Kumbum, pour savoir si l'on peut enfin tourner quelques intérieurs de temples. Grâce aux Japonais, les tarifs sont devenus prohibitifs ; pour réaliser un film sur Kumbum il y a deux ans, ils avaient offert 100 000 dollars, soit près de 300 000 yuans ! Et je n'ai jamais rencontré de moines plus désagréables qu'ici. Ils ne savent que dire non à toutes nos requêtes, n'ont jamais le sourire aux lèvres et sont âpres au gain.

Le site est immense. Sur la place qui délimite l'entrée de la cité monastique sont alignés huit grands chörtens blancs, autour desquels sont déployés des éventaires de souvenirs : les cars de touristes, Chinois pour la plupart, se rangent là ! C'est de là aussi que part la rue principale qui donne accès aux différents temples. Sur cinquante-deux existant auparavant, il en reste aujourd'hui une quinzaine dont six principaux.

En attendant les décisions des autorités supérieures, Jeanne et moi allons d'une échoppe tibétaine à l'autre, dans la rue qui descend du monastère. J'achète une pierre à briquet ancienne très sobre que j'avais déjà repérée il y a deux semaines, une jolie bouteille dont le bouchon d'argent est incrustée de pierres de couleur, et un cadre en argent ciselé, qui devait servir de reliquaire, Jeanne marchande superbement et repère les belles choses d'un coup d'œil. Elle est un véritable spectacle à elle toute seule. Elle fonce, traversant la rue à toute vitesse et je la vois zigzaguer, discuter, faire des gestes. Là on voit ses origines italiennes !

Nous déjeunons rapidement dans un petit bistrot chinois puis remontons vers le monastère, pour « attaquer » avec nos caméras le temple principal de Serdong, qui abrite sur deux étages le chörten reliquaire. A l'extérieur, les pèlerins se prosternent en s'allongeant entièrement sur un parquet usé par les frottements des mains, des pieds et des fronts. Les plus fervents dévots passent leurs journées à se prosterner ainsi. Le bâtiment est coiffé d'un toit doré et ses murs extérieurs sont recouverts de carreaux de céramique vert bouteille.

A l'intérieur, nous filmons le haut du chörten qui renferme des reliques de Tsongkhapa ainsi que l'arbre sacré. Une statue représentant le réformateur est placée tout en haut du reliquaire. Nous en profitons pour filmer l'arbre que l'on aperçoit de la fenêtre du premier étage. Gyurme obtient à l'imprimerie du monastère un texte ancien racontant en détails la légende concernant l'arbre sacré. En voici un résumé.

Lorsque Tsongkhapa naquit, une goutte de sang tomba à terre lors de la coupe du cordon, et un arbre de santal blanc se mit immédiatement à pousser, tout brillant, avec des centaines de branches qui s'ouvrirent en parasol. Il était paré de cent mille feuilles, et son parfum se propageait à l'infini. Sur chaque feuille une image du conquérant « rugissant comme un lion » apparut, comme dessinée par un artiste, fascinante. C'est ainsi que le lieu fut appelé « Kumbum », « cent mille images ». Selon le vœu de Tsongkhapa lui-même, un stupa fut érigé plus tard autour de l'arbre. Dans la mesure où il est dit que les bouddhas et les bodhisattvas peuvent assumer la forme d'un arbre, pour aider les êtres humains, il est sûr que cet arbre symbolise l'œuvre et le personnage de Tsongkhapa, le « Conquérant », et est vénéré autant que l'arbre de l'illumination à Bodh Gaya en Inde, sous lequel Bouddha atteint le Nirvana.

C'est pourquoi les pèlerins manifestent une telle ferveur. Prosternations, circumambulations se succèdent sans discontinuer autour du temple, comme dans une ruche.

Les moines tiennent leur débat de 14 heures à 16 h 30. Nous les filmons longuement. La joute prend la forme, soit d'un exercice entre deux élèves, ce qui est le cas aujourd'hui, soit d'un examen entre professeur et élève. Il y a trois phases dans l'argumentation, « poser sa propre thèse », « réfuter celle de l'adversaire », et « renoncer à la disputation ». Si aujourd'hui, il paraît certain que le contenu n'est plus du niveau philosophique qu'il connut jadis, la mise en scène est toujours la même et ressemble parfaitement à celle décrite par R. A. Stein dans *La Civilisation tibétaine* [1] : « Celui qui provoque la disputation en pesant le sujet, est assis et répond aux attaques. Son adversaire qui réfute la thèse de l'autre, la critique, soulève des difficultés, textes canoniques à l'appui, est debout en position d'attaque. Il accompagne ses paroles de gestes, réglés par un code, qui veulent décontenancer l'autre : il agite les épaules, frappe dans les mains, lève son rosaire et son vêtement, il accentue le dernier mot d'une question en frappant du pied par terre, en poussant un cri ; levant sa main droite, il la laisse tomber avec bruit sur la paume ouverte de la gauche tendue en avant au nez de l'adversaire. Le candidat interrogé peut de son côté, sauter sur ses pieds et, au lieu de répondre, poser une question. »

Nous prenons quelques plans d'angles d'architecture, d'agenouillements et de prosternations des fidèles. Nous filmons un couple de Tibétains qui tourne de gauche à droite autour du temple de Sardong depuis quarante et un jours pour se sanctifier. L'homme marche appuyé sur une canne et est très maigre. Il a l'air complètement défoncé et il est déjà avec les dieux. La femme boite, et nous sourit chaque fois qu'elle passe devant nous. Enfin le soir, nous faisons un plan du haut de Kum-Bum, avec les toits du monastère vert et or. Je pousse quelques portes de maisons de moines. Les cours intérieures sont remplies de fleurs : liserons, capucines, dahlias. Dans une maison, un moine dîne tranquillement d'une soupe aux momos. Il me sourit mais ne me fait pas signe d'entrer. Calme et beauté.

Nous sommes épuisées, mais nous filmons encore une maison qui présente des traits communs avec celle où habitait Alexandra. Il s'agit du bureau d'administration du monastère. La maison est surmontée de galeries de bois peintes aux couleurs vives. Il existe une photo d'Alexandra, assise sur une balustrade, qui, a peut-être été prise dans cette maison où nous nous tenons aujourd'hui. Elle a séjourné durant presque trois ans à Kumbum de juillet 1918 à février 1921. Elle les passa à étudier dans la bibliothèque, dont l'accès lui fut autorisé, et elle ramena de nombreux livres, aujourd'hui au musée Guimet. Elle garda

1. Editions L'Asiathèque.

jusqu'à sa mort le plus merveilleux souvenir de ce monastère. « De là, tandis que la légère fumée odorante s'élève devant nous, nous contemplons une dernière fois la vision rayonnante de l'immense monastère avec ses nombreuses maisons blanches, ses palais rouges et ses multiples « Lha-Khang » (demeure des dieux) coiffés d'or »...

De retour à Xining nous dînons en vingt minutes d'un repas très frugal : M. Wang a donné l'ordre de ne pas nous servir de viande ce soir. Le CITS aurait-il dépassé son budget ? Nous devons préparer nos sacs pour repartir demain matin vers Labrang (Labulengsi en chinois). C'est un des monastères les plus importants de la secte Gelukpa, et qui a toujours été renommé pour l'érudition de ses maîtres. Il est véritablement situé aux confins du Tibet et de la Chine, dans l'actuelle province du Gansu, étroit couloir entre l'Amdo et la Mongolie, où passait la Route de la Soie.

Le parallèle avec Alexandra peut se continuer, car elle aussi quitta Kumbum pour Labrang ; mais à cette époque la région était en guerre : « ... Les choses vont mal dans la région, les soldats ont brûlé plusieurs lamaseries dans le Sud et pillent celles de Lhabrang dont un grand nombre de lamas se sont enfuis. Il paraît que le Général se propose d'attaquer une autre lamaserie, proche d'ici, et sur celle de Kum-Bum les amendes pleuvent » ; « Je ne sais comment j'aimerai Lhabrang. Le ton y est autre qu'à Kum-Bum. Plus austère et plus intolérant. L'étranger n'y est pas accueilli civilement comme à Kum-Bum et les missionnaires n'ont pas osé se risquer dans son voisinage. J'ai plusieurs connaissances parmi les lamas du lieu et les invitations ne m'ont pas manqué. Par malheur, ou bonheur, je ne sais qu'en penser, je suis invitée par les deux fractions dont la querelle a causé la révolte de l'année dernière, la mort de plus de deux mille tibétains et celle d'un millier de soldats musulmans et chinois. La situation est un peu difficile mais je compte m'arrêter en route chez une femme lama, une abbesse très vénérée dans le pays et femme aimable sans prétention, qui habite à une journée de marche de Lhabrang, je prendrai l'air du lieu avant de m'aventurer ! » (*Journal de voyage*, 2).

Avant de m'endormir je pense aux généraux de Tiananmen, qui étaient à Kumbum aujourd'hui, bottés et décorés. Le gouvernement leur a offert un voyage organisé à travers la Chine pour les récompenser d'avoir écrasé si bien la révolte étudiante. Un guide hurlait dans un micro. Ils se suivaient comme des automates, en se faisant photographier avec les moines. Nous avons dû attendre la fin de leur visite pour recommencer à filmer.

25 août

Départ de Xining à 9 h. Nous quittons avec un plaisir non dissimulé notre cher Tang, le chauffard de la voiture d'Alice. Nous voulons essayer de rejoindre Labrang ce soir. Pour Jeanne, qui connaît la route, cela semble assez douteux, surtout sous une pluie battante. Et le trajet compte plus de cinq cents kilomètres. De fait, nous mettons plus de trois heures pour parcourir les cent premiers kilomètres tant la chaussée est glissante. A travers les vitres embuées de la jeep, nous distinguons à peine l'extérieur où alternent grosses installations industrielles et paysages campagnards. Nous avons quitté le Qinghai et sommes maintenant dans la province du Gansu. Là, prenait fin la Grande Muraille qui marquait la frontière entre l'Empire et le monde barbare. C'est par le Gansu que le bouddhisme a pénétré en Chine et au Tibet oriental. Cette région au passé prestigieux est aujourd'hui l'une des plus pauvres du pays, malgré un sous-sol extrêmement riche, qu'une exploitation récente ne menace pas d'épuiser du jour au lendemain. Les minorités musulmanes l'habitent et le désert ne cesse d'avancer, accentuant un climat déjà aride.

Pour l'instant, il pleut des cordes. Je suis avec Jeanne et Gyurme. Dans la voiture, il fait bon. J'ai l'impression d'être dans le ventre de ma mère. Gyurme nous traduit, du tibétain à l'anglais, l'histoire de l'arbre sacré de Kumbum. Jeanne s'endort sur mes genoux, pendant que Gyurme me fait la lecture. L'ambiance est agréable, avec notre vieux chauffeur qui nous offre du thé au jasmin de son thermos.

Nous nous arrêtons à midi et demi dans une ville industrielle, Hekou, où nous prenons un repas chinois fabuleux dans un restaurant situé au premier étage d'un bâtiment qui aurait pu être construit à l'époque du Bauhaus, avec des baies vitrées à quatre pans, très hautes. Mais la décoration intérieure plastique, bleu ciel et doré, ferait plutôt années 50 !

Des Chinois attablés derrière nous n'arrêtent pas de parler. Ils jettent le bras droit au milieu de la table et comptent avec leurs doigts en scandant des chiffres à tue-tête. Leurs enfants et leurs femmes les regardent d'un air ennuyé. Puis, ça les prend comme une envie pressante, ils se remettent à baffrer, jusqu'à ce que, brusquement, l'un des hommes lance à nouveau un chiffre — et c'est reparti dans les hurlements...

Les conditions faites ici à l'homme par l'homme paraissent plutôt destinées à des animaux : habitat pouilleux dans des villes miteuses, usines-prisons comme l'Europe en a connu il y a cent cinquante ans. Une profonde tristesse se dégage de tout cela. Comment peut-on être heureux et croire en la vie dans un environnement aussi dépourvu de beauté ? Comment un homme peut-il éprouver de la tendresse pour sa femme, quand il rentre chez lui et qu'il n'a qu'une méchante paillasse pour l'aimer, dans une pièce qui n'est qu'un cagibi minable ? Ces gens vivent comme des chiens, et leurs visages sont tristes et durs.

Nous quittons Hekou en toute hâte. Le ciel s'éclaire. Vingt kilomètres avant Lanzhou, capitale du Gansu, nous traversons le Fleuve Jaune et prenons la direction du sud pour retrouver enfin la campagne, ravissante, pleine de champs bien ordonnés, de peupliers et d'acacias. Nous admirons au passage des maisons bordées de murs en boue jaune séchée, et dont le premier étage un peu en retrait supporte une galerie de bois sculpté sur laquelle sèche le foin. Des paysans vendent leurs légumes au bord de la route. Les haricots verts ont un mètre de long ! Des charrettes tirées par des ânes transportent des ballots de plants de moutarde.

La voiture blanche crève, j'en profite pour traverser un champ et aller voir de plus près une aire de battage. Un groupe de paysans au travail (des Ouïgours, une des minorités musulmanes habitant le Gansu, mais originaires du Sinkiang, l'ancien Turkestan) m'accueille très gentiment. Ils construisent leurs meules, en hautes pyramides d'où émergent trois perches en bois. Leur aire de battage est une véritable œuvre d'art. Une vieille femme accroupie trie les petits pois secs dans un tamis de paille, large cône évasé qui évoque le chapeau d'un moine mendiant. Une autre les réduit en poudre en les écrasant avec une pierre. Cette farine constitue un élément de base de la cuisine ouïgour et tibétaine, de même que les petits pois entiers qui servent aussi de nourriture pour les chevaux. Jeanne me rejoint. Elle leur donne une photo de la Tour Eiffel. Ils ont des sourires radieux. Je leur demande l'autorisation d'aller visiter la maison qui se situe près de l'aire, ils m'y emmènent sans difficulté, et je prends une photo d'eux, devant leur maison de construction traditionnelle. Dans l'un des murs, je distingue un trou profond et étroit, je demande à un jeune homme ce que c'est. Il me fait comprendre par gestes que c'est un four qui chauffe toute la maison. J'admire leur sens pratique. La roche sablonneuse est si tendre, qu'autour de la maison ils ont creusé de vastes grottes dans lesquelles ils renferment troupeaux, réserve de fourrage, outils. L'entrée en est assez basse, en forme de portail islamique. Je me demande ce que deviennent ces cavernes quand il pleut. Est-ce que la terre fond ? Des torrents de boue viennent tout de même de tuer huit mille personnes au nord du Sichuan... Ils remplissent le chapeau de Jeanne de petits pois secs, et nous partons. Les Chinois regardent notre cadeau avec mépris, mettent quelques graines dans leur bouche, puis les recrachent bruyamment, dégoûtés.

Nous avons perdu de l'altitude et la température est beaucoup plus clémente. Le paysage change d'un seul coup. Aride et sec. Nous grimpons à l'assaut, et traversons jusqu'au soir des montagnes de terre jaune à perte de vue, à travers lesquelles notre route serpente jusqu'à quatre mille six cents mètres d'altitude. Le paysage est troué comme un gruyère, par des caves d'ermites et des habitations troglodytes.

Ces montagnes semblent avoir été déforestées. Rien n'y pousserait sans doute, si les musulmans ne s'y étaient établis. Les marchands arabes qui empruntaient la Route de la Soie ont légué d'ingénieuses techniques d'adduction d'eau, amenant celle-ci du fond des vallées pour irriguer les champs de riz, d'orge ou de maïs. Des Chinois se convertirent par la suite à l'Islam et formèrent les communautés Hui, dont beaucoup vivent dans cette partie du Gansu. Leurs mosquées furent détruites pendant la Révolution Culturelle, un soulèvement Hui en 1975 fut sévèrement réprimé. Actuellement, ils sont à nouveau libres de pratiquer et les mosquées se reconstruisent. Les collines sont cultivées dans leur moindre parcelle, en terrasses. Nous roulons sur la ligne de crête et jouissons d'une vue d'ensemble magnifique au soleil couchant : les prés et les étangs-réservoirs d'eau, les villages en terre jaune, perchés comme des forteresses sur le sommet des montagnes, la mosquée plus loin sur un autre sommet. Je regrette terriblement que le temps nous presse, car l'image d'un de ces villages et de ces montagnes manquera dans le film pour expliquer notre progression géographique.

Nous dînons à Linxia, chef-lieu du district autonome Hui. Le contraste est grand. Les Tibétains de la région, éleveurs pour la plupart, viennent ici se ravitailler chez les commerçants Hui. Cette ville était déjà un centre prospère à l'époque de la Route de la Soie, et l'on dit qu'un trafic d'antiquités a toujours lieu. Nous nous installons dans un petit restaurant très sale. On nous sert des tripes, ce qui dégoûte toutes les filles, et une soupe de nouilles infecte. Les chauffeurs ne veulent plus rouler, nous sommes en route depuis douze heures.

Nous repartons pourtant et traversons à la nuit tombée des villages aux boutiques éclairées, bien fournies en légumes de toutes sortes, bassines de plastique multicolores et habits très phosphorescents. Sur la route, des silhouettes se découpent soudain dans la lumière des phares, déversant les récoltes que « battront » les roues de véhicules qui remplacent ainsi le fléau et la force de l'homme. Nos chauffeurs, contraints de ralentir à chaque fois, grognent d'exaspération. Cependant que nous goûtons la douce sensation de rouler sur ce tapis de foin fraîchement coupé...

Nous retrouvons Christoph à Xiahe, nom chinois de la ville où nous devions dormir près de Labrang. Gyurme et lui nous ont trouvé un hôtel qui pue tellement l'ammoniaque (les clients pissent directement sur le sol), que tous nous refusons d'y coucher. Alors Christoph, dont la voiture a cassé son embrayage, convainc le chauffeur du camion de le tirer à l'aide d'une corde jusqu'à l'hôtel tibétain, enfin un ! qui se trouve après la sortie du bourg et qu'il a pu prévenir de notre arrivée en téléphonant. Est-ce loin ? Personne n'en sait rien. Cela fait dix-huit heures maintenant que nous roulons ! Nous sommes de très bonne humeur, et plutôt hystériques de fatigue et de rire, car Alice caricature ce que nous sommes en train de vivre, et imite les occupants des autres voitures avec force grimaces et un vocabulaire extrêmement inventif ! Nous sommes secouées comme des pruniers jusqu'à ce que la route s'arrête net devant un superbe portail tibétain. C'est l'hôtel de Labrang.

Ouvert il y a quatre ans, c'est une ancienne maison de pèlerins. Magnifiquement restaurée, elle est devenue un hôtel tout confort, très propre, dont le personnel tibétain est fort sympathique. Ce sont tous d'anciens exilés, qui ont vécu de longues années à Dehra Dun, dans le nord de l'Inde. Ils nous apprennent que les fonds qui ont servi à monter cet hôtel proviennent de la communauté de Dehra Dun et de celle de Taïwan. C'est une demeure digne des anciens palais indiens ou bhoutanais. Situé au bord d'une rivière, il est entouré de verdure. Un patio orné de buis et de rosiers est bordé d'une galerie sur laquelle donnent les chambres. Salles de bains modernes, jolis tissus aux fenêtres, lits en bois sculpté à la mode tibétaine, draps propres, tableaux sur les murs... Il est minuit, et sauf Nurith qui ne se sent pas bien du tout, ce sont des cris de bonheur, les visages s'épanouissent à la vue de ces cours et de ces galeries peintes, de ces escaliers en fer gravé et de ces murs de pierre sculptés.

26 août

Lever 7 h 30. Petit déjeuner dans une salle à manger aux murs recouverts de peintures sacrées illustrant différents symboles du bouddhisme. Parmi elles, la plaisante « parabole de la collaboration » : à l'ombre d'un grand arbre, se tient un éléphant, sur le dos duquel est un singe, lui-même portant un lapin, sur lequel est perché un oiseau qui picore une graine d'une branche de l'arbre... L'éléphant, c'est clair, a besoin d'ombre ; on prête au singe des talents de jardinier, arrosant l'arbre que le lapin fume par ailleurs de ses crottes ; quant à l'oiseau, il se nourrit de l'arbre et, ce faisant, pousse au vent des graines qui feront des arbres nouveaux...

On nous sert des omelettes et du bon café ! Les chauffeurs n'arrivent pas à se lever. Cette fois je les comprend ! Plus tard, ils devront tous plus ou moins réparer leurs voitures qui ont beaucoup souffert du voyage d'hier.

Vers 10 heures, nous partons au monastère de Labrang, à deux kilomètres de l'hôtel. L'atmosphère, les paysages, les gens sont à nouveau caractéristiques du Tibet oriental. Cette région, même si elle est à la limite des provinces chinoises, appartenait encore aux plateaux de l'Amdo. Les tribus goloks et autres, installées dans les environs du monastère, assuraient la nourriture des moines en échange de services religieux et de rituels.

Dans *Au pays des brigands gentilshommes,* Alexandra raconte comment le général musulman Ma Pu Feng de Xining voulut soumettre le monastère, et la lutte sans merci qui s'ensuivit. Le monastère ne fut pas détruit mais beaucoup d'hommes, nomades et moines, périrent. A partir de 1950, les moines furent dispersés et envoyés dans des camps, le monastère pillé. Lorsque le frère du Dalaï-Lama visita officiellement la région en 1979, il déclara que près de 90 % des temples qu'il avait connus n'existaient plus. Labrang est actuellement en reconstruction et on dit que l'Etat chinois alloue chaque année cent mille yuans au monastère, qui, étant donné sa proximité avec la Chine traditionnelle, fait partie depuis 1985 des lieux ouverts au tourisme. Les moines travaillent à rebâtir ce lieu mystérieux, leur cité. Les murs importants des temples, crépis en ocre, sont couronnés d'une large frise faite d'une épaisse couche de branches, fortement comprimées et coupées ras à l'aplomb du mur, formant une tranche rugueuse peinte en noir mat.

Ressortant sur l'ocre rouge des hauts murs de terre, cette frise donne son caractère original à l'architecture.

Bien que Christoph et Gyurme n'aient obtenu aucune autorisation pour filmer les intérieurs de temples, nous continuons, sans aucune gêne, à tourner comme nous le sentons. Le monastère de Labrang, fondé en 1708, a toujours été un des hauts lieux de la secte Gelukpa. Il a abrité jusqu'à quatre mille moines, dont trois cents *geshes*, maîtres érudits, et comptait autrefois six collèges. Actuellement les chiffres varient entre cinq cents et huit cents moines qui se consacrent à la dialectique, à la médecine, à l'imprimerie et aux pratiques rituelles. L'actuelle incarnation du monastère, Jamyang Zhepa, vit à Lanzhou, et veille à maintenir la tradition de dialectique qui fit la réputation du lieu.

Nous filmons avec grand plaisir toute la matinée. Les ruelles sinueuses sont très animées ; on accède par elles aux temples accolés à la montagne et entourés par les habitations des moines. Ceux-ci vont et viennent, revêtus de leurs lourds manteaux de laine bordeaux, plissés à la hauteur du col, qu'ils portent comme une cape et qui soulignent la dignité de leur maintien. Beaucoup sont très âgés, d'autres sont de jeunes novices. Une génération est visiblement absente, celle du Dalaï-Lama ; les camps de rééducation, l'exil — dans le meilleur des cas ! — y ont fait des ravages. Nettement moins de touristes et beaucoup plus de pèlerins qu'à Kumbum. Un camion débarque sur la place avec un groupe de nomades, femmes et enfants, qui arrivent directement de Lhasa après quatre jours de voyage. Leurs visages sont radieux malgré la fatigue du voyage, les hommes portent des toques de renard, les femmes des bijoux accrochés dans leurs longs cheveux. Ils vont aussitôt faire le tour de chaque temple, avant d'entrer pour se prosterner devant les images saintes dont l'une est la réplique du Jowo de Lhasa.

Pour le déjeuner, Gyurme nous commande des momos tout dorés et des thukpa (soupe aux nouilles), que nous dégustons avec appétit. Assez prospère, la ville est envahie de petits commerces. Nous filmerons encore jusqu'à dix-sept heures, temples, rue de la cité monastique, moulins à prières, ne nous arrêtant que lorsque la lumière sera devenue trop grise. Nous nous précipitons alors, Jeanne, Alice, Dr Jane et moi, vers les boutiques tibétaines qui se pressent dans la rue principale et qui vendent chapeaux de brocart, manteaux longs, bagues et antiquités. Nous allons nous défouler en dépensant un peu notre argent...

Dîner dans la belle salle à manger de notre palais tibétain, les Chinois se sont mis aux fourneaux. Nous sommes en retard et le personnel du restaurant est rentré se coucher. Alice et Dr Jane ont repéré à l'entrée de l'auberge une rumeur de musique. « C'est une boîte de nuit », leur explique le directeur de l'hôtel. Elles entraînent Gyurme. Je m'éclipse et vais écrire mon journal.

27 août

Nous quittons l'hôtel de Labrang. Il pleut. Et nous avons trois cent soixante kilomètres à faire aujourd'hui. Comme d'habitude, je prends place avec Jeanne et Guyrme dans la voiture. Nous étudions les différentes cartes de la région. Difficile, car elle fut très peu visitée, les noms de villes et de villages ont changé et sont inscrits en chinois sur la plupart des relevés. A vingt-cinq kilomètres de Labrang, les villages se succèdent, dominés par des petites gompas. Nous retrouvons nomades et cavaliers, maisons de pierres avec leur premier étage en rondins, mâts de prières qui dépassent de chaque toit. Nous sommes encore dans l'actuelle province du Gansu, mais bel et bien dans l'Amdo traditionnel. La région est très peuplée, je n'aurais jamais imaginé cela. Les montagnes environnantes sont très inégalement boisées. Nous croisons un important trafic de camions chargés de sapins et ne pouvons que constater les méfaits irrémédiables d'un déboisement intensif, au seul bénéfice des Hans. La route est en très bon état, en trois heures nous sommes à Luchu.

Nous déjeunons dans un restaurant dont la vaisselle est si sale que je ne peux m'empêcher d'imaginer, dans nos ventres, la surprise-party dansée par les microbes multiples et déchaînés. J'achète une ceinture tibétaine en cuir rouge piquée de gros clous. Nous repartons et passons en milieu d'après-midi un col à trois mille cinq cents mètres. De l'autre côté, les montagnes sont plus hautes ; à droite nous avons les contreforts de l'Amnye Machen autour desquels nous avons tourné, mais en voiture !

Dans les champs, la terre cultivée est noire et se détache sur le vert, couleur de mousse, des prairies. Les villages et les monastères détruits pendant la Révolution Culturelle se rappellent à nous, en redessinant avec des milliers de myosotis l'emplacement de chaque maison, de chaque fondation. « Ne nous oubliez pas, nous autres Tibétains, qui avons disparu de nos villages avec nos femmes et nos enfants, chassés et tués par des hommes sans cœur, qui n'acceptaient pas que nous soyons différents, qui voulaient extirper Bouddha de notre âme. Nous sommes toujours ici ! »

Nous quittons la province du Gansu et passons dans le Sichuan, où nous resterons jusqu'à Chengdu. Aussitôt, les routes deviennent mauvaises, cahotiques, pleines de pierres — mauvaises et dangereuses. L'architecture change à une rapidité impressionnante, d'une vallée à l'autre, de même que l'habitat. Les maisons ressemblent maintenant à celle de nos Alpes, avec leurs toits de bardeaux sur lesquels sont posées des pierres. Il pleut toujours, l'atmosphère est triste. Le prochain col marque la ligne de partage des eaux entre le Fleuve Jaune et la Minjiang qui coule à Chengdu. Des apiculteurs sont installés tout au long de la route et nous faisons une provision de miel tibétain !

En fin d'après-midi, nous sommes à Dzoge, Zoigé en chinois, ville-camp de concentration horrible, construite devinez par qui, mais qui possède un hôpital de médecine tibétaine extrêmement réputé. Nous nous rendons tout de suite au monastère situé au bout de la ville et qui est un véritable chantier. Il a été rasé par les Chinois en 1959. Seuls, le grand chörten blanc à l'entrée et le temple des divinités protectrices sont achevés. Nous rencontrons Aku Phuntsok, enseignant au collège de médecine du monastère, qui nous conseille d'aller voir le directeur de l'hôpital tibétain.

La médecine tibétaine, bien qu'ayant emprunté beaucoup au savoir indien et chinois, n'en présente pas moins des caractères originaux. Basée sur un système cohérent d'étude des désordres du corps humain et de l'influence des énergies, elle propose des traitements à base de plantes, de minéraux et de substances d'origine animale. Les éléments théoriques et pratiques de son enseignement sont rassemblés dans un quadruple traité, appelé *Gyud-zhi*, auquel se réfèrent tous les praticiens. Dans le Tibet traditionnel des collèges de médecine faisaient partie des monastères et le médecin était presque toujours un moine. Demain matin, nous pourrons visiter l'hôpital.

Nos Chinois ont organisé le dîner dans le restaurant qui colle à notre guest-house. Tout est poisseux et déprimant, nous souffrons pratiquement toutes de dysenterie. Quant aux fosses d'aisance, on ne peut imaginer pire... Après cette épreuve, je vais faire un tour avec Jeanne. Le soleil s'est levé en fin d'après-midi. Les échoppes jaunes qui bordent la rue sont presque toutes fermées. Les gens sont plutôt tristes et les jeunes ont l'air délinquant, traînant par groupes, misérables et agressifs. A cru sur son cheval, un enfant galope à travers la ville.

Tournage sous un ciel d'orage. *(Franz Christoph Giercke.)*

Chez nos amis nomades de l'Amnye Machen. *(Franz Christoph Giercke.)*

En route vers Tawo Gompa.
(Franz Christoph Giercke.) ►

Notre camp à 5 000 m d'altitude. *(Franz Christoph Giercke.)*

Le col au pied du glacier de
l'Amnye Machen. *(Franz
Christoph Giercke.)* ►

L'une des cimes de l'Amnye Machen. *(Snafu Wowkonowicz.)*

Nos amis de l'Amnye Machen. *(Marie Jaoul de Poncheville.)* ▶

Tente traditionnelle en poil de yak. *(Jeanne Mascolo de Filippis.)*

Une ruelle du monastère de Labrang. *(Jeanne Mascolo de Filippis.)*

Graveur de mani, pierres sacrées. *(Jeanne Mascolo de Filippis.)*

L'un des temples du monastère de Labrang. *(Franz Christoph Giercke.)*

Femmes en pèlerinage à Kumbum. *(Jeanne Mascolo de Filippis.)*

Restaurant musulman sur la route de Labrang. *(Jeanne Mascolo de Filippis.)*

Machen, capitale fantôme des Goloks. *(Snafu Wowkonowicz.)*

Au retour à l'hôtel, nous rencontrons deux spécimens d'allumés, voyageant seuls dans ces régions à tous égards difficiles d'accès. Une Allemande, voyageant depuis deux mois dans des autobus publics qui la prennent et la rejettent, lorsqu'ils s'aperçoivent qu'elle n'a aucun permis de voyage. Elle n'a pas l'air de s'en faire. Elle se retrouve dans la direction opposée de celle où elle voulait aller. Elle est étonnée par le froid et n'a visiblement rien à se mettre. On dirait une grande vache blonde et folle... Et un Suisse sale et proche de l'autisme ; quand je lui pose des questions, il rit, et c'est tout ce que j'arrive à en tirer. Je laisse tomber et vais fumer une cigarette sur le balcon de l'hôtel, seule.

Réveil brutal : musique militaire et pas de gymnastique, à tue-tête dans les haut-parleurs de la ville. Ces hurlements pénètrent mon rêve, un beau rêve qui vire au cauchemar, pas longtemps, car le tapage me sort du sommeil. Maintenant, c'est dehors que ça se passe, le cauchemar continue... De la fenêtre de ma chambre, je vois dans la rue des Tibétains hagards traînant derrière eux un cheval et des enfants, on dirait des réfugiés. Où vont-ils ? Quelle détresse sur leurs visages ! Pourquoi les Chinois ont-ils rendu ce peuple si malheureux ? Qui leur a donné le droit d'imposer leurs propres conceptions à des hommes qui en ont d'autres, diamétralement opposées ? Comment arrive-t-on à se croire plus intelligent que l'autre ? Comment se permet-on d'entraîner un peuple merveilleux dans une entreprise de crétinisation qui porte la mort ? Brouillard... puis je me mets à pleurer. Qui a laissé faire ? Et qui laisse faire ? Un gouvernement de réactionnaires, et nous tous, bien sûr ! Je me dégoûte. Nous sommes tous d'affreux lâches de ne pas défendre mieux la liberté de nos frères humains. Le vieux système de propagande, les haut-parleurs dès 7 h 30 du matin, existent encore dans toutes les villes éloignées des grands centres, des grands axes, et où il faut maintenir un contrôle de la population qui a d'ailleurs l'air de s'y être habituée. On a toutes l'impression d'avoir un mauvais poste de radio dans la tête !

Je n'ai pas besoin d'expliquer à Alice mon état. Elle comprend tout de suite. Le braillement des haut-parleurs l'a mise en état de choc elle aussi. Ce matin, je rêvais que François, son père, venait vers moi et me disait : « Viens maintenant, nous pouvons rentrer à la maison, j'ai appris à articuler les mots de ta langue. Je peux te parler — viens ! » Il m'entraînait sur une route droite au bout de laquelle je voyais un soleil rond et rouge. J'étais heureuse. Mais il n'était plus là. A sa place se vrillait dans ma tête cette horrible musique qui m'a aussitôt fait rêver que j'étais emprisonnée par des juges sans pitié, coupable peut-être de n'avoir pas marché assez droit ? Ils m'avaient séparée de lui.

Aucune envie d'aimer nos Chinois ce matin. Je descends dans l'infâme salle à manger et trouve Nurith, Claire et Sybil attablées devant leur petit déjeuner, en compagnie de Chinois qui semblent très gênés par cette promiscuité. Mes larmes n'arrêtent pas de couler pendant le petit déjeuner. Je ne peux rien avaler. Heureusement, Gyurme nous emmène visiter « le grand docteur », Lopon Aku Tenko, que Gyurme et Dr Jane ont rencontré hier soir et qui leur a promis de nous faire visiter l'hôpital. C'est un homme fin et cultivé, d'une cinquantaine d'années, avec de grandes oreilles et un visage taillé au couteau qui parle avec autant de facilité son dialecte local que le tibétain classique et le chinois. Il est moine, et ancien élève de Geshe Lobzang Palden, de Labrang. Il a mis un costume Mao sous sa blouse blanche, il ne porte ses robes monastiques que lorsqu'il enseigne au collège médical. Médecin depuis quinze ans, il enseigne également au monastère. La nouvelle rentrée, d'une cinquantaine d'étudiants, aura lieu le trois septembre de cette année et l'enseignement dure quatre ans. Les étudiants viennent de toute la province du Sichuan et sont presque tous d'ethnie tibétaine. Certains sont moines, d'autres laïcs. L'examen d'entrée à l'école de médecine consiste en quatre matières : poésie et littérature, composition, grammaire et médecine. Le *Gyud-zhi* reste l'ouvrage de base, mais l'enseignement est dirigé vers l'étude des maladies de chaque organe.

L'hôpital se trouve à quelques kilomètres de la ville. Bâtiment moderne à la tibétaine avec une façade décorée et une grande croix rouge au sommet du bâtiment. Il a été construit vers 1980, financé par le gouvernement chinois : c'est un hôpital d'Etat. Nous visitons les réserves de plantes rangées dans des coffres en bois, puis le docteur nous montre les bocaux contenant les médicaments prêts à la consommation. Les dix-neuf médecins de l'hôpital et leurs élèves cueillent eux-mêmes les plantes médicinales qui poussent dans les environs. D'autres médicaments sont achetés à des commerçants spécialisés. Les médicaments d'exception sont préparés manuellement avec un pilon et un mortier ; les médicaments d'utilisation courante sont fabriqués dans une petite usine qui jouxte l'hôpital. Là, avec une machinerie simple, rouge pompier, deux femmes en vêtements stériles conditionnent des pilules noires sphériques. Nous allons ensuite à la pharmacie, où sont dispensés les médicaments. Parmi eux, Dr Jane aperçoit avec soulagement un pot qui porte un nom familier : tétracyline. En moyenne, l'hôpital traite quatre-vingts patients par jour. Les maux principaux dont ils se plaignent sont l'arthrose, la bronchite, les maladies hépatiques et digestives. Nous visitons également la bibliothèque des textes sacrés médicaux. Nous n'avons pas assez de temps pour tourner, c'est très dommage. Nous achetons chacune une boîte joliment décorée qui contient une « poudre magique », espèce de reconstituant à prendre en cas de mauvais état général sérieux.

Nous repassons par Dzoge pour prendre nos sacs et, tout en discutant avec Wang, le seul de nos chauffeurs à connaître la région pour y avoir travaillé dix ans plus tôt comme mécanicien, nous apprenons que Ngawa (Aba en chinois), région très connue sur le plateau tibétain, ne se trouve vraiment pas loin d'ici et que le coin vaut le détour ! Cette marque d'intérêt, si rare de la part de l'un de nos Chinois, est aussitôt prise en considération. Nous réussissons à convaincre le reste de l'équipe, non sans mal, car vraiment ils n'aiment pas les détours, et prenons la direction de Ngawa qui fut l'un des berceaux de la religion Bön.

Le Bön était la religion qui prévalait au Tibet avant l'introduction du bouddhisme. Elle puiserait ses origines dans le culte de Zoroastre de l'Iran ou dans le bouddhisme du Cachemire. Au Tibet, elle fut intégrée aux croyances locales qui visaient à vivre en harmonie avec les esprits et les forces de la nature. L'exposé systématique de sa doctrine aurait eu pour premier terrain Zhangzhung, près du Mont Kailash, dans le Tibet occidental. Des érudits tibétains ont mis en évidence trois phases dans le développement du Bön au Tibet central. La première est associée à la légende des Rois divins immortels ; la seconde concerne des rites funéraires pratiqués par des prêtres magiciens ; la troisième marque l'assimilation de la religion Bön par le bouddhisme.

Il semble très difficile même aux spécialistes de définir de façon précise ce qui fut autrefois le culte officiel de la monarchie tibétaine et, que l'activité de Padmasambhava plaça en retrait. Malgré leurs différences d'interprétation et de pratiques, bönpos et bouddhistes ont su faire preuve les uns envers les autres de tolérance et de respect. De nos jours, les principaux centres bönpos se trouvent à Tengchen dans le Kham, à Yungdrinling et Menri dans le Tibet central, et dans la région de Ngawa en Amdo. La plupart des maîtres bönpos qui vivent en exil, près de Simla en Inde, sont d'ailleurs originaires de Ngawa.

La plaine que nous traversons à la sortie de Dzoge est envahie par d'immenses troupeaux, les tentes brunes sont très nombreuses.

Près de la route, des nomades se regroupent et s'affairent autour d'énormes bidons de lait en aluminium. C'est le jour du ramassage collectif. Les pâturages sont riches. Beaucoup de bêtes sont regroupées près des tentes ; c'est l'époque de la tonte, à grands coups de ciseaux on rase les moutons dans les enclos. Après un premier col, nous redescendons dans une cuvette tout aussi large, une mer de verdure. C'est celle de Tangor. L'habitat change du tout au tout : les maisons semblent des petits cubes rectilignes, émergeant d'un mètre au-dessus du sol. Elles sont creusées dans la terre, dont les déblais forment autant de buttes herbeuses. Leur entrée est comme celle des mines, étayée par des poteaux de bois. Les murs d'enceinte sont recouverts d'herbe, de même que les toits, comme pour les camoufler. Devant chaque maison, le chörten est fait lui aussi d'un monticule d'herbe sur lequel on a planté quelques brins d'orge. Cet habitat surprenant domine jusqu'au village de Wachen, puis laisse de nouveau la place aux tentes et aux troupeaux.

En bordure de la route s'étend un grand champ de drapeaux autour d'un grand moulin à prières et d'un trône, celui du Panchen Lama qui vint consacrer le lieu et y dispenser un enseignement. Nous avons remarqué à plusieurs reprises des photos de lui dans les temples et les boutiques. Il semble très vénéré par ici. Il est mort soudainement au cours du printemps 89 dans des conditions pas éclaircies encore... Des cavaliers tournent tout autour du site, dans le sens des aiguilles d'une montre.

La route est à présent environnée de cascades et de rivières dont le cours doit souvent contourner d'énormes rochers arrondis. Les arbres commencent à réapparaître.

Nous bifurquons vers l'ouest pour Ngawa. Nous traversons des forêts de pins, enfin ce qu'il en reste. D'innombrables troncs d'arbres, centenaires, jonchent les flancs de montagne, coupés par l'armée chinoise. Difficile de ne pas être choquée par ce spectacle d'horreur. Et impossible de ne pas faire allusion une fois encore à cette activité de colons criminels. A 18 h 30, nous passons un col à près de quatre mille mètres et, descendant la nouvelle vallée, nous découvrons les demeures villageoises, grosses bâtisses de terre très hautes, avec, en leur centre, au dernier étage, à six ou sept mètres du sol, l'habitation en bois peint, entourée de terrasses.

Le paysage a été étonnant de variété, changeant d'une vallée à l'autre. Autour de la ville de Ngawa, les châteaux de terre jaune, aux volumes arrondis, sont très hauts et imposants. Nous voici maintenant au centre de Ngawa, énorme, nouvelle sans être antipathique pour autant. C'est une ville d'environ quinze mille habitants, à l'atmosphère moderne mais vivante. Beaucoup de boutiques et de signes extérieurs de confort. Je me souviens avoir souvent rencontré, à Lhasa ou ailleurs, des Tibétains commerçants de Ngawa.

Dans la ville, les moines que l'on rencontre portent des chemises bleu-marine sous leur robe grenat, signe qu'ils sont Bön. Les femmes, richement parées, sont les plus belles que j'ai jamais vues au Tibet, où elles ne font pourtant pas défaut. Leurs visages sont fins, la bouche sensuelle, les yeux bordés de longs cils noirs, le nez épaté. Elles sourient beaucoup et font naturellement du charme. Nous déposons nos affaires dans un hôtel sans grâce, mais bien dégoûtant, et repartons filmer un village de ces majestueux châteaux forts de terre. Au détour d'une colline, grimpée à pied, nous avons la chance d'avoir en premier plan un jeune garçon et une jeune fille qui font les foins. Ils animent parfaitement la scène, avec au loin le village, et continuent à travailler sans s'occuper de nous. La lumière rasante sur les grandes fermes fortifiées en pisé, striées de bandes blanches, est superbe.

Au retour, nous allons dîner dans un petit restaurant de la ville, où les gens sont très jeunes et chaleureux. Un jeune couple, moins de dix-huit ans, nous montre son bébé, adorable poupée aux yeux bridés. Nous jouons avec lui et il passe de genoux en genoux. En rentrant à l'hôtel, je m'arrête dans plusieurs bistrots : de jeunes Tibétains dansent sur une musique pop, ou bien jouent au billard dans la rue, ou encore s'énervent sur des ordinateurs. La mode des jeux de foot électronique bat son plein ici. C'est étrange de voir ces beaux Goloks, avec leurs habits d'un autre siècle, manipuler ces machines !

A Ngawa, trois traditions principales sont représentées : Gelukpa, Jonangpa et Bön. L'école Jonangpa, florissante du XIVe siècle au XVIIe siècle, adopta des fondements doctrinaux découlant de l'interprétation selon laquelle les attributs de la nature du Bouddha n'ont pas la vacuité de leur propre essence, ce qui serait identique au nihilisme, mais au contraire sont vides de toute impureté. Au XVIIe siècle, après la mort de Taranatha, un historien célèbre, le pouvoir politique des Gelukpa mit les écrits sous scellés, et les monastères furent rebaptisés Gelukpa. Malgré tout, on dit que certaines lignées se sont perpétuées en Amdo et en Mongolie. Une preuve nous en est fournie, que nous allons voir et toucher, ce qui nous excite grandement. Je suis heureuse à l'idée que nous allons être les premiers à filmer ce monastère unique au monde.

29 août

Le réveil est un peu dur ce matin. Trop de tensions affectives, psychologiques, politiques. Nous sentons qu'il nous reste beaucoup de travail et peu de temps. L'équipe chinoise nous talonne, ne pensant qu'à une seule chose : en finir le plus vite possible. Nurith et moi aimerions bien rester à Ngawa, tourner un portrait de cette ville. Mais nous devons aussi aller à Dergé, filmer la plus ancienne imprimerie du Tibet, et ne pouvons pas revenir sans cesse sur un programme établi en accord avec les Chinois. Ngawa a la particularité d'être une ville riche et jeune, où les mœurs sont modernes et traditionnelles tout à la fois. Les activités commerciales y sont très diversifiées (l'industrie du cuir, de la laine, du sel, les computers, les motos). La paysannerie « moyenâgeuse », les commerçants tibétains à cheval qui vont avec leurs caravanes de yaks, les femmes avec leurs belles robes et leurs bijoux, les jeunes loulous tibétains qui pétaradent sur leurs motos, les boîtes de nuit pourvues de light-shows, les jeunes filles tibétaines aux cheveux courts qui servent les clients en dansant sur une musique de synthétiseur… tout cela est un tel mélange de contradictions, que nous nous sentons très inspirées. Difficile de choisir. Après consultation des uns et des autres, nous nous résignons à poursuivre notre route. Mais avant de repartir, nous prévenons fermement notre équipe chinoise que nous irons tourner une séquence au monastère de l'école Jonangpa.

Le monastère, appelé Setenling, se trouve à l'extérieur de la ville. Un grand bâtiment principal est entouré de petits temples annexes et des habitations des moines, le tout ceint d'un « mur-couloir de moulins à prières ». Nous arrivons juste pour le début des cours, les moinillons affluent par toutes les ruelles. Ils nous disent que huit cents moines sont affiliés à ce monastère, mais que beaucoup sont en retraite. Leur tradition fut fondée par Nawang Dorje, et le grand historien Taranatha transmit ses enseignements. Dans le Lhakhang principal, nous trouvons des représentations récentes de ces deux hauts personnages, ainsi qu'une vitrine en verre renfermant une botte ayant été portée par Taranatha. La bibliothèque comprend les volumes du Kanjur de Dergé et des œuvres Jonangpa, tels les vingt-huit volumes rassemblant l'ensemble des écrits de Taranatha.

Nous filmons l'intérieur puis l'extérieur d'un petit temple que de jeunes moines sont heureux et fiers de nous montrer ; ils viennent d'en finir la construction et la décoration intérieure. Les dieux sont avec nous ! Le temple des divinités protectrices renferme des images également singulières. Devant l'entrée, est érigé un cairn fait de pierres gravées, de tissus, de drapeaux de prières et de mâts qui ressemblent à des flèches, peut-être une autre expression de ces offrandes aux génies locaux qui assurent la protection des lieux sacrés.

L'abbé principal est Thupten Dorje Hua Rimpoche, qui nous invite dans sa maison. Il me bénit en me touchant la tête et m'offre une khatak, écharpe blanche de bienvenue. Au premier étage, dans la pièce où il vit, mange et dort, se trouve un autel privé avec de magnifiques statues, thankas et livres. L'une des thankas représente Taranatha entouré de divinités. L'abbé est un personnage infiniment sympathique et parfaitement jovial ; nous le filmons dans son jardin, au milieu de ses fleurs, capucines et gardénias. Grand et gros bonhomme boiteux, pieds nus, cheveux hirsutes et blancs, gros nez, il pose très dignement, appuyé sur sa canne. Nous filmons aussi un potier, qui fabrique une petite statue de Bouddha en argile, pour l'un des temples du monastère.

Gyurme est fou de joie : le lama lui a offert le livre des enseignements des Jonangpa. Il va pouvoir traduire en anglais des textes entièrement ignorés jusqu'ici dans le monde. Il a obtenu de lui et de ses moines une foule de renseignements, dont il dit que cela apporte un éclairage nouveau sur une période particulièrement obscure de l'histoire des écoles bouddhiques.

Les moines de ce monastère sont les plus gentils, les plus souriants que nous ayons rencontrés jusqu'alors. Heureux que nous nous intéressions à eux. Nous les filmons, assis sur le perron du temple principal, en une seule rangée, récitant à voix haute les textes sacrés, sous l'œil vigilant de leurs instructeurs. Pendant ce temps, un office important a lieu à l'intérieur et des milliers de lampes à beurre brûlent dans la pénombre. L'envie ne nous manque pas de rester avec eux plus longtemps...

Il est 13 h 30 lorsque nous leur faisons nos adieux, et malgré la réticence de nos chauffeurs, qui veulent déjeuner et reprendre la route immédiatement, nous filmons à la sortie du monastère un village avec cette architecture unique, ces impressionnants châteaux de terre à terrasses. Des yaks chargés de foin rentrent dans l'une des cours, juste au bon moment !

Nous retournons déjeuner à Ngawa. Je voudrais ensuite filmer le monastère Bönpo. Les chauffeurs sont furieux du retard que cela va nous faire prendre mais finissent par se laisser faire. C'est, commente Gyurme, à deux kilomètres, sur une petite route en terre, sur la gauche en partant de la ville… Puis il doute, il n'est pas sûr, et les Chinois en profitent pour vite changer d'avis et signifier à Gyurme qu'ils n'ont pas de temps à perdre.

Je suis très déçue. Je suis dans la voiture de Nurith, Claire et Sybil. Alice, Dr Jane, Jeanne et Gyurme sont avec mon vieux chauffeur Wang. Jeanne est de mauvaise humeur et triste, j'ai voyagé avec elle hier et j'ai essayé de la dorloter. C'est difficile, le travail d'assistante réalisatrice. Qu'on le veuille ou non, être celle qui assiste, et pas celle qui prend les décisions, tout en étant concerné par tout demande énormément sur le plan physique et psychologique. Rester en retrait et dévouée est un rôle très délicat. Ne pas montrer son désaccord ou ses ressentiments, proposer son savoir et l'offrir aux autres sans bénéfice direct, être toujours derrière la réalisatrice et solidaire, sans jamais se mettre en avant ou la contredire, cela suppose une grande dose d'intelligence et de générosité. Je pense à tout cela, et j'admire d'autant plus Jeanne, qui s'en sort très bien malgré quelques révoltes intérieures que je sens sourdre par moments. Jeanne est parfaitement capable de se contrôler dans les moments épineux.

Mon rôle n'est pas facile non plus. J'ai la responsabilité de mon équipe de femmes, qui, malgré la forte personnalité de chacune, me rend comptable ou coupable de chaque problème, grand ou petit, on se sert de moi comme la maman qui peut tout arranger. Pour ce qui est de Nurith, j'ai ma façon de négocier ce que je désire d'elle. Ce n'est pas du tout une question d'autorité, mais d'amour. Mais c'est si agréable de critiquer le chef et de se dire qu'on ferait mieux que lui…

Nous redescendons jusqu'à Longriwa par la même route empruntée hier. Puis de là, passons un col à trois mille cinq cents mètres qui marque une fois de plus la ligne de partage des eaux entre deux rivières importantes, la Minjiang, que nous connaissons bien déjà, et la Gyarong que nous allons suivre. La vallée, plutôt aride, se transforme vite en gorge très encaissée, couverte de forêts de genévriers. L'architecture change aussi, et semble correspondre à la transformation du relief et du paysage. Nous sommes maintenant dans un pays de forêts et serpentons dans le fond de la vallée, devenue encore plus profonde. Les maisons de pierres sont hautes, trois étages ; des dessins blancs ornent les murs et les fenêtres, emblèmes auspicieux comme la svastika, symbole des forces cosmiques qu'Hitler considéra à tort comme celui de la race aryenne.

Des tours de trente mètres en ruines ou encore en état, surgissent dans la brume épaisse. Ce sont les fameuses tours « à neuf étages », à la base parfois étoilée, caractéristiques de cette région du Gyarong, et qui avaient à la fois une fonction défensive et celle de souligner le prestige de son propriétaire. La vallée fut très longtemps le bastion des Bönpos et des sectes bouddhiques Nyingmapa. Yudra Nyimgpo, célèbre maître Nyingmapa du VIIIe siècle, naquit dans cette vallée, tout comme de nombreux disciples de Padmasambhava qui propagèrent la « voie de la grande perfection » dans la région. A la fin du XVIIIe siècle, l'armée mongole qui soutenait les Gelukpa pénétra dans la région et réussit à convertir la population bön au bouddhisme gelukpa qui reste à l'heure actuelle fortement implanté. Ce pays est riche, chaque parcelle de terre encore accessible est cultivée. Blé, orge et maïs. Il paraît que les forêts sont pleines d'ours... Quant aux femmes, celles que nous croisons sur la route ont des coiffes bleu marine et noir, et sont d'une grande élégance, plus sobre toutefois que chez leurs sœurs des hauts plateaux ; mais elles portent de l'or aux oreilles !

Nous sommes de nouveau dans les vallées du Kham, aux confins de la Chine. Les variations dans les mœurs, l'architecture ou le costume sont fonction de l'importance des relations avec les populations voisines. Or, pendant très longtemps, ces influences réciproques n'ont guère joué, ici. Les « Marches tibétaines », régions frontières, étaient isolées des centres politiques du Tibet central et de la puissance de l'Empire du milieu, d'accès difficile, occupées par des groupes humains longtemps restés indépendants, que Stein a étudiés dans *Les Tribus anciennes des marches sino-tibétaines*[1]. Quelques rares voyageurs s'y sont aventurés. Bacot, Guibaud, Liotard ainsi que les missionnaires français et anglais qui s'y étaient installés, la première fois qu'il en vint au Tibet.

Six heures de cette fantastique route et nous arrivons à 21 heures à Barkham, ville moderne, aujourd'hui capitale de la Province autonome de Ngawa, après avoir traversé dans l'angoisse un secteur complètement détruit. De gigantesques glissements de terrain repoussent la chaussée tout au bord du précipice, les mines éclatent dans la montagne et font dégringoler des rochers sur la route. Les chauffeurs sont verts de peur, moi aussi. Mais nous devons passer coûte que coûte, car demain sera sans doute pire, la pluie tombe sans discontinuer et travaille la roche pourrie, qui ne demande qu'à se détacher par pans entiers, risquant de

1. Institut des hautes études, 1961.

nous fermer la voie pour des jours ou des semaines... Soudain une énorme pierre s'écrase entre les deux premières jeeps. Pendant un moment, notre chauffeur ne veut plus continuer, terrorisé ; puis il repart, entraînant les autres voitures, chacun gardant les yeux rivés sur la partie droite de la route, côté montagne.

Notre itinéraire ayant changé en cours de route, nous possédons bien peu d'informations sur toute la région de Barkham, ville importante et de construction récente. Il nous faudra traverser tout un réseau de vallées demeurées à l'écart de... beaucoup de choses, où le mode de vie traditionnel s'est perpétué.

A Barkham, des pétards éclatent de tous côtés et nous rencontrons des femmes couvertes de bijoux qui sortent d'une maison illuminée dans laquelle a lieu une fête de mariage. Elles ont l'air bien « parties » et boivent de la bière à la bouteille. Puis nous allons dîner dans une vaste salle, une annexe de notre hôtel HLM, qui est évidemment crasseux mais dont on pourra peut-être tirer un peu d'eau chaude... Nurith aimerait que je convainque Christoph de retourner à Ngawa et d'abandonner Dergé ; elle pense que nous voyageons trop et ne rentrons profondément dans aucun sujet. Mais Christoph refuse et sort en ville avec Zhou, Gao Che et Gyurme, pour aller boire entre hommes.

Je suis hagarde de fatigue et très sale. Pourvu que je puisse me laver demain. Je n'en peux plus.

30 août

Il y a eu un orage extrêmement violent pendant la nuit. Les éclairs et le tonnerre semblaient vouloir faire sauter les carreaux. J'ai très peu dormi. Départ de Barkham. Mauvaise humeur des Chinois provoquée par ces trombes d'eau qui n'annoncent rien de bon et le retard que nous avons pris Nurith et moi, à discuter de la suite des événements dans nos chambres. Shao Lin fait irruption et dit, en ne s'adressant qu'à Nurith, que tout le monde nous attend. Je lui fais remarquer qu'il peut me dire bonjour le matin, et même me faire un sourire. Fou de rage, il sort en claquant la porte.

Enfin, nous démarrons à la queue leu leu et continuons l'expédition par une route extraordinaire dans les gorges couvertes de pins, où de nouveau les maisons changent de style à chaque vallée. Malgré le mauvais temps qui persiste, nous sommes émerveillées par ce que nous voyons. Nous continuons de suivre la vallée de la Gyarong, très encaissée. Les tours en ruine ponctuent notre parcours, communiquant leur mystère à l'ensemble du paysage. Les maisons sont entourées de cultures en terrasse, maïs, fèves, sarrazin. Construites sur une base en pierre, avec un étage en bois et une galerie où sèche le foin, elles sont ombragées par les peupliers, les noyers ou les saules. Nous avons déjà vu ce type de maisons à l'aller sur la route de Kanzé. Un peu plus loin, un lieu sacré où nous nous arrêtons. Une tour majestueuse domine la rivière. Ce n'est pas une tour de guet ; elle est peinte en blanc, rouge et noir, couleurs des monastères. A côté, un petit temple avec un mur de mani et des moulins à prières. Un panneau indique que cette tour rend hommage à Milarepa, le grand saint et poète tibétain, qui dut pour obtenir l'enseignement de son maître Marpa bâtir, seul, toute une série de tours que celui-ci lui faisait ensuite démolir afin de tester sa détermination. Suit la liste des donateurs ayant financé la construction de l'édifice, dont le Panchen Lama. La route grimpe ensuite à l'assaut d'un col, à quatre mille mètres. Nous revoyons les tentes de nomades et leurs troupeaux et l'autre versant est plus sauvage. Nous ne sommes plus qu'à cinquante kilomètres de Trango et les maisons basses des Horpas, en rondins de bois marron, réapparaissent.

Les Chinois ne m'adressent plus la parole. Quoi de plus défoulant que de coller sa mauvaise humeur sur le dos du chef qui, en outre, a le défaut d'être une femme ! Le retard ce matin, c'était de ma faute... Christoph souffre d'une allergie qui lui fait gonfler le visage et les mains. Allergie aux sept sorcières sans doute. Il est « cloqué nylon ». Le trajet n'en finit pas. Nous arrivons à Trango à 18 heures. Je suis déprimée : vingt-trois personnes caractérielles, dont moi, c'est lourd à supporter pendant deux mois, jour et nuit !

Je pars aussitôt me promener avec Jeanne. Le monastère est reconstruit. Comme son nom l'indique, Trango, « sommet du rocher », est situé en haut de la colline qui domine le confluent de la Shechu et de la Nichu. Trango était l'un des cinq royaumes horpas de la région, établi au XVIIe siècle. Il passa en 1865 sous le protectorat de Lhasa et, à la fin du XIXe, une colonie chinoise s'installa. Actuellement, le château est en ruines, et, du monastère ayant jadis abrité plus de mille moines, seuls trois temples ont été relevés. Les demeures des moines s'étagent alentour, sur les terrasses en terre blanche de la colline.

Dans le marché, les baraquements chinois aux toits de tôle contrastent péniblement avec les maisons traditionnelles. J'achète pour cinq yuans (dix francs) deux pendentifs en argent et des tas de gris-gris bouddhistes très jolis, petits morceaux d'ambre percés de pierres de couleur, que les Tibétains attachent à leurs chapelets. Christoph et Gyurme nous retrouvent en ville, et nous offrent une soupe et de la bière dans un petit restaurant en préfabriqué, tenu par un jeune couple chinois très accueillant.

Dîner à l'hôtel, mais je n'ai plus faim. Zhou est revenu de Chengdu avec Liu « le Belge » ; un nouveau chauffeur à l'air ouvert et sympathique arrive avec eux dans une autre jeep, rapportant la pellicule que nous avions commandée de Xining à F. Productions. Ils nous avaient quittés à Labrang et nous nous étions donné rendez-vous ici ; pour une fois, tout fonctionne comme prévu ! Je ne supporte pas de rester à table, je m'enfuis dans ma chambre. Mon seul désir, être enfin seule avec moi-même.

31 août

Christoph et Gyurme partent à 6 heures pour Dergé, y préparer notre arrivée. Chaque fois que nous allons quelque part, il faut au préalable que Christoph se présente aux différents responsables de l'autorité locale, pour décliner son identité, ses intentions, ses permissions, etc. A cet égard, rien n'a changé depuis l'époque d'Alexandra. De plus Dergé reste, comme Jyekundo d'ailleurs, un point sensible et chaud. Les Khampas sont réputés pour leur animosité vis-à-vis du régime chinois, et nos accompagnateurs ne sont pas très rassurés à l'idée de séjourner là une pleine semaine.

Nous démarrons plus tard, après un réveil en fanfare à 7 heures, avec les haut-parleurs qui diffusent par toute la ville les informations que l'on peut écouter à la radio, mais c'est tellement mieux quand tout le monde en profite ! Je suis dans la voiture du « Belge ». Nous parlons de la Chine, de l'industrie, des salaires. Nous comprenons qu'il nous considère comme des gens extrêmement riches, tant le fossé est énorme.

Les maisons en rondins rouges, toujours, les moissons, puis la magnifique vallée de Kanzé que nous connaissons déjà et que nous traversons sans nous arrêter. Aujourd'hui le soleil est là, la vue est superbe. Dans la rivière nous repérons des chercheurs d'or ; toute la population, moines compris, est dans les champs en train de moissonner.

Nous repérons ce que nous allons filmer au retour de Dergé, quand nous repartirons vers Chengdu : le village dont les maisons sont toutes peintes en rouge bordeaux, la gompa en reconstruction, puis le village fortifié de Beri et, enfin, le monastère de la ville de Kanzé et sa place. Nous roulons jusqu'à 14 heures.

Déjeuner à Manigango, à quatre-vingt-quatorze kilomètres au Nord de Kanzé dans une région de pâturages. C'est un carrefour de routes importantes, ouvrant notamment sur la Région autonome du Tibet. A la sortie du bourg, nous pénétrons dans une vallée beaucoup plus alpine. Nous nous arrêtons au lac de Yilhun Lhatso entouré de hautes montagnes traversées par une langue glaciaire qui semble se jeter dans le lac. Ce lac est sacré, tout autour les rochers sont entièrement sculptés du mantra « Om mani padme hum ». La route grimpe de nouveau vers un col, le Tro-la qui se situe à quatre mille neuf cent mètres dans un environnement austère et minéral. Quel contraste avec la vallée de Kanzé, traversée trois heures plus tôt. Notre chauffeur Wang se sent très mal en altitude, il a eu un œdème aux poumons il y a quelques années, et nous l'envoyons nous attendre plus bas, sur la route de Dergé, pendant que nous tournons.

Dergé se trouve blottie au creux d'une vallée, à trois mille trois cents mètres d'altitude. Capitale de l'ancien royaume du Dergé, le plus grand et le plus puissant des cinq royaumes du Kham, elle en préserva l'indépendance jusqu'en 1865, date à laquelle il passa sous le contrôle de Lhasa. Au début du XXe siècle, les armées de Chao Erh Feng l'occupèrent, l'intégrant ainsi à la Chine.

Nous avons toutes les chances : nous tombons juste la veille du Festival de la pluie. Des tentes blanches sont plantées le long de la rivière, en dehors de la ville. Mais Christoph n'est pas là lorsque nous arrivons. Les chambres sont distribuées n'importe comment, ce qui provoque ensuite quelques prises de bec désagréables entre Christoph et les femmes. Nous ne supportons plus rien, et la mesquinerie des uns et des autres aujourd'hui déborde !

Quatre semaines de fièvre maintenant. Que faire ? Dr Jane vient m'ausculter et me redonne sept jours d'antibiotiques. Je relis l'histoire de Dergé, dont les premiers temples furent Böns, puis devinrent assez rapidement Nyingmapa, avant de finalement se rallier aux Sakyapa et Kagyupa. Le grand monastère de Dergé était réputé pour son imprimerie, fondée en 1729, qui se chargeait d'éditer des textes appartenant aux différentes écoles. A cette époque, on recensait environ mille moines. Il y en a aujourd'hui une centaine. Le Festival de la pluie, qui dure deux jours, célèbre précisément la fin d'une retraite d'un mois que les moines font à l'époque de la mousson, depuis l'époque de Sakyamuni.

Kham

1er septembre

Je vais à pied, par un petit chemin de terre menant aux tentes. Il règne un épais brouillard. La perspective d'assister à un festival plus modeste et moins manipulé que celui de Jyekundo me plaît tout à fait. Des gens sont déjà là, circulant, la mine ouverte et joyeuse ; il en arrive de plus en plus, au fur et à mesure que la brume se dissipe. L'encens et le genévrier brûlent en différents points du petit champ, la fumée joue avec le soleil qui se lève. Tout le monde s'est mis sur son trente et un. Les femmes sont parées de rangs de turquoises accrochés à leurs cheveux nattés ; leurs mains sont couvertes de bagues. Les hommes, bottés de neuf, ont la tête ceinte de nattes de soie rouge. Jeanne m'a rejoint, elle saura marchander s'il le faut.

Une grande tente d'apparat se dresse, blanche, décorée de symboles auspicieux en tissu bleu. A l'intérieur, les moines ont accroché de très belles thankas et préparé des autels sur lesquels reposent de magnifiques tormas — des offrandes modelées dans une pâte où se mêlent tsampa, farine d'orge, et beurre coloré. Quand elles sont de grandes tailles, comme celles-ci, les tormas sont façonnées autour d'une armature en bois, pour qu'elles ne s'effondrent pas.

Cinquante moines, au moins, sont présents. Ils ont apporté des tapis et des tables basses rectangulaires, sur lesquelles ils déposent leurs objets rituels et leurs livres de prières. Un peu plus tard, assis sous la tente, ils psalmodient en chœur des textes sacrés, accompagnés par le son rauque des dongchen, les trompes télescopiques. Pendant ce temps, à l'extérieur, deux de leurs compagnons, un foulard blanc sur la bouche et le nez pour ne pas souiller le lieu, procèdent à la purification rituelle de l'aire où se dérouleront les danses cet après-midi. L'ambiance est champêtre et bon-enfant. Les vieilles femmes s'installent aux premières loges sur des petits bancs. Les commerçants ont dressé leurs éventaires le long de la rivière, au bord du sentier qu'empruntent les villageois. Et les nomades, en famille, ont pris position sur le flanc de la montagne, d'où l'on domine tout le rassemblement.

Nous tournons de 10 heures à 18 heures. Après la procession des moines revêtus de leurs plus belles robes, des danses ont lieu qui ressemblent fort à celles vues à Jyekundo, si ce n'est qu'elles sont exécutées avec plus de brio et de concentration. Gyurme nous explique que les danses illustrent deux épisodes particuliers des vies antérieures du Bouddha Sakyamuni. Nurith tourne depuis la galerie de la voiture. Dr Jane, Snafu, Alice et moi protégeons celle-ci des poussées de la foule, qui, en se baladant, ne peut l'éviter tant le champ est petit. C'est fastidieux de rester debout et de jouer les gendarmes, et je ne suis pas fâchée de rentrer à l'hôtel.

La ville tibétaine se déploie sur un versant de la montagne, au pied des temples et de l'imprimerie monastique. En contrebas, le long de la rivière dont le cours tumultueux est contenu entre deux digues en pierre, s'est construit — et continue de s'étendre — le quartier chinois. Le contraste est frappant, entre les jolies maisons tibétaines décorées avec goût et ces affreux immeubles en béton qui donnent l'impression d'être toujours en chantier. On trouve là le cinéma, les magasins et les bureaux du gouvernement. La rue principale de la basse ville est pleine de boutiques et restaurants dont les arrière-salles bâties sur pilotis surplombent la rivière. L'un de ceux-ci devient notre « cantine ». Durant le dîner, j'écoute le grondement de l'eau, qui finit par m'apaiser et me permet d'ignorer l'équipe de Chinois bruyants qui sifflent verre sur verre de leur alcool de riz.

2 septembre

Fièvre encore, 38° ce matin. Pas de petit déjeuner, je n'ai pas faim. Quelle chance pour ma ligne !

Le temple de Dergé que nous allons filmer est en reconstruction depuis trois ans. C'est en fait une restauration de l'ancien temple, appelé Lhundrupteng. Le grand hall d'assemblée est en chantier, l'allée au milieu conduit au trône de Sakya Trizin, le chef de lignée des Sakyapa.

Sur le côté, une liste de noms indique les donateurs ayant financé le programme de reconstruction. Dans le sanctuaire, dont l'entrée se trouve derrière le trône, un échafaudage s'élève devant trois grandes ébauches de sculptures. Des assistants sont en train de garnir l'armature, sorte de mannequin en tiges métalliques, de bande de tissus emplâtrées et de paille, qu'ils chargent ensuite d'argile. Au niveau où se tient l'artiste, à plusieurs mètres de hauteur, un petit brasero permet de faire sécher la terre glaise plus rapidement. Malheureusement, ce matin la lumière est grise.

Le village, en dépit des constructions chinoises horribles et déglinguées, a beaucoup de charme : les Tibétains fleurissent les terrasses de leurs demeures, maisons sakya bleues ou maisons en rondins de bois rouge, aux fenêtres dont l'encadrement est vivement coloré. Autrefois, le village étant Sakya, toutes les maisons étaient de couleur ocre, striées de longues bandes verticales, blanc, rouge et bleu nuit. De nos jours, à part quelques rescapées, elles n'existent plus ; elles ont été rasées par les Chinois ou recouvertes d'autres peintures.

Mais ce qui frappe encore plus que la discordance entre ces vraies maisons et les clapiers, c'est de voir à quel point les Tibétains sont gais et ouverts, à côté des Chinois. Où les uns sont écrasés par un sinistre esprit de caserne, les autres semblent portés par quelque chose qui les dépasse : le bouddhisme, religion qui éveille sans esprit de coercition, avec le respect de l'autre et la compassion pour tous les êtres.

Après avoir filmé de l'extérieur le temple principal de Lhundrupteng, plus quelques ruelles au village, nous allons repérer le petit temple dédié à Thangtong Gyelpo, le célèbre saint bâtisseur de ponts, qui semble avoir échappé aux guerres successives. Nous observons les pèlerins qui en font inlassablement le tour. Nous décidons de le filmer demain matin, et rejoignons le champ du festival pour assister à la longue cérémonie de la bénédiction, le wang.

La foule a envahi l'aire de danse et s'y est assise, attentive aux faits et gestes des moines : les uns continuent les récitations, d'autres lancent à la volée des poignées de grains d'orge, tandis que d'autres encore circulent et collectent les offrandes d'argent. L'atmosphère est à la fois pleine de ferveur et décontractée. Personne ne fait trop attention à nous et à notre caméra, nous sommes au milieu d'eux et cela ne semble pas les préoccuper davantage. Pour ouvrir le passage au lama, les « moines policiers » agitent de grands bâtons au-dessus du public, qui s'écarte vivement… Il est 12 h 30 ; à 14 heures le lama réapparaît, une fois la récitation collective terminée, protégé du soleil par un parasol en plumes de paon. Les fidèles agglutinés tout autour de la tente se précipitent pour recevoir sa bénédiction. Les moines ont le plus grand mal à contenir la foule autour de leur lama. Celui-ci tient entre ses mains un vase d'eau sanctifiée, et des centaines de têtes s'inclinent sur leur passage. La bousculade est forte et nous avons le plus grand mal à protéger Nurith, au cœur de la mêlée.

Les Tibétains ont pour la plupart déjà ingurgité une bonne quantité de bière chinoise, de chang et même d'alcool infect. Ça rit, ça drague et ça se bat. Gyurme, lui aussi, est complètement parti et séduit les jeunes tibétaines en leur prenant des photos Polaroïd.

Je laisse l'équipe, retourne à l'hôtel et m'endors pendant une heure. Il fait très chaud. Puis retour au travail. Nous partons dans la ville, filmer l'ambiance de la rue, la population est vraiment charmante avec nous. Puis l'équipe technique se met en position pour tourner la procession finale des moines, sur le chemin qui conduit du champ à la ville. Longue procession avec troupes, cymbales et bannières.

En redescendant vers le champ pour chercher Christoph, je me fais happer par une sorte de seigneur coiffé d'un énorme chapeau bhoutanais, qui m'offre du chang sous sa tente, entouré de toute sa famille. Christoph me retrouve là, je ne sais comment, et lui achète une bague, très belle, quatre petites turquoises entourées d'argent — on dirait un trèfle à quatre feuilles. Repartant vers l'hôtel, je suis de nouveau interceptée par deux familles installées au bord de la rivière, et des petites filles, qui m'offrent à boire du chang frais. Je leur fais une séance de polaroïds, nous échangeons force alcool, bonbons et rires.

C'est la fin de la fête. En bas de la ville, à la hauteur du pont, les cavaliers se préparent, sellent leurs chevaux, les enfants dorment sur le dos de leurs mères, tous prennent le chemin du retour...

A l'hôtel, je me lave, toujours selon le système des thermos d'eau chaude versées sur la tête, dans la salle d'eau préhistorique attenant à l'hôtel. Christoph, pendant ce temps, règle les problèmes d'autorisation pour demain. Nous voulons filmer l'imprimerie, l'intérieur du temple visité ce matin, et nous aimerions nous rendre à Katok, monastère important qui se trouve à plusieurs heures de marche de Dergé, et où Gyurme est allé l'année dernière. Cette excursion n'est pas du goût des autorités, ni de nos accompagnateurs !

Plus tard, je surprends Dr Jane en train d'opérer Alice d'une grosseur sous le bras. Bistouri, sang, j'imagine déjà l'infection aggravée par l'altitude, les conditions d'hygiène. La voilà qui opère, là, sur un lit sale, plein de poussière, dans sa chambre éclairée par une mauvaise ampoule. Si elle a envie d'utiliser ses instruments, qu'elle s'essaye sur des troncs d'arbres ou qu'elle coupe les cheveux... Trop énervée je ne peux pas dîner. Je me calme seulement lorsque Dr Jane vient me voir et me rassurer. Nous finissons, Alice, Dr Jane et moi, dans des fous rires hystériques.

3 septembre

Nous filmons l'intérieur du petit temple de Dergé. Deux heures de travail pour installer les lumières car, nous dit-on, l'électricité est rationnée et ne marche que le soir. Nous avons trouvé un générateur d'un kilowatt. Avec le courant qu'il arrive difficilement à produire, nous éclairons tout juste la statue de Thangtong Gyelpo, le fondateur. Des moines officient quotidiennement dans ce temple, qui abrite de très jolies fresques et images. Il est serré au beau milieu d'un enchevêtrement de maisons tibétaines, et nous cherchons à pénétrer dans l'une d'elles pour le filmer du toit et avoir une vue plongeante sur le bâtiment. La première tentative est la bonne, nous sommes encore une fois surpris par l'accueil et la gentillesse des gens qui nous ouvrent la porte. Une échelle permet d'accéder à la terrasse, d'où nous avons une vue remarquable, non seulement sur le temple mais sur toute la ville. De l'autre côté, à mi-hauteur du versant de la montagne, des drapeaux de prières flottent au vent indiquant l'emplacement de la grotte où le saint Thangtong Gyelpo se retira pour méditer, lorsque le roi le convia à choisir un site approprié à la construction d'un temple.

L'après-midi est difficile. Nous avons décidé de tourner quelques plans de voitures sur la route qui monte vers le col de Tro-la, à cinq mille mètres. Ce n'est jamais amusant à faire. Nurith se place à différents endroits de la route, et munies de talkie-walkies, nous recommençons quinze fois le plan, avec les voitures qui se suivent, qui montent ou descendent. C'est ennuyeux et il fait froid, mais c'est indispensable au film, pour communiquer le mouvement du voyage, le changement de vallée, de paysage et pour indiquer la progression de l'expédition.

Une heure et demie aller, deux heures retour. Je n'ai pas vu passer le temps de ce trajet sous la pluie. Jeanne me raconte sa vie ; cela mériterait qu'elle en fasse un livre. Puis nous parlons de cinéma, de la sensibilité et de la fraîcheur artistiques qui peuvent se dégager d'une première œuvre... Nous roulons de nuit dans cette gorge qui n'en finit plus et que nous commençons à bien connaître, nous sommes exténués par le travail fourni, et il nous faut nous vider la tête, cela fait du bien de penser à autre chose, de se laisser aller à rêver... L'atmosphère se prête à ça, Jeanne a toujours bien aimé raconter des histoires.

Nous sommes à Dergé à 22 h 30. Les propriétaires du restaurant du bord de la rivière sont endormis à terre. Mais, sans problème, ils se relèvent pour nous faire dîner.

4 septembre

Monsieur Liu « le Belge » fait des histoires aujourd'hui. Il mène une enquête auprès de nous toutes, pour savoir si nous faisons plusieurs films. Il en a parlé à son équipe, ainsi qu'à la police de Dergé. Or nous avons affirmé, depuis le début, que nous ne tournions qu'un film. Je pense que son inquiétude vient de ce qu'hier j'ai semoncé Gyurme, qui restait inactif pendant le tournage du monastère, et ne nous aidait ni dans la traduction avec les moines ni dans l'organisation des plans. En lui disant : « Après tout c'est ton film aussi, Gyurme, alors bouge-toi un peu plus » ; « le Belge » qui était à côté de moi à ce moment-là, a tout de suite imaginé que les plans que nous tournions à Dergé étaient destinés à un film pour Gyurme, et que, comme nous n'avions payé les permissions que pour un film, nous étions en train de les tromper... Il a demandé aussi à Sybil si c'était le Dalaï-Lama qui finançait notre film !

Il est évident que nous sommes libres de partager comme nous l'entendons nos trente-cinq heures de film et que nous pourrons en faire plusieurs sujets, comme un 52-minutes sur les traces d'Alexandra David-Néel et quelques 26-minutes sur Jyekundo, sur l'Amnye Machen, sur Dergé et peut-être sur la renaissance du bouddhisme ; ou encore, en faire un long métrage en réunissant toutes nos plus belles images en un seul montage pour le cinéma, qui sait ?

Mais cela ne regarde en rien les Chinois. Liu est allé à la police pour leur signaler que nous séjournions et filmions à Dergé sans avoir demandé la permission obligatoire que seules les autorités de la ville peuvent délivrer. Christoph est fou de rage. Nous avons la permission de Pékin mais, paraît-il, cela ne suffit pas.

Nous voyons arriver le chef de la police de Dergé, petit Chinois gras avec des manchettes de lustrine, pour que son uniforme lui fasse bien de l'usage... Gyurme, Zhou et Christoph s'expliquent avec lui. Nous proposons au policier de nous accompagner aujourd'hui sur notre tournage. Il accepte, et se lassera très vite, voyant que nous ne nous occupons pas de lui. Ce que nous filmons doit lui paraître sans intérêt.

Christoph est malade, et se tord de douleur : le ventre. J'espère qu'il sera le seul, mais Jeanne se plaint déjà des mêmes maux. Nous allons quand même nous promener dans le village, et acheter aux Tibétains qui nous le proposent des bagues, des reliquaires en argent, des poignards de ceinture qui sont réputés dans tout le Kham et fabriqués à Dergé. Je repère un tapis de selle pour Jeanne qui les collectionne, et ravie, elle l'achète. En repassant à l'hôtel, une dizaine de Tibétains qui se sont passé le mot nous attendent pour nous vendre l'une des planchettes en bois peint qui servent à presser les livres de prières ; un autre des bols argentés ou des turquoises ; un troisième, du musc, dont le commerce est formellement interdit et qu'il sort en douce de sa ceinture. Le musc est une glande de quatre ou cinq centimètres située près de l'appareil génital du daim musqué, et s'obtient en chassant l'animal pendant la période du rut. Il faut le tuer pour extraire la glande. On en extrait une sécrétion brune qui constitue le musc et sert ensuite, dans les parfums composés, à fixer les autres éléments — ou en pharmacie comme stimulant et antispasmodique, ou bien encore à soigner les convulsions ou le délire ! Le prix du musc est très élevé et les Tibétains nous proposent deux glandes pour six mille yuans !

C'est une manière pour eux d'avoir de l'argent liquide pour s'acheter en ville ce qui leur manque dans la vie quotidienne au lieu de faire du troc. Je dois dire que ce sont d'excellents commerçants, et qu'ils ne se laissent pas faire. C'est un plaisir de marchander avec eux, car ils ont le sens de l'humour et rient beaucoup.

Vers 5 heures de l'après-midi, nous allons « repérer », au-dessus du monastère, les différentes salles de l'imprimerie provisoire, car l'ancienne, belle bâtisse de trois étages, contenant des fresques très anciennes, est en cours de restauration et tout le matériel a été transporté dans un autre lieu.

A l'imprimerie nous sommes reçues sous une tente tibétaine installée dans un jardin. Il fait chaud, on nous sert du thé, des pommes et des bonbons. L'imprimerie était fermée ces derniers jours, à cause du

Festival de la pluie. Mais pour nous, le contremaître a demandé à ses ouvriers, qui logent ici, de reprendre le travail un après-midi plus tôt pour une séance de mouillage du papier, que nous filmons au coucher du soleil.

Installés à l'extérieur de l'atelier, les hommes travaillent deux par deux, et leurs gestes sont beaux, pleins d'harmonie. Ils remplissent d'eau de grandes bassines d'aluminium. Ils sortent de la pièce où le papier est découpé des rames de la taille des livres de prières, c'est-à-dire étroites et longues et, assis sur de petits bancs de bois, trempent les feuilles, non pas une par une, mais paquet par paquet d'un geste rapide dans l'eau, et les rempilent sur une planche en bois qui se trouve le long du mur de l'édifice. Ce travail a pour effet d'attendrir le papier. Quand la pile est à hauteur suffisante, ils l'enveloppent dans un tissu sur lequel ils déposent une autre planche de bois. Pour finir, trois grosses pierres servent de presse. Ils retournent la bassine et rentrent à l'intérieur procéder aux autres phases. Nous tournerons la suite demain.

Rentrés à l'hôtel vers 21 heures, le patron du restaurant de l'hôtel a préparé un festin pour l'anniversaire de Liu ou « Prince », le chauffeur du gouverneur. Nous dansons tous sur des cassettes d'Alice, et l'ambiance est déchaînée. Nurith nous fait un superbe numéro de danse sauvage, tout le monde applaudit ; nous nous amusons vraiment tous ensemble, et c'est un moment rare. Quand la fête bat son plein, deux Tibétains entrent dans la salle et avisent l'un de nos officiers de liaison, Gao Che, de ne pas prendre de photos. Ils ont bu et visiblement haïssent les Chinois. L'un d'eux envoie un coup de poing dans la figure de Gao Che et lui casse son appareil. A la demande des Chinois, Gyurme se lève et essaye de s'interposer, c'est lui qui reçoit le deuxième coup de poing dans la figure. Les deux Tibétains l'agrippent à la gorge et essaient de l'étrangler. Le patron intervient avec la police de Dergé, qui nous surveille depuis l'extérieur d'une façon permanente, et les séparent. Les deux hommes viennent de Dartsedo. En quittant la salle, emmenés par les policiers pistolet au poing, ils crachent sur le sol à l'adresse des Chinois. Tout le monde est secoué, nous arrêtons la fête et allons nous coucher.

Le Dr Migot est venu à Dergé et, dans mon lit, je relis sa description de l'imprimerie : « L'imprimerie lamaïque de De-gé n'a aucun livre en stock, mais elle imprime sur demande les ouvrages qu'on désire ; il est toutefois nécessaire, si la commande est importante, d'apporter son encre et son papier ; d'autre part, les travaux de l'imprimerie cessent pendant l'hiver à cause du gel dans les ateliers non chauffés. La méthode d'impression est très différente de celle que nous connaissons en Occident : au lieu de caractères mobiles, en métal, on utilise des xylographes, planches de bois, longues et étroites sur lesquelles le livre, recto et verso (je laisse à imaginer l'importance du magasin où l'on conserve les dizaines de milliers de planches qui sont nécessaires pour l'impression de tous les volumes de la grande collection canonique et de nombreux ouvrages spéciaux à la secte Sa-Kya-Pa). Toute les planches d'un même volume sont numérotées et classées, et l'ensemble des volumes est rangé dans un ordre qui permet de retrouver facilement n'importe quel ouvrage de la collection. Le tout est contenu dans un immense bâtiment à plusieurs étages, munis de quantités de pièces et de recoins garnis de rayons numérotés. Le travail se fait avec rapidité : un aide va chercher les planches d'un volume et les pose à côté des imprimeurs qui travaillent par équipe de deux, face à face. L'un d'eux prend une planche gravée et la place devant lui sur un support, l'autre enduit d'encre la planche au moyen d'un tampon de feutre ; le premier applique alors une feuille de papier sur le xylographe et le second termine l'impression en passant sur le dos de la feuille un lourd rouleau de cuir. Les feuilles imprimées sont ensuite soigneusement empilées et transportées dans un atelier voisin où les lamas les collationnent et les vérifient. Les feuilles ne sont jamais brochées ou reliées en volumes, mais empilées en paquet qu'on enveloppe soigneusement dans une pièce de soie serrée entre deux planches, souvent peintes et ornées de décorations gravées, avant d'être placées sur les rayons de la bibliothèque[1]... »

5 septembre

La police de Dergé vient ce matin à 8 heures pour nous signifier l'interdiction d'aller à Katok, magnifique monastère vers la frontière de la Région autonome du Tibet. C'est quand nous étions arrivés à Chengdu que nous avions été invités par le fameux lama de ce monastère, Drime Zhingkyong, qu'on surnomme « Coca-Cola Lama », car il offre du Coca-Cola à ses invités, au lieu du thé traditionnel. C'est ce qu'il dit ; à mon avis, c'est parce qu'il fait des affaires avec Coca-Cola...

Président de l'Association du Bouddhisme du Sichuan, il vécut en exil

1. *Caravane vers Bouddha*, éd. Amiot-Dumont, p. 117.

en Inde de 1959 à 1985, où il a appris l'anglais. Depuis son retour en Chine, il est représentant tibétain au sein du Comité chinois provincial. Gyurme le connaît bien, et nous confie qu'il n'est pas favorable à un rattachement du Tibet oriental à la Région autonome du Tibet. Les vieilles animosités entre le Kham et Lhasa resurgissent. Il préférerait une autonomie provinciale de l'Amdo et du Kham. Il est très connu en Chine et au Tibet par son action en faveur des Tibétains, et passe pour être un grand homme d'affaires. Nous avons pourtant la permission officielle d'aller à Katok ! Gyurme est terriblement triste, car ce monastère est un exemple, pour sa reconstruction, de la solidarité des bouddhistes tibétains du Kham. Le lama nous attend, et comment le prévenir que nous ne pouvons pas venir ? Nous partons à 9 heures, de mauvaise humeur, pour l'imprimerie du monastère où l'on nous accueille avec une musique de cérémonie et des khataks.

Nous avons la chance de filmer les étapes les plus importantes de la fabrication des deux principaux livres de prière, le Kanjur et le Tanjur, qui sont respectivement les enseignements de Bouddha et leurs commentaires. Le Kanjur est imprimé en rouge et le Tanjur en noir. Le premier est composé d'une centaine de volumes, qui peut aller jusqu'à cent huit, chiffre sacré, et le second de deux cent treize volumes. Un ensemble de Kanjur et Tanjur coûte sept mille yuans (ce qui revient à peu près à sept mille francs). Les « clients » sont en général les monastères des environs de Lhasa, et même d'autres pays voisins ou plus lointains comme le Népal, le Bhoutan ou le Japon. Ils peuvent être aussi des lamas érudits, ou de simples laïcs. Parmi les autres livres, figurent aussi bien des traités de médecine, de logique ou d'astrologie, que des biographies de personnages célèbres, de saints ou de rois, des guides des monastères ou des légendes.

Les différentes étapes de la fabrication du livre ont lieu, pendant la rénovation de l'imprimerie traditionnelle, dans plusieurs bâtiments annexes, que Khaté, le contremaître, et Hadja, le directeur, nous font visiter au fur et à mesure. Deux cent soixante ouvriers travaillent dans l'imprimerie qui ressemble à une ruche.

Des dizaines de couples, assis face à face, se balancent pour garder le rythme du travail : l'un encre la matrice, l'autre prend la feuille de papier et l'applique sur la matrice avec un chiffon. Mouvements d'artisans. Mouvements réguliers de méditation. Bruits secs de papier et de bois. Dix minutes de repos leur sont accordées par matinée et sont annoncées par un gong. Ils gagnent six yuans par jour, travaillent huit heures et doivent apporter leur nourriture pour le déjeuner. Les ateliers fonctionnent d'avril à novembre, car l'hiver est rude, il fait trop froid pour travailler dans ces conditions. Le papier vient de Ya'an et il en faut cent tonnes par an. En deux heures, ils impriment à peu près quatre cents feuilles par équipe de deux personnes et fabriquent ainsi trois volumes par jour. Les regarder me fait tourner la tête. Très belle lumière, venant d'ouvertures dans le toit et des portes.

Sur notre demande, Gyurme repart en ville voir le secrétaire de la Culture tibétaine ; l'électricité normalement ne marche pas avant le soir, or les salles sont un peu sombres pour notre pellicule. Il va demander aux responsables de nous faire une faveur et de mettre le courant exceptionnellement ce matin.

Pendant l'absence de Gyurme, nous filmons l'homme qui, dans la cour, dilue l'encre noire dans un énorme chaudron. Il faut éliminer la gélatine de bœuf qu'elle contient et qui risque de boucher les blocs xylographiés qui servent à l'impression. L'encre rouge, quant à elle, se présente en petites billes fabriquées à partir d'un minerai que les ouvriers broient, dans un mortier en bois. La salle entière où ils travaillent est recouverte d'une fine poussière rouge. Nous faisons un plan de l'homme qui trie le papier, le plie et le compte. Nous allons ensuite dans la grande salle d'impression, au-dessus la salle de séchage au premier étage. Là, les ouvriers gravent les textes sur des planches à l'aide de petites gouges, leur travail demande une grande habileté. D'autres restaurent des planches anciennes qui ont été abîmées au cours des années. Tous ces blocs xylographiés sont rangés dans une salle sombre, alignés les uns derrière les autres sur des étagères, seuls les manches en bois dépassent. A côté, des cordes sont tendues sur toute la longueur de la pièce et les feuilles déposées pour sécher. Dans une des rangées, un homme assis compte et recompte les feuillets. Dans la dernière salle, les moines assis en tailleur relisent, vérifient et contrôlent la qualité de l'impression des feuillets. Enfin, dans une salle annexe, sont imprimés les drapeaux de prières et les images des divinités, gravées selon le même système sur d'immenses planchers de bois.

J'en profite pour aller visiter les autres bâtiments avec Khaté, le chef de la main-d'œuvre, où se pratiquent le massicotage, la peinture sur tranche des livres, le brochage, le stockage, puis, tout en bas du chemin, la gravure sur bois des prières et la librairie qui vend aux villageois les livres de prière.

Celle-ci est ouverte du lundi au samedi, toute la journée, et les gens affluent. On dit que la vente des livres suffit à elle seule à financer la reconstruction de l'imprimerie, ce qui veut dire qu'il n'y a pas de participation du gouvernement chinois.

En bas du monastère, se trouvent l'hôpital et la pharmacie. Je demande au docteur qui tient la pharmacie de m'ausculter. Il me donne trois sortes de pilules qui dégagent une odeur épicée très orientale. Il me dit que j'ai une bronchite, que je ne tousserai plus dans cinq jours et que la fièvre n'a aucune importance : mon corps a besoin d'être plus chaud...

Nous repartons à 15 h 15 vers Manigango, direction Dzokchen. La police nous fait signe de nous arrêter à la sortie de la ville. Le commandant en chef vient serrer la main à Gyurme et lui présenter ses bons vœux pour la suite de notre voyage... Il lui demande par la même occasion vers où nous nous dirigeons maintenant. Gyurme répond-il, ou ne répond-il pas que nous allons à Dzokchen ? Il affirme à Christoph que non, lorsque plus tard nous nous arrêtons près du petit lac sacré de Yilhun Lhatso que nous filmons. Je crois que nos accompagnateurs chinois ont monté le coup ; en effet, selon eux, pour aller à Dzokchen, en région interdite, nous devons avoir un permis spécial.

Le monastère de Dzokchen était l'un des plus grands monastères Nyingmapa du Kham. Situé à quatre mille mètres d'altitude au creux d'une vallée cachée, il faut pour l'atteindre quitter la route principale qui va de Manigango à Jyekundo et prendre sur la gauche une piste qui conduit au village, puis au monastère. Ce monastère était réputé jusqu'en 1950 pour son collège de philosophie. Il l'était aussi pour ses grottes de méditations, situées plus haut encore, où de grands religieux de la branche Nyingmapa se sont retirés pendant des années.

Gyurme, qui connaît les moines, les a fait prévenir de notre arrivée, pour qu'ils puissent nous organiser un système d'hébergement. Nous avons par ailleurs emmené avec nous de Dergé la nièce d'un moine de Dzokchen, censée nous montrer le chemin et s'occuper de nous.

Sur la route agréée par le CITS et le gouvernement chinois, ce lieu est noté comme l'une de nos étapes... Il est clair que nos Chinois en ont assez de voir des monastères, et encore plus de séjourner dans des régions réputées dangereuses. Ils n'ont pas davantage envie d'avoir à coucher une nouvelle fois sous la tente, et, qui sait, de faire la cuisine surtout avec ce ciel menaçant.

La voiture de Christoph étant partie la première, il nous explique ensuite que la police les a arrêtés au col de Tro-la et nous a interdit d'aller à Dzokchen. Ils auraient reçu un coup de téléphone de Dergé... Tout cela n'est vraiment pas clair. Gyurme est très déçu. Nous aussi. Surtout, après la description qu'il nous a faite dans la voiture sur l'histoire du monastère. Nous filmons le lac depuis la route, sans excès d'enthousiasme.

Pendant l'après-midi, Zhou et Shao Lin nous demandent pourquoi nous filmons tant de monastères. Nous leur répondons que ce sont des monuments historiques, et qu'ils sont le centre de la vie du peuple tibétain. Nous leur disons aussi que pour faire un film qui intéresse le tourisme international, les monastères étant la seule richesse de ces régions, il faut bien les filmer pour attirer les futurs voyageurs. En fait, nous filmons les monastères en reconstruction, pour rapporter le témoignage que le bouddhisme n'est pas mort et que les Tibétains, avec un courage formidable, en faisant appel aux communautés tibétaines réfugiées à l'étranger, comme celle de Taïwan ou de la ville de Hong Kong, reconstruisent au plus vite ce que les Chinois ont démoli pendant la Révolution Culturelle. Les monastères rassemblent les Tibétains dispersés, et les aident à recouvrer une identité que les Chinois leur avaient volée. Les Chinois permettent cette reconstruction. En comprennent-ils toutes les implications, ont-ils honte de la réputation qu'ils ont acquise dans le monde entier d'avoir pillé, volé, et saccagé plus de six mille monastères de toute beauté ?

La jeune Tibétaine de dix-neuf ans que nous avons emmenée avec nous a enfilé un jean sous sa robe traditionnelle, et dans la voiture Gyurme la dévore des yeux. Mais elle est triste qu'on nous ait interdit la route de Dzokchen. Elle ne parle pas et ne sourit plus.

Nous nous arrêtons pour dîner dans le joli petit restaurant de Manigango. En sortant, il fait bleu outremer, des milliers d'étoiles. De jeunes Tibétains sont assis sur un talus. Ils chantent... Voix vibrantes et âcres à la fois. Je vois leurs cigarettes rougeoyer dans la nuit. Nous nous asseyons un peu plus loin... Lao Wang se met à chanter lui aussi. Les voix se répondent. Ombres chinoises. Les différences s'effacent et les êtres se parlent... au-delà des langues.

6 septembre

Ce matin, malgré l'interdiction non vérifiée de nous rendre à Dzokchen, nous décidons de faire comme si nous y allions. Cela met en rage les Chinois qui nous affirment que si nous y allons, la police nous mettra en prison. Après discussion dans l'équipe, nous prenons finalement la décision d'abandonner. La jeune fille tibétaine doit partir seule et prendre un car pour rejoindre sa famille. Gyurme est triste. Rencontrant deux moines qui reviennent du festival de Dergé et rentrent au monastère, il leur demande de la protéger pendant le voyage. Nous lui faisons des signes d'adieu lorsque son car s'ébranle. L'heure est à la mélancolie et au découragement. Nous partons de notre côté, pour Daktse mani, juste au pied de la montagne.

Ce qui fait l'originalité de ce long mur de mani tient à la nature des offrandes déposées là, monticules d'objets aussi hétéroclites que des bouteilles vides, des morceaux de porcelaine, des clous, des dents de yak, des bouts de ficelles qui entourent une pierre manifiquement sculptée. A contempler ce lieu, bien loin de toute idée de « dépotoir », on éprouve un profond sentiment d'étrangeté. Depuis la route, nous distinguons une étendue rose et ocre. Nous réalisons grâce aux jumelles qu'il s'agit d'un immense champ de drapeaux de prières. Gyurme nous apprend qu'il s'agit d'un centre de retraite appelé Nya Dukar et qui dépend de Dzokchen, le monastère Nyingma. Ce pourrait être l'un des vingt lieux sacrés et secrets du Kham, où selon la tradition Nyingma sont enfouis des « terma », ou trésors. Ces terma sont des textes sacrés qui auraient été cachés par le grand maître Padmasambhava pour n'être révélés qu'au cours des siècles, mis au jour par des Tertons, ou découvreurs de terma. Pour des raisons qui dépassent l'entendement humain ordinaire, ces enseignements ne pouvaient être transmis à l'époque de Padmasambhava, mais devaient être préservés jusqu'à ce que la capacité de les comprendre fût venue à maturité.

Après avoir tourné près de deux heures, sous la pluie, et mangé notre ration autorisée de cacahuètes pour certains et de soupe chaude pour d'autres, nous repartons. Nurith s'arrête peu après pour filmer une grande pierre de prière peinte, posée sur le bord de la route, qui porte la formule d'invocation sacrée « Om mani padme hum ». Juste après le col qui ouvre sur la vallée de Kanzé, marquant en quelque sorte la frontière, d'importantes ruines laissent supposer qu'un temple, vraisemblablement Nyingma, s'élevait ici autrefois. Au pied d'un énorme rocher, les deux bras de la rivière se rejoignent pour ne plus former qu'un seul cours d'eau. Le sentier de pèlerin qui tourne autour du rocher est bordé de part et d'autre de drapeaux de prières jaunes et verts, qui resplendissent dans la lumière du soleil couchant. Au-delà de la rivière, on peut encore voir les traces de l'incendie d'un monastère rasé par les Chinois. Ce doit être rageant pour ceux qui aiment détruire de voir qu'il n'y a rien à faire. La foi est plus forte que tout.

Arrivée à Kanzé (Garze en chinois) que nous allons enfin pouvoir visiter et filmer : c'est la troisième fois que nous y séjournons et la ville est vraiment attirante. Ici encore elle est partagée en deux. La partie basse, plus moderne et commerçante et plus chinoise. La partie haute, faite de maisons traditionnelles groupées comme des poussins autour de leur mère, le monastère qui domine la vallée. Située à trois mille six cents mètres d'altitude, la ville était l'une des plus importantes de la région, et le monastère qui abritait environ mille moines l'un des plus grands du Kham. Les ruines d'un château surplombent le monastère ; lors de la guerre qui opposa, entre 1909 et 1918, Chinois et Tibétains, ce château fut occupé par les garnisons chinoises. Depuis 1981, le monastère a été entièrement reconstruit. Il appartient à la secte Gelukpa et regroupe, dit-on, plus de six cents moines.

Snafu et Gyurme, qui nous avaient précédés pour régler les problèmes d'hébergement, ont rencontré le lama de Katok, très triste que nous ne soyons pas venus. Il voyage beaucoup, accompagné de sa femme, et par de jeunes Tibétains parlant parfaitement anglais car ils ont grandi en Inde. Il avait préparé dix-neuf chambres à Katok et ne peut pas croire qu'on nous ait également refusé l'accès à Dzokchen. Il dit qu'il convoquera le chef de la police de la région demain, pour avoir des explications. Il dort dans le même hôtel que nous, et pour cause : c'est le seul.

Nous dînons dans une rue très marchande. Nos Chinois sont manifestement mal à l'aise en notre compagnie. Ils ont filé en douce, prenant toutes les voitures sauf une, si bien que nous sommes forcés de nous entasser à huit dans la voiture du chauffeur Liu pour parvenir au restaurant qui se remplit peu à peu de Tibétains et de mendiants venus nous regarder. Nous rentrons à pieds, flânant devant les boutiques encore ouvertes et nous faisant suivre par de beaux Tibétains très jeunes qui engagent la conversation avec nous. Ils nous abandonnent, un peu avant l'hôtel.

Nous prenons quelques derniers verres dans la chambre de Jeanne, avec Snafu, Dr Jane, Gyurme et Alice, à qui je masse les pieds. Nous rions tellement en caricaturant les Chinois et le caractère de chacun des membres de l'équipe que cela nous fait oublier momentanément tous nos ressentiments. Snafu et Alice s'en donnent toujours à cœur joie dans la caricature. Tandis que Dr Jane lave et relave ce qu'elle a déjà lavé avant le dîner... elle aussi est un spectacle à elle toute seule. Quand la chambre est devenue une vraie piscine, nous nageons vers nos lits respectifs.

Demain nous restons à Kanzé. Nous avons rencontré en ville un lama de Dzokchen et avons appris, effarés, que toute la communauté nous attendait et avait dressé une immense tente garnie de tapis et de tables pour que nous puissions y passer la nuit. Nous rendant compte encore plus de notre impuissance, nous avons tenté de lui faire comprendre la situation. Mais il avait déjà tout deviné.

7 septembre

Ce matin, Drime Zhingkyong Rimpoche nous invite dans sa chambre, en présence du chef de la police qu'il invective copieusement. Il doit avoir une quarantaine d'années. Très gros, il marche avec une canne. Accident de voiture il y a dix ans. Il a roulé dans un précipice ; tous ses compagnons sont morts. Il a un air puissant, autoritaire et malin. Le chef de la police nous assure que maintenant nous pouvons aller à Katok et même à Dzokchen. Mais il est trop tard. Nous perdrions trop de temps à retourner en arrière. Le lama est très déçu, et nous de même. Il nous parle d'un monastère qui se trouve à cinquante kilomètres d'ici mais, malheureusement, à l'écart de la route. Il faut une journée pour y parvenir. En ce moment, une cérémonie très spéciale s'y déroule, et plus de trois mille moines des monastères du Kham s'y trouvent réunis. Quel dommage de ne pouvoir circuler à notre guise. Jusqu'au bout du voyage nous le regretterons.

Claire réclame un jour de repos, ce qui nous arrange toutes ; nous sommes épuisées. J'en profite pour faire du repérage avec Jeanne et Nurith. Il nous aurait fallu davantage de moments comme celui-là durant notre expédition : nous déambulons dans les rues animées de la ville basse et moderne, puis dans les venelles qui montent vers le monastère. Nous ne sommes que toutes les trois, l'atmosphère est détendue, quelques réflexions sont échangées, quelques photos, deux ou trois rencontres avec des gens qui, dit Nurith qui a pas mal voyagé, sont les plus « éclatés » qu'elle ait rencontrés. Des personnages curieux et fiers nous abordent sans complexes, moines, femmes ou enfants.

Puis, Jeanne nous entraîne dans un dédale de ruelles pour nous montrer un petit temple qu'elle a visité l'année dernière et qui est enfoui derrière des constructions plus récentes. Devant l'entrée, une grande cour sert d'aire de battage du blé fraîchement récolté. La scène est magnifique. Ce temple s'appelle Da Gompa et aurait été construit par le roi Songtsen Gampo et son épouse Wenchen. Le spectacle est tellement riche et dynamique, avec la cour du monastère remplie de paille, les gosses qui se roulent dedans, les femmes qui trient le grain, que nous décidons de tourner à Da Gompa demain soir, au coucher du soleil.

Temps superbe, ciel taché d'étranges nuages. Cette lumière du Tibet est la plus belle au monde. Eclatante, pure, où tout devient joyau. Lumière enivrante, où tout à coup l'on se sent fier et heureux d'être là. Nous grimpons sur le toit du monastère, après avoir traversé la salle de classe où les moinillons apprennent leurs prières. Par des échelles, nous atteignons des cours intérieurs en terre battue, passant par des portes ovales, et rencontrons le graveur de prières qui enseigne son art à un jeune garçon. Le monastère contient d'ailleurs une belle collection de blocs xylographiés anciens, avec son lot sans doute de textes archi rares... Les rires des moines et leurs psalmodies, les jeunes qui se courent après en se faisant des farces, cette architecture intérieure de poutres entremêlées, de fresques aux couleurs vives, tout cela me procure un sentiment de paix, de simplicité et de légèreté d'âme. Du haut du toit, nous pouvons voir à dix kilomètres à la ronde les vastes plateaux, les rivières, les villages... Mais toujours ces haut-parleurs dans la ville ! Aujourd'hui ils font de la propagande pour la contraception, estimant sans doute qu'il y a encore trop de Tibétains et pas assez de Hans...

Nos Chinois nous donnent dix yuans à 2 heures de l'après-midi pour nous permettre de déjeuner, ce qui nous semble comique. Ils n'ont pas envie de s'en occuper et pensent que tout le monde sera plus libre ainsi. Pourquoi pas ? Pour faire nos emplettes, nous essayons de changer des dollars chez un marchand tibétain, dont la femme népalaise parle très bien anglais. Petite boutique dans l'enfilade de la rue, remplie d'objets rituels tibétains et de tapis. Je trouve de très jolis objets pour faire des cadeaux, mais les Tibétains sont de sacrés commerçants, surtout ceux qui tiennent cette boutique. Ils en ont une autre au Népal, à Kathmandu. Ils sont donc très au courant des prix pratiqués auprès des touristes ! Ils ne veulent pas changer notre argent, à moins que nous n'achetions toute la boutique dont les marchandises changent de prix toutes les cinq minutes !

Cette journée de repos m'a éreintée. Comme hier soir, avant de nous coucher, nous buvons du vin sucré dans une chambre. Il y a là Dr Jane, Alice, Jeanne, Snafu et Gyurme. Nous sirotons, papotons et fumons ces sacrées cigarettes chinoises qui jaunissent les dents, à vous couper l'envie de sourire. Je finis par rejoindre ma tanière, plutôt éméchée.

8 septembre

Ce matin, nous avons remonté la vallée vers le nord, pour filmer les différents villages et monastères situés tout au long de la route, entre autres Beri, situé sur un éperon rocheux que nous distinguons d'assez loin, auréolé de nuages compliqués et très impressionnants. Finalement, la journée de repos a fait beaucoup de bien à tout le monde, sauf Alice : ayant décidé d'arrêter de fumer, elle est d'une humeur de chien.

Nous tournons d'abord un plan extérieur d'un ensemble monastique que nous avons admiré lors de nos précédents passages. Il s'agit de Dargye Gompa, l'un des plus anciens monastères du pays horpa, qui appartient aux Gelukpa. Sa situation et son architecture sont tout à fait originales. Il n'est pas implanté comme en général sur une colline, mais bien dans une prairie en bord de route. Les cellules des moines sont encore plus qu'ailleurs accolées les unes aux autres et semblent vraiment devoir étouffer le monastère ; un mur d'enceinte accroît encore cette impression. Le monastère, malgré sa taille beaucoup plus modeste que celui de Kanzé, avait une grande importance sur le plan de la tradition. Il est à l'heure actuelle en cours de reconstruction, et charpentiers et menuisiers travaillent bénévolement à la remise en état des cents piliers de son immense salle de réunion.

La route, encore, en direction d'un petit monastère Kagyu. Nommé Pengen Gompa et situé à quelques kilomètres du bourg de Rongpatsa où se tient le marché de la région, nous tenions à nous y rendre, car c'est dans ce village que naquit Kalou Rimpoche, bien connu des milieux bouddhistes occidentaux, dans lesquels, depuis 1970, il dispensait des enseignements. Considéré comme l'un des grands maîtres tibétains contemporains, il s'est éteint juste avant notre départ, à Sonada, le monastère qu'il avait fondé au Darjeeling, sur les pentes luxuriantes des premiers contreforts himalayens. Snafu l'a rencontré en 1975 et fut frappé par son charisme ; puis il participa à la construction du monastère dans le Morvan et Kalou Rimpoche l'initia aux préliminaires du bouddhisme. Nous visitons le temple, très bien entretenu par quelques moines qui nous montrent, au-delà de l'enceinte, les ruines de l'ancien sanctuaire ; et Snafu, avec recueillement, ramasse une poignée de terre qu'il déposera dans le monastère de Sonada, au mois d'octobre, lorsqu'il ira à Darjeeling.

Nous sommes ensuite invités par l'abbé du monastère et ses enfants à venir chez eux. L'une de ses filles, trente ans environ, est interprète de tibétain en chinois, mais elle a fui Pékin lors des événements et reste dans sa famille. Elle ne retournera que lorsqu'elle sera sûre de ne pas être inquiétée. Nous les filmons tous pendant qu'ils disent une prière de longue vie au Dalaï-Lama. Ils organisent ensuite pour nous un repas sur l'une des terrasses de la maison. Nous nous y mettons toutes ; femmes de la maison et femmes de l'équipe, pour apporter un tapis, des assiettes de viande de yak, des beignets salés à la viande et de bonbons. Les femmes s'asseyent en lotus avec nous et servent le thé. Des petits enfants nous regardent d'une terrasse supérieure. Je leur lance des bonbons. Nous nous parlons plus avec les mains qu'avec des mots, et rions beaucoup. Les maisons ici rappellent celles de Ngawa, bien que moins hautes. Blocs de terre battue, elles ne présentent aucune ouverture sur l'extérieur, à part le portail, toujours orienté à l'est. A l'intérieur, une échelle permet d'accéder au premier étage où vit la famille, avec une grande terrasse à ciel ouvert et une entrée directe dans la pièce principale par une baie vitrée. C'est ici que se trouve l'autel familial. A un moment, nous filmons nos hôtes et l'équipe au complet en mettant la caméra en automatique. Atmosphère sympathique et chaleureuse. Des fleurs, des dahlias, des asters partout, dans des pots de bois ou de terre. Une légère brise. Un soleil rouge.

Nous repartons vers le village de Beri, dont le rocher couronné d'une ancienne forteresse semble barrer la vallée et filmons le monastère très abandonné — son abbé se plaint de n'avoir pas d'argent pour le restaurer. Beri fut pendant des siècles la capitale d'un puissant royaume bönpo. Lorsque les armées mongoles l'assaillirent, le monastère devint Gelukpa. Aujourd'hui un temple Nyingmapa abrite une cinquantaine de moines qui, sans aucun moyen financier, tentent de restaurer la salle d'assemblée qui contient de magnifiques fresques.

Après être allés tourner un plan de la vallée de la Yalung, avec sa rivière argentée qui serpente sur un large plat nous regagnons Kanzé. Nous filmons le si joli monastère dont la cour est envahie de foin. Les moines et les paysans trient le grain, Dr Jane joue avec les enfants qui font des galipettes dans le foin. Les meules se montent à dos d'hommes, par une échelle, sur la terrasse de la galerie des moulins à prières qui entourent le temple.

Retour à l'hôtel, douche folklorique, avec carreaux cassés et exhibitionnisme bien involontaire. Jeanne et Gyurme recalculent le kilométrage de notre expédition, car les Chinois nous réclament vingt pour cent de plus que prévu au contrat. Ceux-ci arrivent au chiffre de huit mille kilomètres, en soustrayant généreusement certains va-et-vient qui ne sont dus qu'à eux, tel l'épisode de la maladie n° 5, et prétendent que nous n'avons payé que pour cinq mille kilomètres. Mais notre parcours a bien été celui que spécifie le contrat, dûment paraphé par eux et par nous...

Demain, lever à 7 h 30 pour faire le dernier plan extérieur du grand monastère, puis départ pour la route du retour. La télévision chinoise nous attend à Ya'an le 10 au soir, dernière étape avant Chengdu. Tout comme elle nous avait filmées à notre arrivée en juillet, nous les grandes héroïnes de « l'équipe fémine de la France », elle veut montrer au public chinois ce que sont des femmes étrangères au travail !

9 septembre

Ce matin, tout se passe parfaitement. Beaucoup de nuages, une lumière assez intéressante pour tourner l'extérieur du monastère de Kanzé, avec ses maisons étagées sur la colline et la ruelle du village. Il est intéressant de remarquer que dans la région les édifices religieux suivent moins l'architecture monastique classique que les traditions locales de construction. Ce qui frappe aussi, c'est qu'en dépit de la modernisation des techniques de construction et des matériaux employés, la tradition architecturale demeure intacte. Pour mieux filmer, nous demandons l'hospitalité à une famille dont la maison se trouve à l'emplacement idéal. Une fois de plus, dès que les enfants comprennent notre souhait, le portail de la maison s'ouvre avec enthousiasme. Après les pluies des derniers jours, la cour de la maison est devenue un véritable bourbier. Le molosse qui en a la garde semble vouloir arracher sa chaîne pour nous sauter à la gorge. Les gens occupent, comme partout, le niveau intermédiaire de la maison chauffée en dessous par les animaux, au-dessus par les foins et les récoltes. A l'étage, une terrasse de terre battue nous permet d'installer la caméra et d'avoir vue sur toutes les maisons alentour. Il est plus de 9 heures mais le village s'éveille à peine. Difficile de se lever plus tôt, le froid est vif. Une femme se peigne sur une terrasse, deux hommes mènent les bêtes aux pâturages, une fillette remonte, le dos courbé sous le poids de l'eau, la tête d'un âne émerge d'un immense ballot de foin qui semble se déplacer tout seul, la vie va à son rythme, éternel, comme si rien ne bougeait. Moment d'harmonie intense.

Nous avons fini à 11 heures comme prévu, et prenons la route pour Dortsedo (douze heures de trajet), car les Chinois ont décidé ce matin de faire au plus court et rentrer aussi vite que possible à Chengdu. Ciel d'orage avec belles lumières. Mon seul désir de la journée est d'arriver assez tôt pour filmer à Minyak les belles maisons de pierre de cette vallée, et un paysage en souvenir de mon grand-père, Guy de Miniac. Déjeuner à Trango, dans le petit bistrot, où nous avions déjà mangé une soupe délicieuse. Momos à la viande (raviolis). Puis route, route, route, orages et boue.

Après Dawu, nous restons bloqués un long moment, la voiture de Snafu qui voyage avec l'escorte de Chinois est en panne. Impossible de repartir. Le ciel est noir d'encre. Nous laissons là deux Chinois, nous nous serrons davantage dans les autres véhicules et filons. Il reste encore beaucoup de route à faire. Vers 18 heures, nous atteignons le monastère de Lhagong, qui fut à l'aller notre premier véritable contact avec la terre tibétaine. Il était en cours de reconstruction et le toit, en deux mois, est terminé. Les tuiles d'ardoises savamment disposées brillent sous la pluie de grêle qui éclate soudainement. Quelle ardeur au travail ! Nous sommes admiratifs.

A 19 heures nous sommes à Minyak. Mon vœu se trouve exaucé : nous filmons !

A 20 heures, nous rangeons la caméra et abordons le col de Jeto-la à quatre mille cinq cents mètres, dans la nuit et le brouillard le plus dense. La descente est lente et pénible et nostalgique. Nous avons quitté le plateau tibétain... Nous arrivons à Dartsedo en milieu de soirée. Il fait bon. Et nous nous installons dans le même hôtel qu'à l'aller. Soudain, une crise éclate. Shao Fen a organisé des chambres dortoirs sans salle de bain, pour tous sauf pour Gyurme et Nurith, ce qui probablement coûte moins cher au CITS, qui essaye par tous les moyens depuis quelques jours de restreindre les dépenses notamment sur la nourriture. Christoph se met dans une colère noire et passe un savon terrible à Snafu, à qui il reproche de ne pas avoir choisi les chambres lui-même. Puis, nous

nous en mêlons, Jeanne et moi, lui demandant de se calmer : Snafu n'y est pour rien. Les Chinois, du coup, se retournent contre Snafu. L'hystérie monte encore d'un cran, lorsque nous apprenons que toutes les routes vers Chengdu sont coupées et impraticables pour un temps indéterminé. Un glissement de terrain gigantesque vient d'avoir lieu sur l'axe principal, qui passe par Chakzamka et Ya'an, voie que nous avons empruntée à l'aller. Une autre route, passant plus au Sud par Hanyuan est, elle, fermée depuis trois semaines toujours en raison des pluies torrentielles qui se déversent sans discontinuer. Jeanne l'avait empruntée l'année dernière. Nous entendons dire qu'il existe une autre « voie de sortie » en remontant une vallée beaucoup plus au Nord, mais le bruit court qu'elle est également fermée...

Des files de camions envahissent la ville et les villages environnants. Les autorités responsables de Dartsedo sont très pessimistes quant à une réouverture rapide. Il ne cesse de pleuvoir. La montagne continue de glisser. De toute façon, il n'y a pas assez d'ouvriers ni de bulldozers pour remettre la route en état, avant une bonne semaine.

Nous allons dîner dans le seul bistrot ouvert de la ville. Zhou et Shao Fen se remettent à accabler Snafu, l'équipe chinoise se solidarise et se perd dans les insultes. Le patron du restaurant n'en revient pas. Alice demande le silence, moi aussi. Les hurlements se retournent sur nous. Dr Jane entre dans le restaurant et prend la défense d'Alice. C'est vers elle que se dirigent les cris. Zhou la traite même de « Scheize » (merde en allemand), en lui disant que de toute façon elle est raciste et mauvais docteur, car elle s'est moins occupée de l'équipe chinoise que de notre équipe. Que le seul médicament qu'elle sait utiliser, c'est l'aspirine. Dr Jane devient toute rouge et s'en va en claquant la porte du restaurant. Je n'en crois pas mes oreilles ni mes yeux. Zhou éclate en sanglots, il est vraiment sorti de ses gonds. Nous essayons de nous calmer. Nurith et Alice se lancent dans une discussion en français sur la mentalité chinoise. Elles s'insultent toutes les deux. C'est au tour d'Alice de sortir du restaurant.

J'ai un terrible fou rire intérieur.

C'est l'éclatement, l'explosion. Tout ce qui a été retenu depuis le début de l'expédition, sort aujourd'hui sans limites, sans pudeur. Zhou, comme un enfant, aime pleurer, trembler et jouer la grande dépression devant ses camarades qui se pressent pour le consoler. Le chef a craqué. Le chauffeur de la voiture rouge reprend les rênes du groupe et fait un discours que nous traduit Liu « le Belge » : « Il est fier de son équipe.

Zhou a été formidable tout au long de l'expédition », etc. Personne n'écoute. Jeanne et moi, quand nous sortons du restaurant, prenons Zhou et Shao Fen à part et leur demandons de se maîtriser. Nous leur expliquons que c'est toujours comme cela à la fin d'une expédition si difficile. Les sentiments sont exacerbés. A cause de la fatigue, on porte des jugements définitifs qui n'ont rien à voir avec la réalité. Il n'y a aucun monstre parmi nous. Et demain tout ira mieux et nous réfléchirons ensemble à la manière dont nous pouvons rentrer à Chengdu... Mais en réalité, combien de jours allons-nous être bloqués ici ?

10 septembre

Bloqués à Dartsedo. Christoph et nos officiers de liaison vont passer la journée à essayer de trouver une solution pour nous sortir de ce trou. Nous sommes maintenant pressés de rentrer à Chengdu. Notre avion pour Hong Kong est prévu le 16 septembre. Nurith et Sybil, quant à elles, sont censées repartir le 13.

Ce matin, tout le monde faisait un peu la tête, mais l'atmosphère s'apaise. Aujourd'hui vacances et promenades dans la ville. Depuis notre dernier passage mi-juillet, la réparation du toit du monastère Ngachu situé à côté de l'hôtel a été aussi terminée. Nous sommes émerveillés par la rapidité à laquelle la reconstruction s'opère un peu partout. C'est un grand centre Gelukpa ; le hall d'assemblée est entièrement restauré. Deux moines finissent d'en peindre le portail de couleurs vives, bleu, rouge et jaune. D'autres apportent des meubles tout neufs qu'ils transportent sur leur tête.

Le soir, nous allons voir un film de Kung-Fu, qui débute au monastère de Kumbum (Si Alexandra voyait ça !), avec des acrobates chinois devant le chörten et un mélange de bouddhisme et de muscles assez incroyable. La grande justicière change de tenue de soirée à chaque plan, avec des coiffures en pièces montées, toutes plus alambiquées les unes que les autres. La salle se tord de rire. Les Chinois sont fous de cinéma et très bon public. Les places sont numérotées. A côté de moi, un homme lance d'énormes et longs crachats dans l'allée centrale. Les fauteuils en bois grincent. La salle est d'une grande vétusté mais pleine à craquer. Les gens crachent, rotent et lâchent des vents dans une époustouflante symphonie de bruits et d'odeurs. Nous dînons dans le même restaurant qu'hier. Nos Chinois sont indifférents, presque de bonne humeur. Tout le monde a l'air plus reposé. Mais quand repartirons-nous ?

11 septembre

Les nouvelles ne sont pas plus encourageantes ce matin. Rien à faire. Il continue de pleuvoir à la hauteur du col où s'est effectué l'éboulement. Nurith et Sybil se font à l'idée de rater leur avion. Nous sommes en contact par téléphone avec l'équipe de télévision qui nous attend toujours à Ya'an. Jeanne, Gyurme et moi partons un peu en dehors de la ville pour aller voir le monastère appelé Dodrak Gompa qui dépend du monastère Nyingma du même nom situé au Tibet central. Il est entièrement restauré. Nous pénétrons dans la cour en même temps que les moines qui viennent célébrer une cérémonie en l'honneur de Padmasambhava, leur patron. L'intérieur de la grande salle d'assemblée est très intéressant ; une immense statue de Padmasambhava est en cours de fabrication.

Au retour, Jeanne et moi nous promenons dans la ville. J'achète des louches en cuivre martelé et des cartes à jouer rouges chez un vieux bonhomme qui vend des racines, des poudres et des peaux de rats secs ou d'autres bêtes, qui doivent servir à la fabrication de médicaments ! Le marché aux légumes regorge de richesses. Soja, salades, aubergines, petits oignons, gros radis, figues de Barbarie, paniers (appelés dolcos) que l'on porte sur le dos soutenus par une lanière qui entoure le front, poires, pommes, raisins, tomates couleur rose indien, choux, viande de yak ou de porc, champignons, cèpes gigantesques, morilles, girolles, champignons des prés, et les fameux champignons tibétains comme des algues brunes qui poussent dans les marécages des hauts plateaux...

Christoph part en reconnaissance pour voir où en est le glissement de terrain. Il revient avec des informations très négatives. A trois heures de route, la montagne se serait écroulée sur mille mètres de dénivellation. Le passage restera impraticable pendant au moins cinq ou six jours ! Cela nous laisse le temps de filmer le monastère de Nyingmapa, repéré ce matin. Nous commençons à peine à installer le matériel, qu'un officier tibétain vient nous expliquer qu'il faut une permission spéciale de Pékin pour filmer à Dartsedo parce que c'est une ville interdite aux étrangers. Inutile de discuter, il ne veut rien entendre. Nous devons arrêter notre installation. Gyurme et moi embarquons de force l'officiel dans les bureaux administratifs. Il est tellement inquiet à l'idée que nous filmions sans permission qu'il a sûrement dû recevoir des ordres précis d'un supérieur sévère. En effet, il nous présente ce supérieur, un monsieur très affable, qui veut voir notre permission générale de Pékin. Nous la lui présentons. Il est Tibétain, porte une casquette enfoncée jusqu'aux oreilles et joue un peu au chef. Son bureau est d'un ordre maniaque. Il nous offre une tasse de thé, et après une heure, nous permet de retourner au monastère. Nous filmons, dans une dépendance du monastère, un atelier où plusieurs ouvriers, sous la direction d'un moine, travaillent et sculptent le bois et la terre. Les linteaux de bois serviront à décorer les piliers et les portes du temple.

Nous tournons une scène dans la cour intérieure, où les pèlerins et les villageois viennent assister à la cérémonie d'anniversaire de la naissance de Padmasambhava.

Le soir, nous prenons un bain aux sources chaudes. Deux par piscine. J'entends Dr Jane et Alice dans le bassin d'à côté, faire des « splatchs » et rire à n'en plus finir. Ce sont les dernières à sortir, les joues toutes roses de chaleur.

12 septembre

Accompagnée de Christoph et de Liu le chauffeur, je pars pour le col de Khakha Bouddha ! Après une heure de route, nous croisons de longues files de camions arrêtés et chargés de troncs d'arbre : le col n'est toujours pas ouvert. Pour la première fois depuis trois jours, il ne pleut pas, et on devine le soleil derrière l'épais tapis blanc de nuages. J'espère que nous pourrons franchir le col aujourd'hui ; les Land-Rover sont réputées pour passer sur n'importe quel terrain, non ? Nous descendons jusqu'au glissement de terrain. C'est impressionnant. On voit un énorme morceau de montagne coupé net, un éboulis de rochers et de terre étalé sur un kilomètre de largeur et autant en profondeur, jusqu'au fond du ravin. Au moment où nous sortons de la voiture, des hommes se mettent à courir dans tous les sens pour se mettre à l'abri. L'un, me voyant affolée et figée par cette panique, m'attrape et me pousse sous un camion. Les mines explosent au-dessus de notre tête. Des cailloux tombent sur le toit de la cabine. J'ai le cœur qui bat la chamade et tremble de tout mon corps. Je ne sais pas où est Christoph, sans doute plus loin avec Liu. Des hommes courent dans la montagne chamboulée, leurs sacs sur le dos. Ce sont les occupants des bus bloqués, qui décident de poursuivre leur route en espérant trouver un moyen de transport dans le village qui se trouve de l'autre côté de l'éboulement. Leurs yeux, hagards, scrutent le ciel, craignant qu'il ne pleuve d'autres pierres. Je regarde dans la même direction qu'eux et vois moi aussi les rochers, les énormes pans de terre prêts à partir. Nous ne passerons pas avant des jours et des jours. Christoph veut prendre une photo et s'avance dans la masse de terre, en suivant les hommes qui veulent la traverser. Je ne veux pas le suivre. J'ai trop peur, je vois un gros rocher au-dessus de sa tête prêt à tomber. Je lui crie de revenir. Il m'obéit et se moque de moi. Nous retournons à Dartsedo. Il faut trouver une solution, ou nous finirons par rater notre avion du 16 septembre à Chengdu.

Le soir, réunion au sommet. Les deux routes sont toujours officiellement bloquées, mais l'une serait tout de même ouverte aux camions depuis ce soir. Il s'agit de cette route secondaire en terre qui remonte la rivière de Rongtrak (Danba) vers le nord et passe ensuite par la réserve nationale de pandas. Nous décidons de partir avec nos voitures, le lendemain à 7 heures pour avoir le temps de revenir à Dartsedo au cas où la route serait trop mauvaise. Les chauffeurs sont violemment contre, ils disent que l'on risque notre vie. Mais nous sommes intraitables ; qui ne tente rien n'a rien !

Le soir, l'équipe chinoise nous emmène voir un film tourné il y a deux ans, et qui relate une histoire vraie : le vol par un général du Kuomintang du trésor de la dernière impératrice, avec lequel Mme Tchang Kai Chek s'enfuira à Taiwan. C'est long et ennuyeux. Après le film, leur sentiment nationaliste et communiste est exacerbé. Ils nous font l'apologie, surtout Liu « le Belge », du bien qu'a fait le Parti communiste à la Chine, notamment en nettoyant leur pays des capitalistes voleurs.

13 septembre

Les chauffeurs refusent de prendre la route. La rivière aurait, paraît-il, emporté la route de terre qui n'avait pas de mur de soutènement ! Ils ont peur. Deux heures de négociation pour les convaincre. Ils font la gueule et Liu, le chauffeur qu'Alice surnomme « Prince », n'arrête pas de hurler et de nous insulter, mais en chinois. Cela ne nous touche pas.

Nous avons de la chance, il fait beau et nous réussissons à les convaincre d'au moins tenter le passage en roulant tant que cela est possible. Il sera toujours temps de revenir si la route est coupée.

La télé chinoise qui nous attendait à Ya'an, de l'autre côté de l'éboulement, est prévenue par radio téléphone du changement de notre itinéraire et repart de l'autre côté du col, au parc des pandas. Trente kilomètres après Dartsedo, nous bifurquons vers le nord. La route est belle, longeant la rivière en furie, marronnasse, dont les bouillonnements rugissants atteignent plusieurs mètres de haut — et dont le niveau touche ainsi celui de la route. On nous dit que plus haut elle l'a d'ailleurs inondée.

Nous allions quitter le Tibet, et nous voilà à nouveau forcés d'y retourner puisque la route, plus longue de trois cents kilomètres, passe par cette vallée qui remonte jusqu'à Rongtrak, en plein Gyarong. J'en suis plutôt contente, et le paysage est fabuleusement beau. Dans la vallée de plus en plus encaissée, nous retrouvons les forêts de pins et de genévriers et l'habitat caractéristique du Gyarong. Dans certains villages, les tours à « neuf étages » apparaissent par dizaines, presqu'une par maison, et auraient été construites à l'occasion de la naissance d'un fils. Il y a des dzong monumentaux, comme dans la vallée de Barkham, des dessins auspicieux peints en blanc entourent les nombreuses fenêtres, ainsi que de grandes svastikas, symbole de force et de prospérité. Notre chauffeur Wang nous les montre du doigt et dit : « Hitler », d'un air pas peu fier !

Nous sommes partis à 10 h 30, nous passons le col à 20 heures ! Sans nous être arrêtés, même pas pour déjeuner. Après le col, il pleut tellement, et le brouillard est si épais, que j'ai l'impression que nous n'arriverons jamais. C'est terriblement glissant. La redescente est un cauchemar. Nous avons définitivement quitté le sol tibétain après plus de deux mois de pérégrinations, cela nous rend mélancoliques. Nous allons retrouver la chaleur étouffante de Chengdu, les miasmes des plaines, la fourmilière qu'est la Chine. Finis les grands espaces, les cavaliers libres, l'air pur, les montagnes, résidences des dieux !

Nous croisons sur la route qui n'est plus qu'un fleuve de boue des camions versés dans les ornières, arrêtés par le brouillard ou alors incapables de grimper car ils patinent. Les chauffeurs n'en peuvent plus. Je garde les yeux grands ouverts, allume des cigarettes à Wang et le force à boire du thé chaud. Il semble n'avoir plus tous ses réflexes. Pendant les arrêts pipi, je me rends compte que les occupants des autres voitures ne sont pas en meilleur état. La voiture d'Alice et Dr Jane cale à plusieurs reprises, elles descendent pour la pousser sous la pluie. Quand enfin nous arrivons en bas de la route du col, notre chauffeur assure qu'il n'y a plus qu'une demi-heure de route. Il est 22 heures, nous mourons de faim. Nous arrivons à minuit à l'hôtel qui se trouve dans la réserve des pandas, épuisées.

Le CITS de Chengdu nous attend. L'hôtel ressemble à une guest-house indienne. Jardins entourés de chambres que longe une galerie dallée. A l'intérieur, les murs sont recouverts de panneaux de bois. Au plafond, un ventilateur électrique modèle colonial, à larges pales de bois. Les salles de bain sont vastes et carrelées de blanc et de bleu, et d'épaisses serviettes à fleurs donnent un sentiment de confort et de propreté dont nous avions bien besoin...

On nous sert un repas dans une salle à manger très spacieuse, ouvrant sur le jardin par de larges baies vitrées, comme celles d'une serre. Il pleut tellement que les vitres sont couvertes de buée. Les responsables du CITS sont à une table, entourés de nos officiers de liaison, nous à une autre. Pendant une heure, nous faisons chacun à notre tour un petit discours pour remercier l'organisation du CITS de nous avoir aussi bien accompagnés, et nous recevons en retour des félicitations pour notre courage... Entre nos dents fusent discrètement quelques insultes ironiques. Kampé !

Nous nous couchons vers deux heures du matin. C'est l'anniversaire de Jeanne. Elle a trente-sept ans. Ce n'est pas ce soir que nous pourrons lui organiser une fête !

14 septembre

Nous nous levons rafraîchies par une bonne nuit et force ablutions. Nous sortons nos sacs de l'hôtel et la télé chinoise nous filme chargeant les voitures. Je montre même à la caméra la couverture du *Journal de voyage* d'Alexandre David-Néel et me débrouille pour parler un peu d'elle.

Nous partons, Alice dans ma voiture ainsi que Jeanne et Gyurme. Dr Jane va dans celle de Christoph. La télévision veut nous filmer sur la route, et toute l'équipe au travail. Nous nous arrêtons près de la rivière, posons la caméra sur un éboulis de pierres. La télé nous interviewe, moi d'abord puis Christoph. Je raconte qu'Alexandra David-Néel a pénétré dans ces régions en 1918 et qu'elle les a parcourues à pieds. Personne ne semble la connaître en Chine. Les journalistes sont en tout cas intéressés d'apprendre qu'elle a parcouru toutes ces régions une première fois de 1918 à 1923 puis de nouveau en 1938 jusqu'en 1944.

Nous filmons la montagne, j'aimerais voir un panda, mais ce sont des animaux très timides, qui se cachent pour dévorer les jeunes pousses de bambous dont ils raffolent. Pour survivre, ils doivent en absorber chaque jour deux fois leur poids, et pour les consommer ils s'allongent sur le dos et les mettent dans leur bouche à l'aide de leurs pieds.

Nous déjeunons à 14 heures à la hauteur du barrage de Guanxian, que certains d'entre nous avaient visité lors de notre séjour à Chengdu, et arriverons à 17 heures à Chengdu. Nous retrouvons la Chine, la grande route goudronnée bordée de champs de blé coupé en bottes, les milliers de cyclistes, qui transportent aujourd'hui des cochons ficelés sur leur porte-bagages, dont les yeux ouverts crient leur désespoir. C'est jour d'abattoir. La chaleur est poisseuse. Nous nous arrêtons quelques kilomètres avant Chengdu, dans une bambouseraie pour prendre une ultime photo de toute l'équipe sino-européenne réunie. La télévision a pris de l'avance, pour filmer notre arrivée à l'hôtel Jin Jiang. Jeunes filles à fleurs, bouquets dans les bras, applaudissements nous accueillent. Nous verrons tout cela demain à 19 h 30 sur nos postes. Jeanne et moi aidons à monter les bagages et décharger le camion.

Rangements et lavages. Je préfère ne pas penser que c'est la fin de l'expédition. Comme si nous avions passé un pacte, personne n'en parle. Douche. Dîner rapide dans la salle à manger gouvernementale de l'hôtel. A Chengdu, ce soir c'est la Fête de la Lune. Cette fête a lieu le quinzième jour du huitième mois lunaire et marque l'arrivée de l'automne. Ce jour-là, toute la population savoure les délicieux « gâteaux de lune ». Nous reprenons contact avec la « civilisation ». Les Chinois sont sur leur trente et un, en fête. C'est comme Noël. Nous buvons du vin blanc sur la terrasse du 9ᵉ étage et dansons sur la piste du « Garden Restaurant ». J'essaie d'appeler mes parents. Ils doivent déjà être partis pour New York. Normalement, je serai de retour à Paris avant eux.

Le retour

15 septembre

Je pense rester à Chengdu avec Christoph quelques jours de plus que prévu. Il semble que nous ayons à négocier avec le CITS un dépassement de budget d'au moins cent mille francs. Le temps de se faire envoyer l'argent par F. Productions, cela va prendre deux ou trois jours supplémentaires. Le reste de l'équipe part demain matin avec le matériel et les bobines. Cent cinquante kilos.

Alice et Dr Jane resteront à Hong Kong, jusqu'à ce qu'elles aient obtenu leur visa pour Delhi, puis elles passeront une semaine à Dharamsala, dans l'Himachal Pradesh, pour réaliser leur reportage sur la médecine tibétaine. C'est là qu'une importante communauté de Tibétains en exil s'est regroupée autour du Dalaï-Lama. Il y a fondé un centre d'études tibétaines, où la médecine traditionnelle joue un rôle important.

La caméra vidéo sera réparée à Hong Kong. Manipulée pendant l'expédition, la batterie a été forcée et placée de travers. Pendant la journée, la femme de Zhou nous a emmenées à travers la ville en rickshaw acheter des pinceaux chinois, de l'encre et des cahiers. Puis elle nous a conduites à une fabrique de soie. Le travail est mal fait, clinquant et sans goût. C'est tellement laid que je ne peux rien acheter, sauf un « kimono » en soie pour Alice. Mais la promenade en rickshaw est très amusante. Nous longeons la rivière, les cafés aux oiseaux, traversons des rues bordées de maisons en bois, dans lesquelles des artisans fabriquent des chaises en bambou ou des paniers. Des vendeurs sont installés par terre, des femmes qui font la cuisine pour les passants. C'est tout ce qu'il reste de la vieille ville qui donnait à Chengdu sa réputation d'une des plus belles villes de Chine. Les quartiers les plus pittoresques sont rasés au fur et à mesure pour laisser la place à des tours de béton.

Pendant que nous nous préparons pour le dîner officiel avec les représentants du tourisme, de la communication, du CITS et le secrétaire du Parti communiste, nous nous regardons en direct à la télévision aux nouvelles. Le cameraman a pris mon mauvais profil et le son n'est pas synchrone.

Nous sommes encore filmés aujourd'hui, par la télévision chinoise, durant les toasts précédant le dîner. Tout ce cirque est conventionnel, ennuyeux et très hypocrite. Dans un long discours adressé au secrétaire du Parti communiste, je remercie chaleureusement les populations locales pour leur hospitalité et leur générosité, ainsi que l'équipe chinoise et mon équipe « féminine » pour son courage, sa fidélité et sa valeur « professionnelle ». Ce n'est pas l'effort du banquet du premier jour et la présentation est peut-être savamment combinée, elle n'en est pas moins sérieusement défraîchie. Nous avons toujours trois verres devant nous, un pour cet orangina local imbuvable, l'autre pour ces vins doux sucrés et épais à souhait, le troisième pour le redoutable alcool chinois, fabriqué à partir du sorgho. En quittant la « salle de banquet », nous recevons chacun un superbe cadeau : une pochette de paille tressée portant le nom du CITS, dans une boîte plus jolie que l'objet même, et un livre sur la province, illustré de photos démodées.

Après le dîner, nous invitons toutes les épouses des membres de l'équipe chinoise à prendre un verre au Minshan Hotel en face. Le rassemblement en vaut la peine. Les couples sont vraiment parfaitement assortis ! Les plus sympathiques de notre équipe ont des petites femmes aux visages avenants et souriants. Les autres sont sévères et raides comme des piquets. Nouveau discours, m'adressant aux femmes je dis : « Pour la prochaine expédition, je vous échangerai contre vos maris. Ce qu'un homme peut faire, une femme peut le faire encore mieux ! » Les maris rient jaune, les épouses éclatent de rire et applaudissent à tout rompre. Le féminisme est bien vivant... même en Chine.

Nous remontons vers 1 heure du matin et je prépare les valises qui partiront en fret par l'avion demain.

16 septembre

Nous partons en minibus à l'aéroport. Alice me tient la main. Finalement, il n'est pas sûr qu'elle parte avec Dr Jane en Inde. Elles verront cela avec Jeanne et Snafu, une fois à Hong Kong. L'aventure est terminée. Nous sommes toutes tristes de nous quitter. Au moment de l'enregistrement des bagages et du fret, il manque un tampon sur les paquets renfermant les pellicules. Je vois le cirque : les officiels de l'armée, les mêmes qui fêtaient notre départ hier soir au banquet, font un signe discret, en désignant les boîtes de film à nos accompagnateurs du CITS, qui signifie : « Mettez-les de côté », alors que le reste du matériel passe la douane sans problème. Je comprends bien vite à leur messes basses que cette interdiction de passer les bobines ne date pas d'aujourd'hui. Tout cela a l'air prémédité. Le ciel me tombe sur la tête. Toutes les histoires qu'on m'a racontées sur les blocages ou les destructions de film me reviennent d'un coup en mémoire. Serions-nous dans la même situation ? Zhou s'approche de moi et tente de me rassurer, l'officier qui délivre les tampons n'était pas dans son bureau hier soir et nous aurons tout demain. Nous pourrons donc, Christoph et moi, prendre notre avion dans deux jours, avec les bobines, lorsque nous aurons reçu l'argent de F. Productions que le CITS nous réclame.

Lorsqu'Alice disparaît avec l'équipe, je pleure toutes les larmes de mon corps. Je me sens terriblement vide et déprimée. J'aurais tant voulu repartir avec mon équipe, et finir ensemble cette magnifique aventure. Tout d'un coup, c'est fini, les choses se défont, les gens se séparent.

Je dors pratiquement tout l'après-midi. Le soir pour le dîner, Gyurme vient me chercher dans ma chambre du Jin Jiang. Au restaurant du 9e étage de l'hôtel, il me présente une « Tibétaine » jeune et très sympathique, Tsering Lamo. Elle fait de l'import-export en objets d'arts. Une jeune harpiste mi-tibétaine mi-chinoise, également charmante, l'accompagne. Elles me prennent en main, me font danser et boire... Cela me fait un peu oublier la tristesse de la séparation. Combien de temps bloqueront-ils le film ? Je n'ai que cette idée en tête. J'en parle à Christoph, furieux de mon pessimisme. Je ne sais pas pourquoi je sens si mal l'avenir...

17 septembre

Dimanche. Réveil difficile, après tout l'alcool absorbé la veille. Déjeuner chez Zhou et sa femme, dans ces grandes constructions communistes en béton gris. L'entrée est sale, pleine de détritus. Nous montons au sixième. L'appartement est plutôt coquet, trois petites pièces, meubles en plastique blanc. La chambre principale, avec un lit à deux places surmonté d'un miroir très Barbès, un dessus-de-lit beige à poils acryliques. La chambre de l'enfant, remplie de peluches, est si bien rangée qu'on a l'impression que l'enfant n'y joue jamais. La troisième pièce sert de salle à manger. Salon canapé en skaï blanc et une bibliothèque contenant quelques romans en allemand, puisque Zhou a fait des études d'allemand, et en français, puisque sa femme « Arc-en-Ciel » enseigne les futurs professeurs de français à l'université de Chengdu. Une jeune « bonne », comme dit « Arc-en-ciel », est à la cuisine et prépare le déjeuner. Elle vient de la campagne et s'occupe aussi de l'enfant. Zhou et sa femme font partie du gratin de la société chinoise et ont les moyens d'avoir une aide ménagère. Ils en sont très fiers.

La petite fille est mignonne, mais trop gâtée comme tous les enfants uniques chinois. Ça va être de la race des monstres arrogants. Je me souviens d'un petit garçon, au restaurant, à Xining, entouré de ses parents, de son oncle et de ses grands-parents. Il jouait la star, coupait la parole à tout le monde et, déjà obèse, se bourrait de nourriture, véritable tête à claques. Hier soir encore, une petite fille enrubannée, déguisée comme une adulte, dansait sur la piste de l'hôtel Jin Jiang, prenant des poses devant les regards émerveillés de ses parents. Ou encore, ce petit garçon hurlant, giflant sa mère parce qu'elle parlait à son mari : la mère, sous la domination de l'enfant, obéissait avec respect et le père trouvait ça normal.

Zhou parle avec Christoph, sur la terrasse de l'immeuble, des problèmes concernant l'autorisation de sortir le film. Christoph essaie, en fait, de faire dire la vérité à Zhou. Que sait-il exactement, et depuis combien de temps ? Cependant qu' « Arc-en-Ciel » et Lao Wang, notre ex-photographe de l'expédition et officier de sécurité, m'expliquent que nous allons avoir de grosses difficultés, car l'affaire est allée jusqu'à Pékin. L'assistant de M. Lou, le directeur du CITS, a téléphoné au général Miao à Chengdu, qui doit apposer le fameux timbre sur nos films. Le général n'étant pas là, c'est son collaborateur qui a pris l'appel et a téléphoné immédiatement aux autorités militaires de Pékin pour leur signaler que nous avions cent cinquante bobines à faire sortir de Chine demain. Les autorités militaires de Pékin ont semblé très étonnées et ont répondu qu'elles n'étaient pas au courant de l'existence de ce film ! Qu'est-ce qui se trame ?

Je commence à me sentir très mal. Je comprends que nous risquons de servir d'otages ; « Arc-en-Ciel » ne m'a-t-elle pas dit que la Chine avait élevé quatorze protestations officielles contre la France ces dernières semaines ? Zhou n'a pas dû dire toute la vérité à Christoph ; lorsque nous rentrons à l'hôtel, je lui raconte ma conversation avec « Arc-en-Ciel » et le vois blanchir à vue d'œil. Sa réaction est étrange : il ne veut rien croire de ce que je lui dis tant que ce n'est pas Zhou qui le lui dit lui-même. Cela me met dans une colère intérieure très grande, et je tombe endormie sur mon lit pour éviter d'avoir à penser. Christoph quitte la chambre.

Lorsque je me réveille, je lui écris une lettre, lui expliquant que nous allons avoir de grands problèmes avec les Chinois, et que nous ferions mieux de faire équipe et de nous faire mutuellement confiance. Je porte cette lettre à Gyurme, resté ici pour quelques jours avant son départ à Lhasa, et lui demande de trouver Christoph qui doit être au bar. Gyurme pense que la réaction de Christoph est tout à fait compréhensible, bien qu'inacceptable. C'est très dur pour le producteur d'être d'un seul coup confronté à de tels embrouillaminis et d'imaginer que peut-être le film ne pourra jamais sortir de Chine.

Gyurme vient me trouver vers 7 heures, l'air désemparé : Christoph se dit prêt à négocier mon départ pour Hong Kong avec le CITS. Je lui fais répondre que je ne sortirai pas de ce pays sans mon film. Une heure plus tard, Gyurme l'entremetteur réapparaît et m'invite à rejoindre la terrasse de l'hôtel. Christoph m'y attend pour m'offrir une vodka. J'arrive rieuse et légère, d'une humeur d'ange et reprends la conversation comme si rien ne s'était passé. Cela le détend, et nous pouvons enfin aborder nos problèmes, sans qu'il se sente blessé. Je crois, en fait, qu'il a très mal pris mes informations, parce qu'il se sent coupable : Où a-t-il mal négocié ? Et quand ? Aurait-on pu éviter cette catastrophe ? Nous aurions dû certainement faire moins confiance aux Chinois, et ne pas les lâcher d'une semelle dans leurs bureaux quand ils organisaient notre départ.

Nous dînons au restaurant de l'hôtel Min Shan, en face, avec deux

Américains, l'un dans le commerce d'antiquités, l'autre un gros photographe, que nous avons rencontrés dans le hall de notre hôtel et qui avaient l'air de flotter... Ici, tous les étrangers se parlent, c'est assez amusant, cela permet de rentrer dans des univers complètement différents et c'est en fait la seule distraction de la journée. Chengdu, à part ses temples et ses vieux quartiers que j'ai parcourus déjà de long en large, n'offre pas une grande palette d'intérêts. Après le dîner nous traversons la rue pour boire une dernière vodka sur la terrasse du Jin Jiang Hotel.

En redescendant avec Gyurme vers ma chambre (Christoph est allé se coucher depuis longtemps), dans le corridor je suis happée par deux Indiens, l'un d'un certain âge, l'autre plus jeune. Ils nous invitent, Gyurme et moi, dans leur chambre, puis nous déballent leur vie. Ils sont deux mâles (le père et le neveu) de la famille Patel, riches comme Crésus, fortune faite dans le textile et le cinéma, etc. Bref, après une demi-heure d'autoportrait (plutôt flatteur), le père me propose de me nommer manager des filiales chinoises de produits de beauté et de textiles qu'il veut créer ici. Avec Gyurme, nous vidons une bouteille de whisky. Nous nous découvrons des tas de connaissances communes, en Inde. Après tant d'alcool, je me dirige vers sa salle de bains ; le vieux monsieur se lève et essaie de m'embrasser. Gyurme et moi rions à n'en plus finir, et pendant qu'il le bloque dans sa chambre, je me sauve.

18 septembre

Katok Lama (Drime Zhingkyong Rimpoche) est rentré à Chengdu. Il nous invite à prendre le petit déjeuner chez lui, ce matin. Sa maison est confortable, quatre ou cinq pièces, magnéto, télé, autels de prière, grande cuisine, beaux tapis et serviteurs moines qui l'entourent avec déférence. Beaucoup de gens tournent autour de lui. Il me semble encore plus gros qu'à Kanzé, car il n'a pas son habit de moine, mais une chemise polo bleu ciel qui lui moule bien le ventre. Il fait plus jeune en civil. Il est drôle, raconte à tout va que les Chinois sont « small-minded », mais il est très malin et a l'air de savoir négocier avec eux.

Il pense que les Tibétains, plutôt que de se battre dans la rue, devraient lutter pour sauvegarder leur langue, leur culture, et s'acharner à reconstruire discrètement, un à un, leurs royaumes. Les deux provinces traditionnelles du Kham et de l'Amdo sont actuellement morcelées entre cinq provinces de la République populaire de Chine : l'Amdo dans le Qinghai, le Gansu et le Sichuan ; le Kham, dans le Sichuan, le Qinghai, la Région autonome du Tibet et le Yunnan. Mais l'histoire est mouvementée : dès le xe siècle, l'Amdo fut une terre d'asile qui accueillit les groupes, tels les Bönpo ou les Jonangpa, que le gouvernement de Lhasa voulait faire disparaître. Quant au Kham, au relief très accidenté, il a connu pendant des siècles des guerres intestines entre les différents royaumes. Quoi qu'il en soit, les deux provinces furent très durement touchées par les ravages de la Révolution Culturelle. Grâce aux Annales chinoises et aux informations rapportées par les rares voyageurs étrangers, il est tout de même possible de reconstituer la vie d'avant 1950. L'on apprend ainsi que les conflits entre Tibétains et Chinois, ou même entre Tibétains, existaient depuis un siècle, s'intégrant à un processus de destruction-reconstruction dont on aimerait qu'il prenne fin.

Depuis 1979, les deux provinces renaissent indubitablement, et la reconstruction des maisons comme des monastères bat son plein. Gyurme et moi proposons au lama de rencontrer les Indiens d'hier soir pour faire des affaires. Il accepte, et les verra une longue partie de l'après-midi. Il adore « faire de l'argent » et, très généreux aussi, l'utilise pour reconstruire les monastères détruits.

Après déjeuner, je pars acheter de la soie noire avec la femme de Zhou, dans le grand magasin qui se situe au bout de l'avenue Renminnanlu derrière la gigantesque statue de Mao, une des seules à être encore debout en Chine et que les Chinois fleurissent des pieds à la tête pour la fête nationale du 1er octobre. Etrange. Le grand magasin sent la naphtaline. Les vendeuses sont lentes et désagréables. Ça sent encore la Chine populaire et la haine des étrangers. Les ascenseurs n'ont jamais fonctionné. Il y a six étages assez vides, dont les marchandises semblent déjà usées. Les manteaux ont un air râpé, les pull-overs acryliques sont pleins de poussière.

« Arc-en-Ciel » ma raconte que le grand magasin s'est rempli ces deux dernières années et qu'avant on ne trouvait rien. Les comptoirs étaient pratiquement vides. La mode date des années 70, chaussures à semelles compensées, robes imprimées sans forme. Il n'y a que l'étage des tissus qui présente un vague intérêt. Après avoir fait déballer quelques minces rouleaux de soie, je trouve ce qui me convient, ce n'est pas du tout du goût d' « Arc-en-Ciel », qui aurait préféré, plutôt que de la véritable soie noire à brocarts, un nylon à fleurs bien voyantes.

Elle m'emmène ensuite chez sa belle-mère, la mère de Zhou, qui doit nous présenter l'une de ses amies couturières. L'immeuble dans lequel elle habite est gris, triste et sale, malgré les balcons remplis de plantes et de linge qui sèche. Le sol de l'appartement est en ciment brut. Ça sent le pipi, et pourtant tout est très propre. Elle a une bonne, qui assure le ménage de ce petit logis aux fauteuils défoncés. Elle fait du Tai Chi tous les matins avec son mari et joue aux cartes tous les soirs jusqu'à minuit ou plus tard avec les copains de son unité de travail. Elle est maîtresse d'école. Elle me regarde sous toutes les coutures, d'un œil amusé. Nous partons à pied chez l'amie couturière, qui, elle, a un appartement très coquet, dans le même genre de bâtiment. La machine à coudre trône au milieu de la grande pièce. Petits rideaux à fronces. Faïences chinoises modernes sur un buffet très 1950. L'appartement a deux autres pièces, bien rangées avec des meubles en bois ciré. Son mari est ingénieur en construction. Elle a une fille de seize ans qui étudie la peinture. La femme a l'air d'un rat, alors que le mari est plutôt grand et distingué. Les habits qu'elle fait sont très laids, mais sans aucun doute elle sait coudre.

Elle voudrait me faire acheter une robe d'été froncée rose, qui me déprime rien qu'à la regarder. Elle fait essayer un tailleur à « Arc-en-Ciel », en laine grise avec une sorte de grand empiècement noir en faux taffetas. C'est horrible. Mais elles s'extasient toutes les deux. Elle me mesure dans tous les sens, devant l'assemblée qui rit, car, comparée à elles, elles me trouvent très grande et très grosse. La couturière en rajoute, se moque de moi en chinois ; me touche à nouveau en lançant des clins d'œil à « Arc-en-Ciel » et sa belle-mère qui pouffent de rire. Elle me tape sur les nerfs. La robe ne sera pas prête avant au moins une semaine. Si j'avais su, j'aurais trouvé un tailleur moi-même.

Je rentre en rickshaw avec la femme de Zhou, et parcours au moins cinq kilomètres à travers la ville, au brouillard couchant. Je dîne seule avec l'américain Bob, art dealer, rencontré hier soir. Christoph nous rejoint après. Je commence à m'ennuyer ferme. Pour me distraire, je prends le cahier de script et entreprends mentalement le montage du film.

19 septembre

Ce matin, Christoph est charmant.

Puis nous emmenons la femme de Shao Fen à la fabrique de bambous, où l'on fait d'horribles objets tarabiscotés, puis à la fabrique de laque où c'est encore pire. Nous voulons faire des cadeaux à tous ceux qui nous ont aidés à monter notre expédition, de près ou de loin. Nous comptons cent dix cadeaux à offrir.

De retour à l'hôtel, nous apprenons que Pékin a décidé de bloquer le film pour un temps indéterminé, sans fournir de raisons. De toute façon, l'argent que le CITS nous réclame en plus du contrat n'a été envoyé que ce matin de F. Productions et n'arrivera pas avant vendredi, donc nous ne pourrons pas partir avant samedi, jour de l'avion Chengdu-Hong Kong, puis Hong Kong-Paris. Les responsables du CITS semblent incapables de contrôler la situation et d'obtenir ce timbre manquant pour le départ de notre pellicule. Que faire ?

Christoph va voir l'agence concurrente de CITS, Golden Bridge, qui a soi-disant de très bonnes « introductions » au ministère de la Communication à Pékin et pourrait peut-être nous obtenir ce tampon. Mais ils veulent que Monsieur Lou, directeur du CITS, lui demande ce service lui-même, ce que Monsieur Lou refuse, tiens !

Nous devons absolument demander conseil à Katok Lama, avec qui nous dînons ce soir. Si au moins on pouvait savoir qui, à Pékin, nous interdit la sortie de notre film, et pourquoi le CITS ne répond pas à cette question, nous disant qu'ils n'ont pas le droit de nous donner des explications... Je suis malade comme un chien, secouée de crampes intestinales, et passe l'après-midi, allongée dans ma chambre devant la télé, regardant des films étrangers piratés. C'est la spécialité des Chinois d'enregistrer sans en payer les droits des films à l'étranger, et de les repasser sur leur télévision, publicités étrangères comprises, et les voix horriblement mal doublées qui laissent entendre la voix originale en même temps.

Le secrétaire et le chauffeur de Katok Lama viennent nous chercher. Nous errons une heure durant dans Chengdu. Le secrétaire a écrit sur sa main : Sichul Hotel. Impossible à trouver. Après réflexion, nous comprenons qu'il s'agit du Sichuan Hotel. Nous arrivons — Christoph,

Gyurme et moi — au Sichuan Hotel, lieu princier. Katok Lama a réservé un salon privé et nous offre les plats les plus somptueux. A sa table, son secrétaire, le Loga Tulku, et les deux jeunes filles rencontrées il y a quelques jours, celles qui m'ont fait danser. Whisky à gogo, alcools chinois, nous nous détendons enfin, et il nous promet qu'il va nous aider, grâce à l'Association bouddhiste très puissante en Chine, et dont il est le président pour la province du Sichuan. Je m'entends très bien avec lui, et le fais rire aux larmes en me moquant des Chinois qui nous mènent en bateau et de la naïveté de Christoph qui n'a pas encore tout à fait compris que nous sommes dans la mouise. Je lui offre un sac de médicaments laissés par Dr Jane qui lui sera utile pour l'hôpital de son monastère.

20 septembre

Journée morne. Réunion le matin et l'après-midi au CITS, avec Monsieur Lou qui n'ose pas me regarder dans les yeux, Zhou, Gao Che et Shao Fen, très nerveux. Rien à faire, nous ne pouvons pas sortir le film, ils nous demandent d'aller à Pékin nous-mêmes pour négocier. Nous ne dépendons pas des militaires, paraît-il, mais du ministère de la Communication qui pense que nous n'avons pas assez payé pour nos trente-cinq heures de film. Finalement, nous décidons d'envoyer le petit Shao Fen, qui a son papa haut placé, pour obtenir le tampon de Pékin. Ils nous avouent que les étrangers n'ont pas le droit de rentrer à l'intérieur des ministères chinois.

Ils nous déclarent qu'à leur avis, la République Populaire de Chine veut se servir de nous, pour punir la France de s'être ingérée dans ses affaires intérieures et de l'avoir insultée. Donc, c'était bien ça... Mais le film est une coproduction historique et documentaire avec trois pays européens : France, certes, mais aussi Allemagne et Grande-Bretagne, plus l'Amérique. S'ils punissent la France, ils punissent les trois autres également...

Ils veulent maintenant absolument développer le film sur place, pour vérifier si nous n'avons pas tourné des choses interdites dans ces régions secrètes et normalement fermées aux étrangers. Nous refusons énergiquement. Pour les en dissuader, nous leur faisons le calcul de ce que le développement leur coûterait, à Hong Kong par exemple, avec une équipe technique venant de Paris pour surveiller la qualité des bains de développement.

Tout ça est fort mal parti. Et puis, la date de la Fête nationale approchant, il règne un climat de paranoïa. Ils ont peur de nouveaux soulèvements et d'une coupure économique et politique avec certains pays étrangers. Veulent-ils vraiment nous garder en otages ?... Vers seize heures, Zhou nous emmène dans un magasin qui vend de l'encre et des pinceaux de bambou aux brosses de soie. Nous achetons une quarantaine de petits cadeaux.

Ce matin au petit déjeuner, j'ai rencontré une administratrice de Médecins sans Frontières. Aide d'urgence pour les inondations du Sichuan et le tremblement de terre du mois dernier ; couvertures, médicaments, nourriture, avec l'UNICEF et la Croix-Rouge. Huit cent mille personnes sans abri, plus de mille morts. Elle est scandalisée par l'attitude des Chinois, chargés de superviser l'opération. Ils leur ont fait du chantage, leur ont demandé des cadeaux sur les marchandises envoyées par les associations humanitaires étrangères, et de l'argent. Pendant les constructions d'abris, ils refusaient de participer, laissant tout faire aux étrangers, considérant les sinistrés comme de pauvres clochards. De plus, elle s'est vue confrontée à des problèmes administratifs sans fin. Avant de convoyer les marchandises vers les provinces sinistrées, il y avait toujours un tampon qui manquait. Ça me rappelle quelque chose !

Je sais que chez les Chinois les plus âgés, ceux qui ont soixante ou soixante-dix ans, il y a encore un souvenir de quelque chose d'humain, d'une culture. En revanche, même les Chinois « libéraux » de la génération des 30-35 ans sont encore tellement loin de ce qu'on appelle liberté d'esprit, et ont si peu de références culturelles, historiques, politiques, qu'on se demande vraiment si la Révolution Culturelle n'a pas tout anéanti sur le plan spirituel, si toutes les racines n'ont pas été définitivement arrachées.

21 septembre

Balade avec Gyurme et Christoph, dans Chengdu. Nous achetons aux Editions Tibétaines, bâtiment jaune derrière l'hôtel Minshan, huitième étage, de superbes posters représentant différentes déités belles ou effrayantes. Puis je prends un livre sur les bijoux tibétains pour Naïla, et un livre sur l'art moderne des thankas pour Heather Karmay, une amie tibétologue professeur aux Langues Orientales. Elle a écrit *Le mendiant* de l'Amdo[1].

Déjeuner dans le jardin de l'hôtel Jin Jiang avec l'équipe chinoise au complet, chauffeurs compris. Au menu : grenouilles, anguilles, lotus et tripes de toutes sortes. Le tout follement épicé et extrêmement sudorifique ! Tous les membres chinois de l'expédition ont signé un papier disant que nous n'étions pas des espions, et qu'ils juraient sur l'honneur que nous n'avions rien filmé de compromettant. Les plus durs à faire signer, nous dit Zhou en douce, ont été Wang, le chauffeur de la voiture rouge, Liu « le Belge » et le chauffeur nerveux viré à Xining ; ils voulaient faire un rapport se plaignant de notre attitude vis-à-vis des Tibétains. Zhou est très fier de les avoir finalement convaincus. Mais cela est-il vrai ? Nous demandons à voir le papier. Ils n'ont pas le droit de nous le montrer !

Après le déjeuner, Shao Fen me demande de lui donner le cahier de montage. Il part demain pour Pékin, et le montrera aux autorités concernées, ainsi que les photos de l'officier de sécurité Lao Wang, prises pendant l'expédition. Avec ces documents, il espère prouver au Ministère de la Communication que nous n'avons filmé aucune installation militaire, et que nous devrions repartir au plus vite pour la France avec nos bobines. Sur le cahier de montage, chaque plan a été noté par Alice méticuleusement avec une description détaillée. S'ils persistent dans leur refus, cela sera un mauvais signe. Que nous veulent-ils au juste ?

Christoph donne 1 000 FEC (2 000 francs) à Shao Fen pour ses dépenses... Cela m'agace beaucoup, car après tout, si nous sommes dans la m..., c'est bien à cause du CITS qui n'a pas obtenu les papiers nécessaires à temps pour notre départ vers la France.

Rien d'autre à faire que de repriser mes chemises et chaussettes. Je rêve que ce cauchemar est terminé. Zhou et sa femme nous emmènent en rickshaw, avec mon amie de Médecins sans Frontières, Christoph et moi, pour rendre visite à l'un de leurs amis peintres. Il n'est pas chez lui ! Du coup nous trouvons un petit restaurant en bas de la rue, et dînons à cinq. « Arc-en-Ciel » a dans les bras sa petite fille endormie. Nous remontons chez le peintre, dont la femme en voyant notre petit mot est venue nous chercher. Le mari est à Pékin. Elle est seule. L'appartement est tout petit avec une pièce transformée en atelier.

1. Société d'ethnographie, 1985.

Faux objets tibétains, peintures hyper-réalistes aux sujets tibétains, ses créations sont extrêmement tristes et dénuées de talent. Il a le droit de vendre ses peintures aux particuliers, mais doit remettre la recette à son Unité de Travail...

C'est un peintre très reconnu en Chine, je demande à la femme le prix d'une peinture : 30 000 yuans (30 000 francs). Est-ce le vrai prix, ou croit-elle que je veux acheter une toile et monte-t-elle les prix parce que je suis étrangère ? Pour vivre, il est employé par l'armée comme peintre de décors de théâtre. Sa peinture ne doit venir qu'en deuxième position. La femme, elle, est danseuse à l'armée. Elle nous montre ses albums de photos, rêves en fleurs de plastique et habits militaires. Nous rentrons en rickshaw, nous racontant nos expériences chinoises.

22 septembre

Nuit agitée. Moustiques déchaînés. Chaleur poisseuse anormale. Petit déjeuner à 9 h 30, au neuvième étage de l'hôtel. Tout à coup le sol se met à bouger, le comptoir valse. La caissière devant qui je me tiens me regarde bizarrement. Elle pense que c'est moi qui ai fait bouger le comptoir. Je lui affirme que non. Alors, elle dit : « C'est quelqu'un qui passe l'aspirateur. » Je me retourne et vois la moquette verte faire des vagues et les colonnes du restaurant devenir presque molles tellement elles bougent. Les clients, eux, sont pétrifiés et se laissent bercer par leurs banquettes et leurs tables baladeuses. Je comprends enfin que c'est un tremblement de terre. La secousse dure environ une minute. Je descends comme une folle les neuf étages, quatre à quatre, et me retrouve dehors, les muscles tétanisés et le cœur à mille à l'heure.

Après avoir attendu dix minutes dans la cour de l'hôtel, en compagnie des clients complètement silencieux, les yeux fixés sur le bâtiment au cas où il s'écroulerait, je me calme un peu et rentre dans le hall. Je vais à la réception et demande si je peux remonter dans ma chambre. On m'affirme que oui, sur fond de musique divine : c'est le cristal des lustres qui se calme après la secousse. Christoph et Zhou arrivent à pied, revenant des bureaux du CITS. Ils n'ont rien senti. Zhou me dit que je n'aurais pas dû descendre les escaliers, c'est la première chose qui lâche dans un bâtiment qui tremble. On doit rester sous une porte ou sous une fenêtre car les cadres ne tombent que rarement... Nous attendons un peu et montons dans la chambre. L'officier de sécurité Lao Wang, dans la chambre voisine de la mienne où il est assigné à la garde de nos bobines de film, est tout affolé. Les caisses de film ont valsé, les armatures des fenêtres se sont entrechoquées. Coup de téléphone de la femme de Zhou en pleurs, parce qu'elle est sans nouvelles de sa petite fille à l'école. Elle était en train de donner son cours à l'université, lorsque se sont fait sentir les premiers frémissements : Tous ses étudiants ont quitté la salle en courant, les cours ont été annulés. Gyurme nous raconte qu'il a manqué se faire assommer par la grille de l'air conditionné, tombée juste après qu'il eut ouvert la porte de sa chambre...

J'erre dans la ville, je ne veux plus rester à proximité des grands bâtiments. J'achète du ginseng et un produit miracle pour la repousse capillaire qui pourra toujours servir à l'un de mes amis en perte de cheveux. Déjeuner chez Lao Shen, l'ex-assistant de Sybil et sa fiancée, laquelle m'offre une longue et large écharpe de soie brute rayée marron et jaune. Elle travaille à la télévision régionale. Elle semble pessimiste en ce qui concerne nos bobines. Si les autorités de Pékin se sont mêlées à l'affaire, elle nous dit que ce sera très long et très compliqué. Encourageant ! Dysenterie sans relâche. Sieste, puis télex de Pascal Bensoussan, le partenaire de Christoph : « Quand revenez-vous ? » Il ne sait pas encore toute la vérité. Nous avons bien reçu l'argent, mais la banque est en « rééducation politique » jusqu'à lundi, donc nous ne pouvons pas aller l'encaisser. Nous lui répondons par télex en fin d'après-midi, que le prochain avion pour Paris est mercredi. Mais nous ne lui parlons toujours pas du blocage du film. Nous ne voulons pas l'inquiéter. Nous avons encore de l'espoir.

23 septembre

Le tremblement de terre était de force 6-7 mais nous n'en avons eu que la « queue ». La télévision ne sait pas encore, ni les dégâts matériels, ni le nombre de morts. De toute façon, les Chinois détestent « officialiser » leurs catastrophes. Nous décidons de partir avec Zhou, sa femme, la petite fille et le jeune chauffeur de l'expédition pour le Mont Emei. Cette montagne est un des plus grands sanctuaires bouddhistes de Chine. Alexandra s'y rendit en pèlerinage en 1923. Les pèlerins continuent d'affluer pour visiter le site et monter au sommet du mont, à trois mille mètres d'altitude. La beauté du paysage attire même les non-bouddhistes. Un week-end en dehors de Chengdu nous changera les idées. J'ai tellement de fièvre que j'ai l'impression de ne plus avoir le sens de l'équilibre.

Nous nous arrêtons à cent soixante-cinq kilomètres de Chengdu à Leshan pour y dormir, et surtout aller rendre visite au Bouddha le plus haut du monde. Très bel hôtel moderne, le Jiazhou Hotel. C'est le point de rencontre de trois rivières : Daduhe, Qingyi et Minjiang. La ville s'étend d'un côté du fleuve ; de l'autre s'élèvent les monts Lingyun et Wuyon. Sur le mont Lingyun un immense Bouddha, « assis à l'européenne », a été sculpté dans la roche rouge. Cela prit dix ans, sous les Tang au VIIIe siècle, et reste la plus haute sculpture au monde. Je descends les marches creusées dans le roc et m'assieds sur l'ongle d'un pied. Je me sens petite, et me rappelle le poème de Rainer Maria Rilke que je transcrirai exactement à Paris sur mon journal :

Bouddha

« *Comme s'il écoutait : Silence : un lointain...*
Nous retenons notre souffle et ne l'entendons pas.
Il est étoilé. Entouré d'étoiles plus grandes
que nous ne voyons pas.

Il est tout. Nous attendons-nous vraiment
à ce qu'il nous voie ? En aurait-il besoin
Et quand on se prosterne il reste bon
profond et pesant comme un animal.

Car ce qui nous jette à ses pieds
circule en lui depuis le fond des millénaires.
Négligeant notre savoir
il pénètre ce qui nous rejette. »

Rainer Maria Rilke

Nous dînons dans un petit restaurant près de la rivière, la température est moite et chaude. La ville est animée, les gens se promènent, de jeunes couples se tiennent par la main, des stands proposent des momos grillés ou des soupes aux nouilles et aux oignons. Beaucoup de boutiques, qui vendent des chandails roses ou vert pomme, brodés de perles, très fluo, et des serviettes de bains à fleurs bien voyantes. Les meubles sont tarabiscotés, de très mauvaise qualité. Mais le tout dégage une impression de grande activité libre.

24 septembre

Nous partons en direction du Mont Emei, la montagne sacrée des Chinois bouddhistes. Nous déposons nos sacs dans la villa de Mme Tchang Kai Chek puis Mme Mao, transformée en hôtel. Les chambres sont luxueuses, très acajou 1930 ; une lumière diffuse, grise, en accuse le côté « rêve d'une autre époque ». L'hôtel est entouré d'une grande forêt de mélèzes et de bambous.

Le Mont est à environ deux heures de route de la villa, route de terre où nous sommes ballottés en tous sens. Brouillard. Nous arrivons à un grand terre-plein, où nous garons la voiture couverte de boue. Des porteurs se précipitent sur nous, pour nous monter à bras d'homme, sur des chaises en bambou recouvertes d'une toile bleue qui protège de la pluie. « Arc-en-Ciel » et moi ne pouvons pas refuser, car elle a sa petite fille avec elle. J'ai un air de gros poussin sous l'anorak jaune que l'on m'a prêté. Deux hommes grimpent en courant pendant trois kilomètres sans s'arrêter à travers la forêt tropicale humide et glissante. Nous arrivons au téléphérique dont sont si fiers les Chinois et sommes enlevés jusqu'au sommet. Les ambiances de téléphérique sont sinistres dans le monde entier. Pourquoi ?

Là, le ciel est bleu et nous dominons la mer de nuages. Les croyants bouddhistes se penchent du haut de la montagne protégée par une balustrade et plongent leur regard dans la nuée, se demandant s'ils vont y voir le fameux cercle jaune qui signifie que les dieux leur font signe de les rejoindre. Ils se jettent alors dans le vide vers le cercle divin — ce qui arrive, paraît-il, une fois tous les trois ou quatre ans. Le sommet est abîmé par le béton, gâté par les touristes et les étals chargés de chapelets, de bouteilles de bière chaude ou de reproductions en plastique de la montagne sacrée. Un très beau temple, un peu à l'écart, est en cours de restauration. On ne peut pas encore le visiter ; on aperçoit juste ses toits en pagodes et le bois laqué des portes extérieures.

Nous redescendons, la femme de Zhou, le bébé et moi par le téléphérique, puis en chaise à porteurs, tandis que Christoph et Zhou dévalent en courant les mille petites marches construites pour les pèlerins il y a des siècles. Nous dînons dans un restaurant de la ville, où les patrons sont tellement heureux d'avoir des clients qu'ils nous servent comme des princes. Un couple d'amoureux, la femme de trente-cinq, quarante ans et l'homme d'une cinquantaine d'années, dînent en se tenant la main, les yeux dans les yeux. Elle vient sans doute de se laver les cheveux, ils sont encore tout mouillés. Peut-être viennent-ils de faire l'amour. Sans doute deux veufs. En les regardant, j'invente leur vie. C'est si rare de rencontrer des gens heureux et libres en Chine. Ils me sourient et une connivence s'établit entre nous.

En sortant, je prends les clés à notre jeune chauffeur et je conduis moi-même la voiture. D'abord la femme de Zhou ne veut pas monter ; Zhou ne croit pas que je sache conduire. J'agis comme si je ne me rendais pas compte de leurs réticences. Les Chinois ont beau dire que les femmes sont fortes en Chine, je vois bien que ce ne sont que des mots. Je gare la voiture devant l'entrée de l'hôtel et rends les clés au chauffeur. Je souris de voir leurs figures admiratives.

Nous prenons un dernier verre dans la chambre de Zhou. « Arc-en-Ciel » se précipite dans la baignoire avec sa fille. Elle s'est déjà lavée complètement deux fois depuis ce matin ; avoir une baignoire chez elle est son rêve. J'entre dans la salle de bains et lui tiens la douche au-dessus de la tête pendant qu'elle se rince les cheveux. Le bébé éclabousse toute la pièce et pousse des cris de joie. Toutes deux sont à la fête. Au début, « Arc-en-Ciel » est intimidée de se trouver nue devant moi, mais elle se détend très vite grâce aux jeux de sa petite fille, qui prend un bain pour la première fois de sa vie et plonge la tête sous l'eau sans aucune peur.

La petite fille se met ensuite devant la télévision et s'acharne à sauter aussi haut que possible sur le matelas, tandis que Zhou, « Arc-en-Ciel », Christoph et moi entamons une conversation sur le pouvoir des femmes dans la société. C'est « Arc-en-Ciel » qui, la première, s'est mise à poser des questions sur les femmes françaises. Combien gagnent-elles ? Combien d'enfants peuvent-elles avoir ? Elle est sidérée, par exemple, d'apprendre que plus on a d'enfants en France, plus on reçoit d'allocations familiales, quand c'est tout le contraire en Chine. Elle prend position sur le rôle des femmes en Chine, affirmant que non seulement les femmes sont plus douées pour les études, mais aussi qu'elles dirigent la maison et transmettent la vie. En parlant librement, elle découvre presque ce qu'elle dit. Cela lui procure certainement un grand sentiment d'exaltation. Et je pense que tout ce qu'elle dit, nous le disons depuis longtemps dans les pays occidentaux, mais je suis heureuse de la voir déplier ses ailes.

Zhou écoute avec attention et semble tout à fait d'accord avec elle. Quant à Christoph, cela l'énerve au plus haut point. Son côté macho a déjà été bien attaqué par les sept femmes durant l'expédition. Voilà maintenant que même une Chinoise s'y met ! Zhou conclut en disant que l'ère des femmes est arrivée : les hommes, après avoir eu le pouvoir pendant des siècles, ont usé leur esprit et affaibli leur intelligence... Christoph, sur cette dernière assertion, va se coucher au fond du désespoir. Et moi, c'est bizarre, je me sens plutôt bien !

25 septembre

Nous visitons un très beau monastère bouddhiste, non loin de la villa où nous avons passé la nuit. En montant les marches et traversant les cours qui séparent un temple à pagodes de l'autre, j'entends des voix qui me rappellent celles des jeunes moines tibétains psalmodiant leurs prières. Je grimpe sur une balustrade et découvre une classe de moinillons qui n'ont pas l'air d'avoir plus de douze ou quatorze ans. Ils portent des calots noirs en laine finement tressée et des robes bleu marine à col montant. Deux très vieux moines de quatre-vingts ou quatre-vingt-dix ans, vêtus du même uniforme, se tiennent devant eux et les aident à apprendre leurs textes.

C'est une vision de gravure ancienne, de vieille Chine, et en même temps, la constatation que le bouddhisme renaît partout dans le pays, malgré toute la rigueur du gouvernement à cet égard. Le temple a été conservé tout en ayant perdu sa fonction pendant des années ; puis, pour les besoins du tourisme, la permission a été accordée de redonner une vie religieuse au temple (très limitée, vingt-cinq élèves moines). C'est pourquoi les moines sont si jeunes ou si vieux. Comme au Tibet, l'invasion chinoise de 1959 a fait des coupes sombres parmi toute une génération de religieux, les quarante-soixante ans sont absents ici, victimes de la Révolution Culturelle.

Une vasque en bronze remplie de sable est plantée de gros bâtons d'encens qui dégagent un parfum puissant. La fumée bleue s'épanouit au-dessus des jardins fleuris de bégonias rouges. J'observe longuement les gens qui viennent déposer l'encens et de longues bougies rouges. Ce sont de très vieux Chinois, hommes et femmes habillés de velours bleu ou noir à la mode ancienne. Soudain une jeune guide débarque avec son troupeau et hurle dans un micro l'historique du temple. Les petits

Chinois courent partout et rient chaque fois qu'ils croisent un moine. Aucun respect, une conduite de bêtes curieuses, énervées. Ils sont au cirque. Ils repartent aussi vite qu'ils sont venus et le calme revient. Les portes rondes, les angles, les laques rouges et orangées sont autant de visions heureuses et apaisantes. Après nous être fait photographier à la sortie, avec un petit singe en laisse, et avoir bu le lait d'une noix de coco, nous repartons vers Chengdu.

Un arrêt sur la route : j'aperçois un petit village au-delà d'un champ avec des toits en chaume. Sans attendre je traverse le champ, Zhou me suit, puis « Arc-en-Ciel » et sa petite fille. Hameau tranquille au cœur d'une bambouseraie. Une vieille femme fabrique une natte dans la cour de sa ferme. Pommiers, grenadiers. En cinq minutes nous sommes entourés par tous les habitants qui veulent nous inviter chez eux. La petite fille d' « Arc-en-Ciel » veut jouer avec les porcelets ; elle hurle de désespoir lorsque nous devons repartir, un enfant de son âge lui tirant la main pour qu'elle reste. Un vieil homme m'offre une pomme, des abricots et des piments. Quel contraste avec les villes, quelle gentillesse ! Après avoir traversé les collines de thé, et y avoir cueilli quelques feuilles et quelques fleurs, nous déjeunons dans un village sur la route. Le restaurant est en réalité la pièce principale d'une grande ferme coopérative ; des animaux circulent dans la proche arrière-cour, et des ouvriers empilent le foin en meules. Le fils de la maison fait la cuisine, le père lave la vaisselle, la fille tient la caisse et la mère est aux champs...

Nous reprenons la route. Les camions roulent au milieu de la chaussée, doublent dans les villages et slaloment entre des dizaines des bicyclettes et charrettes qui vont à leur train. Le goudron est glissant, fondu par la chaleur. Des bambous sont attachés aux vélos, des cochons allongés sur les porte-bagages ; les piétons surchargés de colis, font des écarts. Nous voyons trois horribles accidents, de jeeps et de cyclistes écrabouillés dans des mares de sang.

Nous arrivons enfin. Pleins d'espoir, dans l'attente de nouvelles de Shao Fen, revenu de sa mission à Pékin. Mais nous ne parvenons pas à le joindre, et il n'a laissé aucun message au bureau du CITS à Chengdu. Déçus, nous montons au neuvième étage du Jin Jiang et dînons avec les deux filles tibéto-chinoises rencontrés avec Gyurme et Katok Lama. Ce sont à mon avis, soit des call-girls, soit des agents secrets de la police. Nous décidons d'oublier nos angoisses en nous jetant à fond dans la boisson.

26 septembre

Gao Che et Shao Fen sont rentrés ce matin. Ils viennent prendre le petit déjeuner avec nous et Zhou au « Garden Restaurant ». Les nouvelles de Pékin ne sont pas bonnes. Les autorités veulent de l'argent pour débloquer nos bobines. Impossible de savoir s'il s'agit de dix mille ou de cent mille dollars... Les militaires disent que la loi a changé : la province du Sichuan ne peut pas nous accorder l'autorisation de sortir le film sans que les autorités militaires de Pékin l'aient visionné auparavant. Ils nous accusent d'avoir tourné dans des régions interdites, alors que nous en avions tous les permis, en bonne et due forme. Bref, on veut nous exploiter.

Ils promettent de nous délivrer l'autorisation, si nous acceptons de payer un supplément à l'Office du Film. Or cet Office nous a déjà donné toutes les permissions nécessaires au mois de juin dernier. Nous sommes en règle avec eux. Lorsque nous demandons à qui nous devons nous adresser pour négocier, Shao Fen répond que nous n'avons le droit de communiquer avec aucune personnalité officielle, que les « différentes » autorités arriveront d'elles-mêmes à une conclusion, qu'elles nous feront connaître en temps voulu...

Nous n'allons jamais nous en sortir... Cela m'a tout l'air de tourner à l'incident diplomatique. Les arguments chinois ne tiennent pas debout. Je téléphone à l'Ambassade française à Pékin. Je parle au consul et à la secrétaire de l'ambassadeur, lequel n'est pas dans son bureau aujourd'hui. Nous appelons F. Productions à Paris pour annoncer que nous ne partons pas demain ; le prochain avion est samedi. Je leur demande de prévenir Alice et mes parents de notre retard. J'ai envie de pleurer et n'arrive pas à parler. Les rapports entre la Chine et la France sont très tendus. Manifestations, voitures brûlées. Les autorités militaires de Chengdu, Le Parti communiste du Sichuan et même le CITS ne cessent de nous reprocher les mauvaises relations entre la Chine et la France, comme si nous y pouvions quelque chose !

Pourvu qu'on soit sortis de ce guêpier avant le 1er octobre, date de l'anniversaire de la République populaire de Chine, qui pourrait provoquer de nouvelles émeutes. C'est court. Je n'aimerais pas servir de cible ou d'otage aux Chinois.

Ce soir, gros cafard. Dîner dans un petit restaurant le long de la rivière sous la pluie. Bruits d'explosions sourdes et fortes dans la ville.

Champ de drapeaux de prières du Kham. *(Jeanne Mascolo de Filippis.)*

Tour "à neuf étages" du Gyarong. *(Jeanne Mascolo de Filippis.)*

Habitat traditionnel de Derge. *(Jeanne Mascolo de Filippis.)*

Détail d'une maison de Kanze. *(Jeanne Mascolo de Filippis.)*

Festival de Derge : le Lama sort de la tente de cérémonie. *(Franz Christoph Giercke.)*

La jeune nièce de l'abbé de Dzokchen. *(Franz Christoph Giercke.)*

La cérémonie religieuse au festival de Derge. *(Jeanne Mascolo de Filippis.)*

A l'imprimerie de Derge. *(Jeanne Mascolo de Filippis.)*

Coiffures traditionnelles des hommes Khampa. *(Jeanne Mascolo de Filippis.)*

Stèle votive sur la route de Kanze. *(Jeanne Mascolo de Filippis.)*

Un hameau sur le plateau de Ngawa. *(Jeanne Mascolo de Filippis.)*

Monastère dans la ville basse de Kanze. *(Jeanne Mascolo de Filippis.)*

De gauche à droite : Jeanne, Docteur Jane, Alice, Nurith, Marie, Sybille et Claire.
(Franz Christoph Giercke.)

Cela me rappelle le tremblement de terre de l'autre jour, je recommence à m'angoisser. Tremblements de terre, déluges, armée me tournent dans la tête. Je me sens menacée.

27 septembre

Journée d'attente. La réunion entre le ministre du Tourisme du Sichuan, les autorités militaires, la police et le CITS doit avoir lieu à 14 heures. Mais les militaires, à 15 heures, ne sont toujours pas là. Le CITS et Zhou décident d'aller les chercher dans leurs bureaux avec une jeep. Ils finissent par accepter de se rendre à la réunion, mais entre Chinois. Ils refusent de nous voir.

La réunion se tient à 18 heures dans la chambre 615 voisine de la mienne, jusqu'à 19 h 30. Il s'agit de cette chambre où Lao Wang est chargé de veiller sur nos précieuses bobines et sur nous. Nous attendons chez moi. Puis le CITS convie les militaires à dîner au 9e étage. Vers 22 heures, nous tombons sur Zhou, Gao Che et Shao Fen dans l'ascenseur de l'hôtel. Ils sortent du « Garden Restaurant » et n'osent pas nous regarder dans les yeux. Ils disent qu'ils n'ont pas le droit de nous parler, le directeur du CITS, M. Lou, nous recevra demain matin, dans son bureau, pour nous faire un compte rendu de leur réunion. Quelle est la nouvelle embrouille ?

Pour ne pas rester enfermée seule tout l'après-midi, je décide de louer une bicyclette et pars en compagnie d'une amie européenne rencontrée au « Garden Restaurant ». Nous allons visiter le temple de Wen-Shu. Il contient une célèbre statue du Bouddha, qui fut faite au Tibet, et le temple est resté en activité.

Nous sommes suivies par un jeune homme à lunettes, qui nous demande en anglais ce que nous faisons ici. Nous lui répondons que nous sommes touristes, alors il agresse mon amie, lui déclarant que les gens intéressés par la religion, comme elle sans doute, sont des malades mentaux qui devraient être rééduqués par le Parti communiste. Je m'éloigne rapidement de cet individu et laisse mon amie se dépatouiller avec lui. Elle finit par lui dire de la laisser en paix. Il nous file encore un moment, flanqué soudain d'une femme à tête de souris desséchée, puis disparaît.

Je suis frappée par le recueillement et la dignité des quelques moines que je rencontre, mais quelque chose ici ne me plaît pas. Indéfinissable.

Impression d'être entourée d'espions. Je m'assieds dans l'un des jardins de l'enceinte monastique. De vieux Chinois écoutent chanter leurs oiseaux encagés.

Un vieil homme s'assied à côté de moi et commence une conversation dans un anglais littéraire parfait. Il me demande de ne pas le regarder pendant qu'il parle. Je l'ai vu s'approcher. Il doit avoir soixante-dix, soixante-quinze ans. Il s'est déjà fait menacer par la police pour avoir parlé à des étrangers il y a deux semaines. Sa femme l'a supplié de ne plus jamais recommencer. Mais il ne peut s'en empêcher. Il dit que le régime de son pays a tué l'intelligence. Il était professeur de littérature anglaise et d'histoire occidentale jusqu'à sa retraite. Il a écrit plusieurs livres, et voudrait me confier un manuscrit qu'il vient de terminer et que je pourrai montrer en Europe. Je refuse de l'accepter là, dans ce jardin. Je lui demande de m'écrire son adresse, et lui demande de me faire déposer le manuscrit à l'hôtel Jin Jiang. Il pense que c'est une bonne idée. Lorsque je regarde son adresse (écrite en chinois et en anglais), je remarque qu'il est logé à l'université de Chengdu. Il me dit qu'il vient tous les jours dans ces jardins, après deux heures de trajet en train et en bus, dans l'espoir de rencontrer des étrangers « intellectuels ». Cela me brise le cœur. Qu'est donc devenue la Chine ?

En le quittant, j'aperçois un groupe de vieilles dames qui chantent et qui dansent comme des petites filles, menées à la baguette par une « Kapo » très dynamique, chargée de l'entretien physique des femmes à la retraite. Je m'approche d'elles et nous rions beaucoup ensemble. Je les prends en photo et elles me font de superbes démonstrations. La « Kapo » les rappelle vite à l'ordre. De nombreux hommes âgés ainsi que quelques jeunes font du Tai Chi dans le jardin aux arbres exotiques.

Nous rentrons, sur nos bicyclettes. Je me sens toute petite dans la foule roulante, perdue mais unique. Je fais partie soudain de la masse humaine. Je suis Chinoise et je rentre chez moi dans mon Unité d'Habitation...

Le soir, après le dîner rituel au petit restaurant de la rivière, nous allons prendre un dernier verre au neuvième étage de notre hôtel. Nous faisons la connaissance d'un « mouchologue » hollandais. Il est gros et très drôle. Il étudie les mouches en Chine et en Inde depuis quatorze ans. Il voyage cette fois-ci avec un ami qui travaille dans les télécommunications. Je lui demande si les mouches chinoises peuvent transporter des virus jusqu'en France. Il me dit que la mouche est un insecte terriblement puissant, préhistorique et dangereux. Christoph, voyant le

« mouchologue » aspirer un barreau de chaise de Cuba, n'hésite pas à lui en demander un aussi ; il se fait aussitôt un plaisir d'envoyer son esclave chinois en prendre un dans sa chambre. Il n'y a qu'à l'étranger que l'on rencontre des « fous ». Coupé de presque tout, on devient vraiment disponible. Christoph continue la nuit avec eux, jusqu'à 4 heures du matin.

28 septembre

M. Lou nous reçoit dans son bureau du CITS. Hier soir, les militaires lui ont dit qu'il appartenait au gouvernement du Sichuan d'organiser un « comité de surveillance » pour notre film. Formé de qui, on se le demande ? Comité qui viendrait en France, pour être présent au développement du film et à son montage. Ils ne savent pas quand nous pourrons partir, car la France met parfois plusieurs mois à délivrer des visas aux officiels chinois et il n'est pas question que nous partions avant le comité. De toute façon, ils ne sont pas encore sûrs de la méthode qu'ils vont choisir pour satisfaire les autorités militaires de Pékin. Car ils sont aux ordres...

A mon avis, ils veulent simplement que nous restions ici pour l'anniversaire du 1er octobre, histoire de voir comment la France réagira vis-à-vis du gouvernement chinois. S'il y a des manifestations, des déclarations « inamicales », nous serions une « réponse » toute prête à servir aux Français...

Nous rentrons désespérés à notre hôtel. Nous appelons l'Ambassade française à Pékin après le déjeuner. Finalement nous réussissons à joindre M. Bourrel, l'assistant du Consul. Nous lui faisons part des derniers détails, et lui communiquons à sa demande les noms des gouvernants du Sichuan. Il promet qu'il va essayer de les joindre pour en savoir plus.

Puis j'appelle ma mère à Paris, rentrée des Etats-Unis. Ça me fait du bien d'entendre sa voix, j'ai terriblement envie de pleurer. Elle me dit néanmoins que tout le monde va bien, qu'Alice est délicieuse et heureuse.

J'attends, un peu soulagée d'avoir appris par elle que nos proches ne nous laissent plus seuls avec nos problèmes. Je crois que je vais partir pour la France et laisser Christoph seul ici, pour remuer moi-même les choses et motiver les gens susceptibles de nous sortir de ce pétrin. Je leur expliquerai qu'en bloquant les bobines, les Chinois touchent à la France, mais aussi à l'Angleterre et à l'Allemagne, ainsi qu'aux Etats-Unis qui ont des intérêts dans notre affaire.

J'espère simplement que pendant mon absence, le matériel consigné dans la chambre 615 ne sera pas saisi par les militaires. Il deviendrait alors impensable de le récupérer et, si les choses se durcissent, ils pourraient le voiler en le passant aux rayons X.

29 septembre

Ce matin, le CITS nous annonce que nos problèmes sont en voie de « règlement rapide ». Le gouvernement du Sichuan va former un groupe de trois Chinois qui nous accompagnera jusqu'à Paris. Ils pourraient obtenir rapidement des visas de gouvernement à gouvernement. Mais rien ne peut se régler avant lundi, toutes les administrations étant fermées jusqu'alors pour cause de Fête nationale. Leur fameuse « commission spéciale » ne verra donc pas le jour avant le 4 octobre.

Eux qui veulent développer le tourisme et faire venir les étrangers dans leurs provinces... il n'en prennent pas le chemin ! Quand je pense qu'ils nous suppliaient de venir — que ce soit à Berlin pendant la Foire du Tourisme ou lorsque nous avions décidé d'annuler notre voyage pendant les événements de Tianamnen — insistant alors sur le fait que ce film était un élément important pour leur tourisme. On ne peut pas dire qu'ils fassent ce qu'il faut pour inciter les étrangers à voyager chez eux. Ils ont besoin de cet argent. Cette année a été une catastrophe pour eux, tous les groupes ont été annulés par les agences de voyages. Ils y ont perdu plusieurs millions de dollars.

Créer le comité, obtenir les visas des Chinois, signifie pour nous encore deux semaines d'attente... s'ils se tiennent à cette idée, mais qui dit qu'ils ne vont pas en changer ? Je voudrais cacher le film dans un endroit sûr. Notre officier de sécurité est de moins en moins souvent présent dans la chambre qui jouxte les nôtres. Un soir, peut-être pourrions-nous mettre des pierres à la place des bobines, dans les malles et les caisses en carton qui s'ouvrent par en dessous, refermer soigneusement, couvrir avec la pellicule vierge et transporter le tout hors de l'hôtel... Cela tourne dans ma tête à toute vitesse.

Je ne sers plus à rien. Je décide de partir demain matin. Je suis bien ennuyée de laisser Christoph seul dans cette sale histoire, mais je dois calmer les esprits à Paris ; nos commanditaires : Pascal Bensoussan, notre équipe de montage, et surtout écrire mon livre pour Albin Michel, qui sera le journal de voyage de l'expédition. Je préviens Zhou que je pars par le prochain avion et que j'emporte avec moi la bande son. Il n'y a pas eu d'interdiction officielle pour le son, que je sache. Zhou essaie d'appeler le gouverneur pour lui demander l'autorisation. Il est 17 heures. Tous les officiels se saoulent déjà dans les banquets : c'est la veille de la Fête nationale... Il n'est donc pas au bout du fil et Zhou ne peut m'opposer aucun argument valable.

Soirée avec Katok Lama et les deux espionnes qui se disent Tibétaines mais ne le sont pas ; Georges, un médecin, charmant personnage, petit, doux et prêt à boire toute la nuit, Gyurme et deux Américains marchands d'art, amis de Katok Lama demeurant à Bangkok. Katok Lama m'assure qu'il va s'occuper de notre affaire, si les Chinois ne tiennent pas parole avec leur comité de surveillance du film qui doit aller en France. Il dit qu'il a des relations très haut placées chez les militaires... Je préfère boire que croire. Nous lui expliquons que les Chinois craignent que nous n'ayons filmé des points militaires stratégiques dans les « restricted areas » ! Nous qui n'avons filmé que des chevaux, des nomades, des monastères, des moines, et des paysages. Lorsqu'en France ils auront visionné trente-cinq heures de rushes, ils rentreront épuisés et plus qu'ennuyés. Le lama me ressert du whisky, et je vais me coucher crevée et inquiète.

30 septembre

Gyurme part avec moi pour Hong Kong. L'avion est à 8 h 15. Zhou, Gao Che, Shao Fen et Christoph nous accompagnent à l'aéroport en mini-bus. Il pleut. On ne voit pas à deux mètres. Personne ne dit mot.

Je trimbale deux énormes valises, dont une chinoise, rouge, remplie de petits cadeaux chinois, pinceaux en soie, encre, cahiers. A la douane de Chengdu, le son du film passe dans mes bagages à main sans aucun problème. Je suis sûre qu'on aurait pu passer les bobines-film de la même façon, si chacun de nous avait pris dix bobines réparties dans deux sacs à main... A l'hôtel Jin Jiang, j'ai reçu plusieurs fois la proposition d'utiliser les filières du marché noir. Mais Christoph n'a pas voulu profiter de l'occasion. Trop dangereux. Beaucoup de business se fait ici par le train ou l'avion Chengdu-Canton, puis en bateau jusqu'à

Hong Kong. L'administration, racontent les étrangers, est si corrompue que les fonctionnaires ou la police ferment les yeux, du moment qu'ils « touchent » au passage. Il faut graisser les pattes ici. Les Chinois de Pékin appellent Chengdu « la ville de la Mafia ». J'ai le cœur serré d'abandonner Christoph.

Vol secoué. Il y a un tel vent et une telle tempête que l'avion dérive dangereusement vers l'une des collines. L'arrivée dans cette tourmente noire, illuminée par les éclairs et les lumières des gratte-ciel, évoque un film de science-fiction. Nous atteignons la piste à la dernière minute et me voilà sortie de Chine.

Hong-Kong. 30°. Il fait beau. Je quitte Gyurme qui veut passer la journée ici. Il me rejoindra le 3 octobre à Paris. J'ai cent kilos de bagages. Je ne comprends pas ce qui se passe. Le personnel du transit oublie de me faire payer le supplément. Enfin une chose positive. J'ai l'air d'une vraie clocharde. Cela fait deux jours que je porte les mêmes vêtements. Pieds nus dans des pantoufles chinoises, ma veste violette, un gilet marron tibétain, et une longue jupe beige Agnès B. Couleurs horribles.

J'attends le départ assise toute la journée dans un bistrot européen du transit et me bourre de café. J'avale un curry infect à l'heure du déjeuner. L'avion ne part qu'à 18 heures. Je lis les journaux et ne sais plus guère d'où je viens et où je vais. Perdue dans une rêverie plus que vague. Je me dirige vers l'avion et décolle endormie. Un arrêt à Karachi, et je me rendors sur quatre sièges libres jusqu'à Paris. Il est 4 h 30 du matin. Mes parents sont là, Jeanne et Snafu aussi avec un bouquet de fleurs, et Pascal Bensoussan. C'est bon d'être de retour. Je vais prendre mon petit déjeuner chez mes parents. Les mots sortent tout seuls de ma bouche. Ma mère saoulée me prend par la main et me couche. Je me laisse faire. Je voudrais voir Alice.

Épilogue

Du 1er au 14 octobre : Paris

Période de quinze jours pendant laquelle je suis en contact permanent avec Christoph en Chine. De nombreux amis, à Paris, m'aident à imaginer des solutions pour débloquer nos pellicules. Beaucoup de lettres, de coups de téléphone échangés. Mais les choses semblent plus compliquées qu'on ne croit. En Chine, différentes autorités s'affrontent.

Paris, dimanche 15 et lundi 16 octobre

Christoph ne sait plus que faire et son moral a nettement baissé parce que rien n'avance. Je décide de repartir pour Pékin et de voir sur place quelles conditions nous pouvons accepter pour rapatrier nos films.

Mariella, une amie, Jeanne, Alice et Snafu sont à la maison. Ils préparent ma valise. Mes parents me conduisent à l'aéroport. Je suis angoissée. Le vol part avec une heure de retard. Nous nous posons à Karachi, et à 18 heures, lundi, j'arrive à Pékin.

Christoph est là, Gilles de Villepoix également. Sa compagne, Catherine Morel, arrive par le même avion que moi, accompagnée d'une cinéaste du CNRS. Le chauffeur les dépose dans le grand ensemble d'immeubles, très « HLM » de banlieue parisienne, « réservé » au personnel des ambassades, et nous conduit ensuite Christoph et moi au Beijing Hotel Palace Tower, d'un luxe incroyable, marbre, salons, jardins intérieurs, ascenseurs en verre au centre, d'où l'on voit tout l'hôtel.

Personnel très nombreux et totalement incompétent, qui ne comprend pas un mot d'anglais, de français, ou d'allemand. Nous allons dîner au Red Wall Café, dans l'hôtel. Quatre ou cinq jeunes garçons et filles nous entourent dès que nous nous asseyons. Ils répètent tout ce que je dis. Par exemple, à table : Moi : Do you have some red wine ?

Eux : Do you have some red wine ?

Et moi : Listen, do you have some ?

Et eux : Listen, do you have some ?

Au bout de quelques minutes, le chef du restaurant arrive et me demande ce que je désire. Il comprend et le traduit en chinois. Ils se confondent en excuses et reviennent une demi-heure plus tard avec une bouteille de vin blanc, etc. Ils sont tout fiers de porter un uniforme et de travailler.

Christoph est très fatigué. Il a pris son avion de Chengdu ce matin, après avoir confié les bobines à un ami. Il est inquiet et n'a pas très bon espoir sur la suite que prendront les événements. Il me raconte en détail ses quinze derniers jours à Chengdu.

Un négociateur chinois soi-disant envoyé à Chengdu par les autorités militaires de Pékin, pour mener une enquête sur notre situation, avait promis de lui donner des nouvelles au début de la semaine dernière. Depuis, aucune nouvelle. Zhou et M. Lou, le directeur du CITS de Chengdu, sont bien à Pékin dans l'espoir de soutirer quelques renseignements aux autorités, mais ils n'ont rien obtenu. Nous ne savons pas qui bloque les films, si ce n'est, d'après Zhou, qu'une unité militaire « dure » de Pékin lutte contre une unité militaire plus libérale de Chengdu. Zhou pense que Pékin en veut peut-être au gouverneur du Sichuan qui nous a encouragés dans notre expédition. Ou bien, le punir de n'avoir pas immédiatement obéi aux ordres de Pékin lors des événements du printemps. Il a fait tirer trop tard sur la foule. Pourtant les trois cents morts de Chengdu auraient dû suffire à contenter les autorités militaires de Pékin. Deux courants parallèles de l'armée s'en veulent à mort, et notre affaire est maintenant au Conseil d'Etat...

Impossible de savoir ce qu'ils veulent de nous. On dirait même que ce n'est pas de développer ou non notre film qui les intéresse. Et si nous n'étions qu'un prétexte, qu'un moyen de représailles contre la France, ou bien si nous étions les victimes d'un règlement de comptes opposant la province du Sichuan, considérée comme le nid de la mafia chinoise, et le gouvernement central de Pékin ?

Tout cela, nous l'avions déjà supputé il y a quinze jours... Donc je réalise qu'il n'y a rien de nouveau et qu'à part les films maintenant en bonnes mains, rien n'a bougé et tout s'est encore compliqué. Je me couche silencieuse et pessimiste. Christoph me prévient que nos téléphones sont sur écoute.

17 octobre

Nous essayons de retrouver Zhou et M. Lou à Pékin par l'intermédiaire de M. Wuho, représentant du Ministère du Tourisme à Pékin, dont nous avons eu le téléphone quand nous étions à Chengdu. Il n'a pas de nouvelles d'eux. L'inquiétude nous rend silencieux et nous savons que trop parler est une manière de céder à la panique.

Nous partons en rickshaw visiter la place Tiananmen. La place est vide. Des militaires armés jusqu'aux dents en interdisent l'accès aux piétons. Seuls les voitures, les vélos et les rickshaws sont admis, mais ne doivent pas s'arrêter. Quelques camions circulent, chargés de militaires qui retirent les fleurs déposées pour le 40e anniversaire de la République Populaire de Chine. L'atmosphère est tellement froide que nous n'avons qu'une envie : filer. Nous ne rencontrons que des soldats faisant des exercices, de pas cadencé, de cris ou de manœuvre des armes, ce qui ne nous met pas en confiance... un mauvais coup est si vite parti !

Rentrés à l'hôtel, nous téléphonons à Chengdu pour savoir si le CITS a des nouvelles de nos deux compères. Dans l'appareil, Christoph hurle en allemand et en anglais. Personne ne comprend. Et Shao Fen n'a pas l'air d'être là. Désespérés, nous lui envoyons un télex.

Et je me couche jusqu'au dîner, que nous prenons au Red Wall Café, les oreilles transpercées par une jeune harpiste et une violoniste qui jouent faux des airs classiques « arrangés ».

18 octobre

Nous sortons de bonne humeur ce matin. Nous achetons un appareil-photo à 125 yuans et allons visiter la Cité Interdite. Il fait beau, froid et clair. Je pense au *Dernier Empereur* de Bertolucci. L'architecture est grandiose et superbe. C'est la première fois depuis mon arrivée que nous rions Christoph et moi. Nous nous prenons en photo. La situation à cet instant m'amuse. Après tout, j'ai toujours rêvé d'aller à Pékin et visiter la Cité Interdite.

Lorsque nous revenons, nous trouvons un message de Zhou qu'il a déposé sur mon lit. Cela ne me plaît pas. Comment a-t-il pu entrer dans ma chambre ? Il nous rappellera à 14 heures... C'est toujours comme ça, on attend, on attend, et quand on décide de ne plus attendre, on a tort...

Déjeuner chez Gilles de Villepoix. De retour à l'hôtel à 14 heures, nous attendons le coup de téléphone de Zhou jusqu'à 17 heures. Encore une journée foutue... Je pleure. Finalement, en début de soirée, nous réussissons à parler à Zhou. Il vient prendre un café avec M. Lou à l'hôtel. Ils ont un air dépité. M. Lou se tortille sur son fauteuil et nous répète plusieurs fois que la veille de notre départ, le 13 septembre, pendant le banquet, l'armée nous a prévenus qu'elle devait contrôler le film. Enorme mensonge. Christoph s'emporte violemment, le traite de menteur et de lâche. M. Lou déclare qu'ils n'ont pu obtenir aucun rendez-vous des autorités militaires, touristiques ou de la Communication à Pékin, même pas du bureau central du CITS, qui ne veut rien savoir de l'affaire. Ils doivent rentrer à Chengdu demain soir, car on leur a fait dire (on se demande qui) que la réponse serait donnée au représentant du tourisme de Chengdu, et qu'ils n'ont rien à faire à Pékin, sauf s'attirer des ennuis...

Le désespoir nous prend. Nous dînons et buvons trois bouteilles de « Dynasty », que nos serveurs entourent comme d'habitude d'un soin ridicule, le traitant comme s'il s'agissait d'un bijou de haute valeur ou d'une bombe prête à exploser. Avant de faire sauter le bouchon, ils découpent le plomb autour du goulot, en lui donnant une forme de tortillon. Ils prennent le bouchon avec une pince qu'ils déposent sur une petite soucoupe, qu'ils placent ensuite sur la table comme un trésor. Je fais semblant de le manger. Ils se précipitent sur moi pour m'expliquer qu'on ne peut pas manger un bouchon, et me montrent la bouteille, inquiets, pour me faire comprendre d'où il vient. Grand sens de l'humour ! Complètement alcoolisés, nous rions hystériquement, pensant aux innombrables manières de faire sortir notre film en douce, sans attendre leurs permissions.

19 octobre

Le visa de Christoph n'est plus valable. Nous allons au bureau des visas où les fonctionnaires nous signalent qu'il ne peut faire sa demande sans avoir un tampon de son hôte en Chine, c'est-à-dire le CITS.

Christoph téléphone donc au CITS de Pékin. Personne ne veut prendre la responsabilité de lui donner ce tampon. On lui raccroche même au nez. Furieux, il décide de s'y rendre en personne, les bureaux sont pratiquement en face de l'hôtel. Sur place, les gens se montrent extrêmement désagréables avec lui et le mettent carrément à la porte. Cela nous met d'une humeur délicieuse... Je téléphone à Gilles de Villepoix, le priant de venir prendre un petit déjeuner demain matin à 8 heures. J'aimerais rencontrer l'ambassadeur de France, M. Charles Malo.

20 octobre

Je décide avec Christoph qu'il repartira pour Chengdu et transportera les films à Pékin. Mais Christoph ne peut partir aujourd'hui faute de billet d'avion.

Nous dînons avec les Villepoix et buvons quatre bouteilles d'un excellent bordeaux. Comme Gilles de Villepoix m'avait invitée chez lui pendant l'absence de Christoph, nous nous retrouvons sans hôtel, et dormons dans son appartement avec sa collection de grenouilles en céramique, bronze et différentes autres matières.

21 octobre

Christoph part pour Chengdu. Je vais à l'ambassade, au Service culturel. J'écris une lettre à Mme Shen Muhua, Présidente de la Fédération des Femmes de Chine. Déjeuner chez Gilles de Villepoix. Service culturel à nouveau : j'envoie un télex à Pascal Bensoussan lui demandant de nous envoyer le dossier complet des accords CITS-F. Productions.

Je joue avec Adrien, l'enfant de Catherine et de Gilles. Et me couche très tôt après avoir dîné avec eux trois. Je me sens gênée de les encombrer de mes problèmes. J'ai du mal à écrire. Je me sens angoissée.

22 octobre

Je garde l'adorable petit Adrien, avec qui je joue à l'espion, le matin dans le jardin de l'immeuble, au soleil. Christoph n'appelle toujours pas et je ne peux pas appeler, car le téléphone n'est pas en système international. Le système PTT chinois est une vraie catastrophe. Il faut passer par une standardiste, qui bien sûr ne parle que chinois. Le standard pour Chengdu ne répond pas. L'après-midi nous allons faire le marché avec Gilles de Villepoix dans les Magasins de l'Amitié, magasins des diplomates. Dîner. Journée perdue.

22 octobre

Christoph appelle enfin. Il a proposé au représentant du Tourisme de Chengdu de faire un choix de trois bobines à développer. Je vais au marché libre et achète une robe de chambre en soie pour Alice et une grande chemise pour moi. Déjeuner avec le directeur de l'école d'Adrien, Hervé, trente ans, très sympathique. Après-midi avec Gilles et Adrien. Nous allons à la Grande Muraille. On met Adrien sur une mule. Il est fier, mais au retour a du mal à traîner son pied malade. Dîner avec Hervé, qui est toujours là pour faire les comptes de l'école avec Catherine. Christoph a retéléphoné pendant que nous étions en promenade. Que vais-je faire ? Demain, action officielle des ambassades française, anglaise et allemande qui demanderont une explication officielle au ministre des Affaires étrangères du Gouvernement chinois.

23 octobre

L'action des ambassades n'aura lieu que demain à 15 heures. Je reste seule chez Gilles toute la journée. Je me sens affreusement mal.

Personne ne rentre déjeuner, et à 15 heures, je prends le téléphone et appelle Gilles. Pourquoi suis-je venue à Pékin ? Gilles ne m'a pas dit comment marche son téléphone sans fil à la maison. Il finit par me dire qu'il faut laisser le bouton sur stand-by pour recevoir des appels. Il me conseille d'aller téléphoner à la poste et de prendre son vélo. Mais je ne parle pas un mot de chinois... Tout cela est d'un pratique ! La standardiste internationale ne comprend rien et je voudrais parler à Christoph à Chengdu... Gilles me rappelle pour me réconforter et me dit que l'ambassade regrette que nous n'ayons pas été enregistrées officiellement au Service culturel au mois de juin. Tout aurait peut-être été plus simple. Mais l'ambassade ne se rappelle pas, sans doute, que tout le personnel avait fui vers la France pendant les événements de Tiananmen et que lorsque Christoph est allé à Pékin en juin, il n'y avait personne pour le recevoir.

Le soir, je garde Adrien. Quelle journée !

24 octobre

Je décide de partir par l'avion de 4 h 40 pour Chengdu. Je rapporterai les films à Pékin. Catherine Morel, très gentiment, me fait conduire par son chauffeur à l'aéroport (elle travaille chez Total). Je suis d'une humeur dogue. L'avion est plein de Chinois énervés. Ces petites têtes à cheveux noirs me donnent le tournis. Ils n'arrêtent pas de bouger sur leurs sièges et d'aller aux toilettes. Les boîtes-dîner sont comme d'habitude immangeables, sorte de poisson froid, pas frais, et légumes confits au vinaigre.

L'avion se pose beaucoup trop vite, et freine tellement fort qu'il se remplit de fumée à l'intérieur. Ça sent le brûlé. Un Allemand très gentil, représentant de Siemens, à qui j'ai raconté mon histoire, me propose de prendre nos films dans son déménagement le 23 novembre, de Pékin à Francfort. Je me débrouille pour sortir la première et marche vite, en espérant voir Christoph venir au-devant de moi. Il n'apparaît qu'un peu plus tard et cela me rend nerveuse, car j'ai comme une impression d'avoir été suivie par deux Chinois. Police en civil ?

Nous arrivons au Jin Jiang et prenons un verre avec le Consul américain, Kenneth Jarrett, et sa femme chinoise, Ann, qui ont un bébé de six mois. Ils sont jeunes, cultivés (enfin !) et sympathiques.

La nuit est pleine d'angoisse. J'ai l'impression que l'hôtel tremble. Ça me réveille. Je me calme et me rendors. Puis c'est au tour de Christoph, qui se lève comme un ressort. Je crois qu'il n'en peut plus. En arrivant à Pékin, je l'ai trouvé fatigué. Il y a de quoi !

25 octobre

Réunion avec les représentants du tourisme et CITS (M. Lou, Zhou, Shao Fen, un vieux monsieur et Liu « le Belge », le traducteur en français). C'est la séance la plus déprimante à laquelle j'aie assisté depuis le début de notre affaire. Sans nous regarder dans les yeux, M. Lou nous fait un discours bourré de mensonges. Il nous affirme qu'il nous a toujours signifié que le film devait être développé...

Alors pourquoi avons-nous pu envoyer les huit premières bobines en France à notre laboratoire mi-juillet ? Pourquoi nous ont-ils conduits à l'aéroport le 14 septembre avec les films, lorsque l'équipe est partie ? Pourquoi avoir envoyé tous ces télex disant que nous devions venir, que tout était organisé, que nous avions les permissions officielles, sans jamais nous signaler ce problème ? Pourquoi un contrat stipulant que nous pouvions entrer et sortir à notre convenance dès lors que nous ne filmions aucune installation militaire, et alors que les officiers de liaison CITS avaient un droit de veto ? Pourquoi, lorsque les choses ont commencé à se compliquer, nous ont-ils rassurés, disant qu'il suffisait de traduire le cahier de script et de montrer les photos de Lao Wang ? Pourquoi avons-nous obtenu les autorisations de partir, pour tout à coup, après le prix Nobel du Dalaï-Lama, en être empêchés par l'armée ?

Nous n'avions pas à développer en Chine. L'état-major de l'armée donne une leçon à la France qui s'est mêlée de ses affaires en prenant position contre le gouvernement chinois, accueillant les étudiants qui fuyaient le fascisme chinois et reconnaissant le parti démocratique chinois.

Un jeune homme du CITS, vient nous voir après la réunion pour nous dire de nous méfier, parce que les Chinois nous ont menti : développer pour eux veut dire destruction. Un accident est si vite arrivé ! Les étrangers doivent respecter les lois chinoises. Or, la loi de développer en Chine n'a plus cours depuis longtemps mais, comme c'est bizarre, elle est ressortie juste à temps pour nous. Le film de Michèle Reiser est sorti de Chine il y a deux semaines. Sans histoire.

Nous avons essayé de négocier en disant : Vous voulez développer parce que nous avons tourné dans des régions interdites au tourisme. Alors ne développons que ces parties qui ne représentent que quarante pour cent du film... En effet, de leur propre aveu, la loi stipule que ne doit être développé que ce qui est tourné en « restricted areas ». La réponse de ces Messieurs du Tourisme est non. Vous devez tout développer. C'est là qu'on voit que notre cas est politique. Ils refusent de dresser la liste des régions sensibles...

Je suis extrêmement déprimée et me traîne avec Anne, la femme du consul américain, jusqu'au petit restaurant du bord de la rivière. Je décide de repartir avec le film pour Pékin pour être sous la protection de mes amis français.

Jeudi 27 octobre

Tout se passe vite. Deux valises et un sac dans la voiture. Cent cinquante kilos. Nous partons pour l'aéroport. Foule. Une valise a craqué. On se trompe d'entrée. Christoph transpire. Finalement tout est embarqué. Christoph a décidé de ne pas partir avec moi, pour tenter une dernière fois de rapprocher CITS de Golden Bridge, représentant des organisations privées de tourisme en très bonne relation avec l'armée. Nous payons un énorme supplément de bagages.

Je dors du début jusqu'à l'arrivée. Deux heures trente de vol. Gilles m'attend. Il prend les valises et m'emmène chez lui. J'attends le retour de Christoph demain pour aviser.

27 octobre

Georges Meunier de Médecins sans Frontières m'appelle de Chengdu pour me dire que Christoph n'a pas pu prendre son avion, qu'il essaiera de prendre celui du soir. Puis, vers 10 h 30, téléphone de Christoph me disant qu'il arrive sûrement ce soir.

Je demande par téléphone à Gilles, parti après le déjeuner sans me prévenir, s'il peut m'accompagner à l'aéroport. Christoph a besoin de nous. Il transporte une partie des bobines vierges et ne veut pas se faire ennuyer à la sortie de l'avion.

Mais Gilles a trop de travail aujourd'hui et Christoph doit se débrouiller seul.

Je me sens ce soir inutile, désespérée. J'attends Christoph. Je voudrais rentrer à Paris. Je ne vois pas de solution. J'aimerais que quelqu'un prenne le relais. J'espère que Christoph n'aura pas de problèmes à la douane. Lui aussi n'en peut plus. Six semaines d'horreur.

Christoph arrive avec le reste des bobines. Nous nous installons dans un hôtel japonais surchauffé.

28 octobre

Nous déjeunons avec Reinhard Koeble, directeur d'IBM à Pékin qui a rapporté de Chengdu le reste des bobines vierges à Pékin. Il nous offre un déjeuner d'un luxe inouï : saumon et caviar à volonté.

29 octobre

Nous rencontrons Manfred Durniok au Palace Power. Vieil ami de Christoph, il a déjà produit plus de vingt films en Chine et nous promet de voir ce qu'il peut faire pour nous.

30 octobre

Nous allons voir Monsieur Yoichi Kendo, responsable de Fuji à Pékin. Il nous dit être incapable de nous aider. Pourtant, nous avons tourné en Fuji. Il nous donne cependant les noms des deux laboratoires cinéma de Pékin. L'après-midi, avant mon départ pour Paris, nous faisons une déclaration à l'AFP, à Patrick Lescot.

Christoph me conduit à l'aéroport. Je m'y retrouve entourée de policiers en civil qui pensent que je vais tenter de passer les bobines. Grande nervosité. On m'embarque dans l'avion et le Directeur d'Air France vient se présenter à moi et me propose une première classe, ce que je refuse, sachant que les fauteuils « business class » s'allongeant, s'il y a de la place, on peut vraiment bien dormir.

L'avion décolle. Je pleure. Je suis traitée comme une reine, champagne, caviar pendant tout le vol.

Le 16 novembre

Christoph reviendra à Roissy avec les pellicules développées par les Chinois. Un Comité de vingt militaires formé de deux unités, l'une de Pékin, l'autre de Chengdu, aura visionné trente-cinq heures de rushes muets à Chengdu avec un petit projecteur seize millimètres ! Déprimés, fatigués, ils n'auront coupé que quinze minutes de scènes inintéressantes : quelques militaires au képi de travers ou aux mains dans les poches.

Je sais que c'est grâce à l'intervention d'amis que les autorités chinoises n'ont pas détruit notre film et ont sauvé la face. Nous leur en sommes très très reconnaissants.

Alice, Dr Jane et moi sommes à l'aéroport. Christoph sort glorieux avec ses pellicules sans que la douane française intervienne. Il a une orchidée pour chacune de nous.

Les quatre autres femmes de l'expédition sont éparpillées dans le monde entier, engagées dans de nouvelles aventures.

ANNEXES

CHINE
U.R.S.S.
XINJIANG
GANSU
Fl. Jaune
Koko nor (Qinghai)
Sining
Kumbum
Lanchow
Labrang
Golmo
QINGHAI
Amnye Machen
Ngawa
Jyekundo
Kanzé
Dergé
SICHUAN
Dartsedo
Batang
Chamdo
XIZANG
RÉGION AUTONOME DU TIBET (TAR)
Amdo
Nagchuka
Damxung
Lhassa
Gonggar
Shigatsé
Gyantsé
Tingri
Tsala Karpo
Rodok
Indus
CACHEMIRE
Yamuna
New Delhi
Gange
NÉPAL
Katmandou
Mt Éverest
Phari
Thimbu
BHUTAN
Brahmapoutre
BANGLADESH
INDE
BIRMANIE
Mékong
Yang - tsé - kiang
YUNNAN
Le Tibet aujourd'hui
Région autonome du Tibet
Zone contrôlée par l'administration provinciale
0 km 300

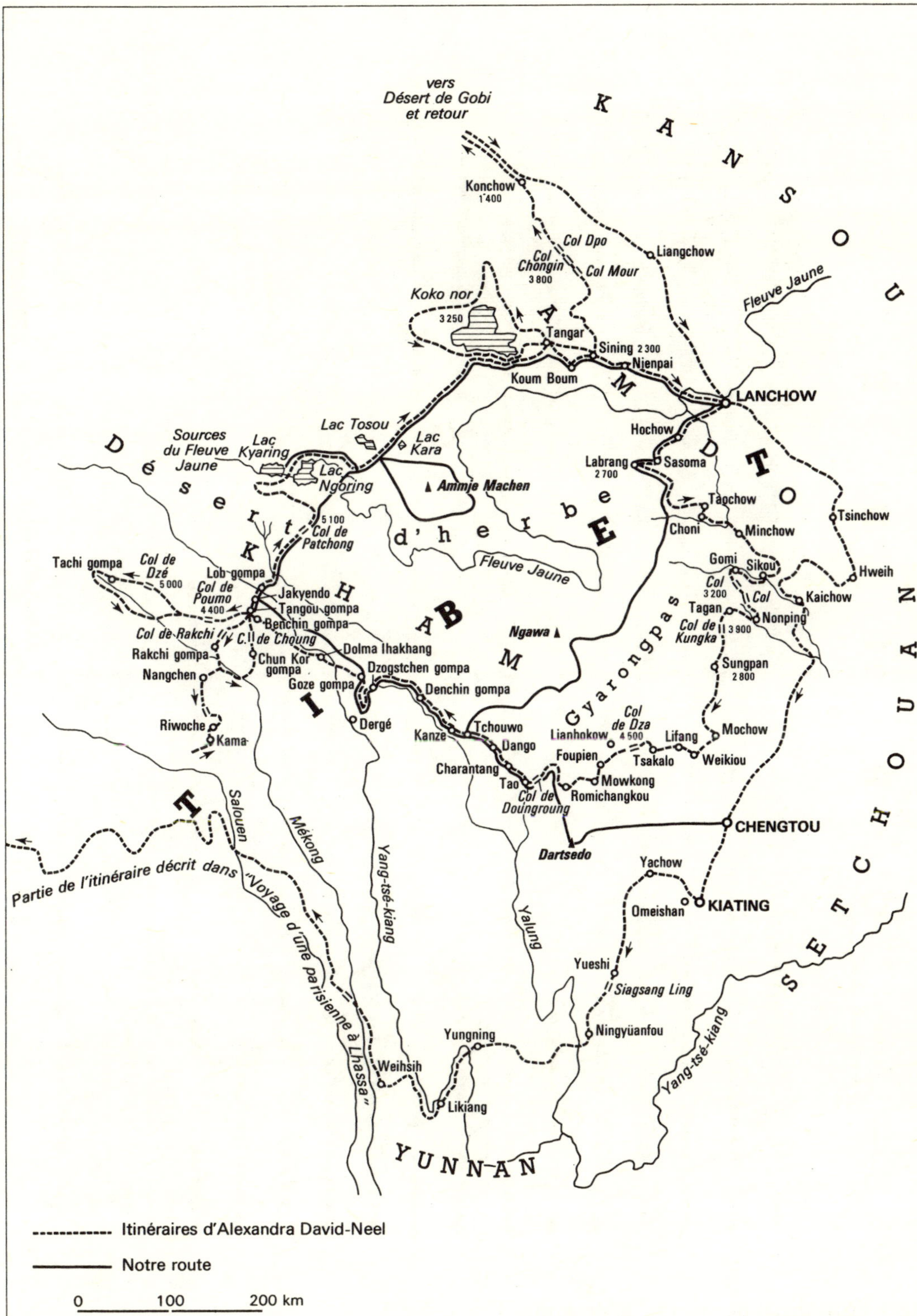
vers
Désert de Gobi
et retour
KANSOU
Konchow
1 400
Col Dpo
Col Chongin
3 800
Col Mour
Liangchow
Fleuve Jaune
Koko nor
3 250
Tangar
Sining 2 300
Njenpai
Koum Boum
LANCHOW
AMDO
Hochow
Lac Tosou
Lac Kara
Sources du Fleuve Jaune
Lac Kyaring
Lac Ngoring
Ammje Machen
Labrang
2 700
Sasoma
Taochow
Choni
Minchow
Tsinchow
Désert d'herbe
5 100
Col de Patchong
Fleuve Jaune
Tachi gompa
Col de Dzé
5 000
Lob gompa
Col de Poumo
4 400
Jakyendo
Tangou gompa
Benchin gompa
Col de Rakchi
C. de Choung
Rakchi gompa
Chun Kor gompa
Dolma Ihakhang
Nangchen
Goze gompa
Dzogstchen gompa
Denchin gompa
KHAM
Ngawa
Gomi
Sikou
Col 3 200
Col
Hweih
Kaichow
Tagan
Nonping
Col de Kungka
3 900
Sungpan
2 800
Gyarongpas
Riwoche
Kama
Dergé
Kanze
Tchouwo
Dango
Charantang
Tao
Col de Doungroung
Lianhokow
Col de Dza
4 500
Foupien
Lifang
Mochow
Tsakalo
Weikiou
Mowkong
Romichangkou
CHENGTOU
Dartsedo
SETCHOUAN
TIBET
Salouen
Mékong
Yang-tsé-kiang
Yalung
Partie de l'itinéraire décrit dans "Voyage d'une parisienne à Lhassa"
Yachow
Omeishan
KIATING
Yueshi
Siagsang Ling
Ningyüanfou
Yang-tsé-kiang
Yungning
Weihsih
Likiang
YUNNAN
Itinéraires d'Alexandra David-Neel
Notre route
0 100 200 km

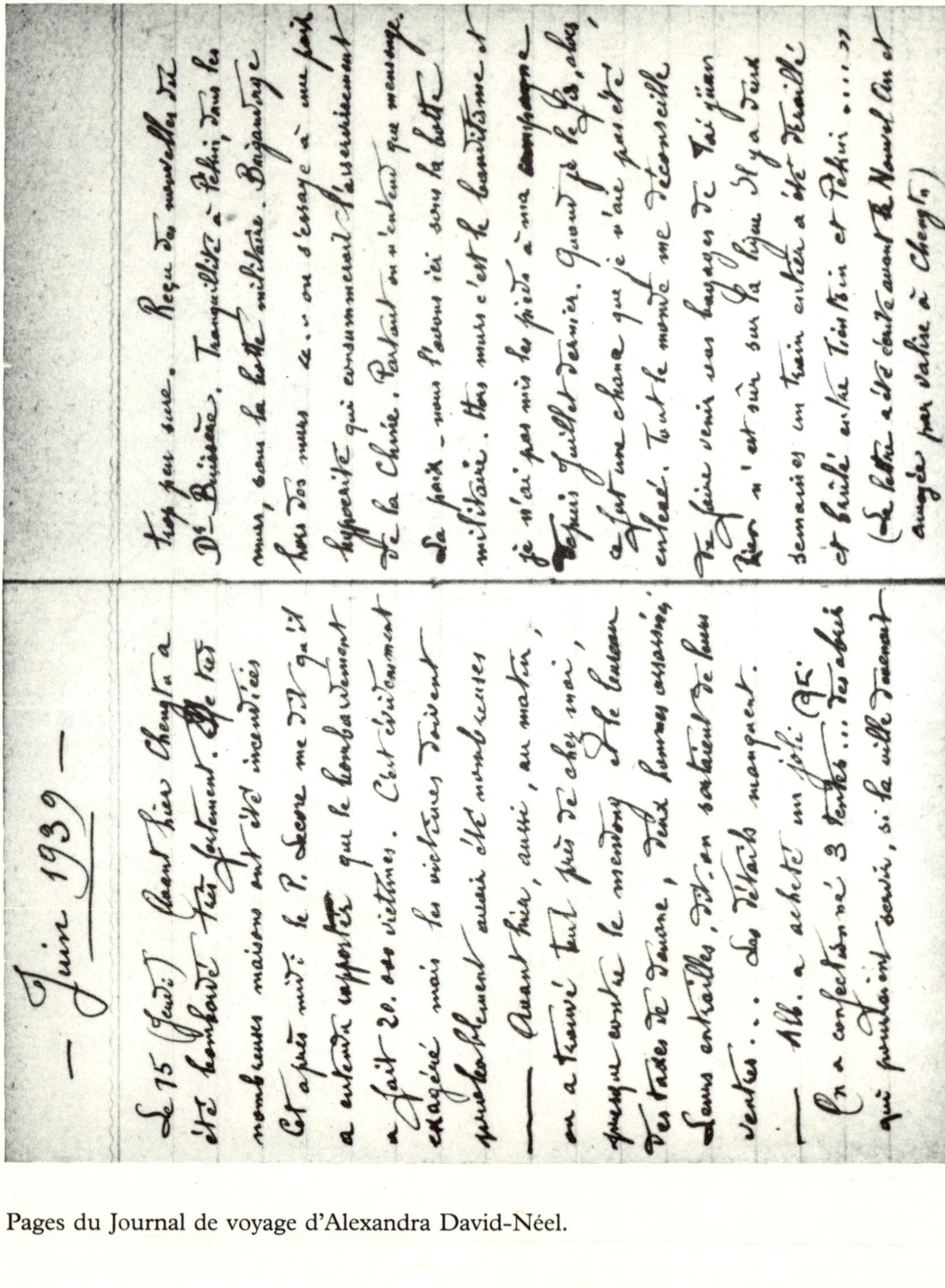

Pages du Journal de voyage d'Alexandra David-Néel.

Détail d'une carte établie par Alexandra David-Néel.

Bibliographie

OUVRAGES D'ALEXANDRA DAVID-NÉEL :
— *Journal de Voyage* (lettres à son mari) 2 tomes, Plon, 1975
— *Au pays des Brigands Gentilshommes*, Plon, 1930
— *A l'Ouest barbare de la vaste Chine*, Plon, 1981
— *Le vieux Tibet face à la Chine nouvelle*, Plon, 1981
— *Mystiques et magiciens du Tibet*, Plon, 1929
— *La vie surhumaine de Guesar de Ling*, Ed. du Rocher, 1978

— M. M. Peyronnet, *Dix ans avec Alexandra David-Néel*, Plon, 1973
— Jean Chalon, *Le lumineux destin d'Alexandra David-Néel*, L. Acad. Perrin, 1985
— J. Bacot, *Le Tibet Révolté*, rééd. R. Chabaud-Peuples du Monde, 1987
— Ph. Blanc, *Tibet d'hier et d'aujourd'hui*, Guy le Prat, 1985
— J. Avedon, *Loin du pays des neiges*, Calmann-Lévy, 1985
— Revue *Question de*, n° 60, « Alexandra David-Néel », Albin Michel, 1984
— Revue *Question de*, n° 61, « Tibet, une culture en exil », Albin Michel, 1985
— Revue *Autrement*, numéro spécial « Himalayas », 1988
— Michel Peissel, *Les cavaliers du Kham*, Laffont, 1972
— G. Tucci, *Tibet, pays des neiges*, Albin Michel, 1969 ; *Sadhous et brigands du Kailash*, Ed. R. Chabaud-Peuples du Monde, 1988
— R. A. Stein, *La civilisation tibétaine*, Le Sycomore, 1982
— J. Edou, R. Vernadet, *Tibet : les chevaux du vent*, Ed. Shambala, 1988
— H. H. Dalaï-Lama, *Mon pays, mon peuple*, Ed. Olizane, 1984
— Rév. P. Huc et Gabet, *Souvenirs d'un voyage dans la Tartarie et le Tibet*, Ed. Chabaud-Peuples du Monde, 1987
— A. Guibaut, *Missions perdues au Tibet*, Ed. A. Bonne, 1967
— F. Mairani, *Tibet secret*, Arthaud, 1952
— A. Migot, *Caravane vers Bouddha*, Amiot-Dumont, 1954
— A. Guibaut, *Ngolo-Setas*, Susse, 1947
— J. F. Rock, *The Amnye Machen and Adjacent Regions*, ISMEO, 1956
— V. Segalen, *Odes, suivies de Thibet*, Gallimard, 1979

— R. A. Stein, *Les tribus anciennes des marches sino-tibétaines,* Institut des Hautes Etudes, 1961
— E. Teichman, *Travel of a Consular Officer in Eastern Tibet, together with a history of the relations between China, Tibet, and India*, 1922, Cambridge
— M. Taylor, *Le Tibet de Marco Polo à Alexandra David-Néel*, Payot, 1985
— F. Meyer, *Gso. Ba. Rigs. pa. : Le système médical tibétain*, CNRS, 1981
— *Un cavalier dans la neige, la saga de la résistance tibétaine*, Ed. Maisonneuve, 1981
— H. Karmay, *Le mendiant de l'Amdo*, Société d'Ethnographie, 1985
— G. Kish, *Tibet au cœur. La vie de Sven Hedin*, Ed. R. Chabaud (Peuples du Monde), 1988
— Norbu, T. D., *Tibet, patrie perdue,* A. Michel, 1963
— *Vie et enseignements de Geshe Rabten*, Ed. Dharma, 1980
— R. Dorge, *La cuisine tibétaine,* R. Chabaud-Peuples du Monde, 1985

Remerciements

Les encouragements de Sa Sainteté le Dalaï-Lama m'ont été très précieux. Que ce récit soit l'expression de mon remerciement.

Je voudrais également que tous nos amis qui ont contribué par leur soutien moral, professionnel, culturel, que ce soit en France, en Chine, au Tibet ou ailleurs, au montage de ce passionnant voyage, à sa réalisation et à sa bonne fin sachent que je me suis à chaque moment sentie dans l'obligation de ne pas décevoir tant de gentillesse et de risques pris. C'est leur aide et leur confiance qui m'ont permis d'aller jusqu'au bout. Parmi tous, je tiens à citer Isabelle Adjani, l'inspiratrice dont le soutien ne s'est jamais démenti.

La Fondation Alexandra David-Néel, Marie-Madeleine Peyronnet et Frank Tréguier, l'ambassade de France à Pékin, le maire de Digne-les-Bains, la maison Guerlain (parfum Samsara), Bernard Fornas et Philippe Dupin de Lacoste, la librairie Plon, l'Espace K Aventure que dirige Mariella Bertheas, TF 1, Canal +, le Centre national du Cinéma, RGP, F. Productions, Médecins du Monde, Patrick Aeberhard, et le magazine *Cosmopolitain* m'ont soutenue dans mon travail ; qu'ils en soient vivement remerciés.

Enfin, rien ne m'aurait été possible sans mes six anges, qui ont également été mes six démons : Alice, ange de jeunesse ; Nurith, ange de force ; Claire, ange de dévouement ; Sybil, ange de musique ; Jeanne, ange de passion ; Jane, ange de pureté.

Je n'oublie pas non plus Franz Christoph Giercke, mon « skywalker » ; Gyurme Dorje, le tibétologue ; Snafu Wowkonowicz.

Merci également à Anthony Arris, Uttara Crees, Joëlle Désiré,

Manfred Durniok, Claude et Françoise Evin, Evelyne Faure, Henri-Christian Giraud, Heather Karmay-Stoddard, Michel Magloff, Jean et Lise Mansion, Pascal Meunier, Naïla de Monbrison, Ugen Noubpa, Michaël Oppitz, Fabien Ouaki, M. Alain Peyrefitte, Marie Quilgars, Françoise Vitali-Jacob, Philippe Sarde, Pascal Bensoussan, Philippe Pochet.

Cet ouvrage a été composé
par Bussière à Saint-Amand-Montrond,
l'impression a été effectuée
par Pollina à Luçon
pour les Éditions Albin Michel

Achevé d'imprimer en avril 1990
N° d'édition 11135. N° d'impression 12343
Dépôt légal, avril 1990

Imprimé en France